二战风云人物
World War II
Figures

沙漠跳鼠
蒙哥马利

鸿儒文轩 编著

中国书籍出版社
China Book Press

图书在版编目（CIP）数据

沙漠跳鼠——蒙哥马利 / 鸿儒文轩编著 . —北京：中国书籍出版社，2012.9
ISBN 978-7-5068-3186-4

I.①沙…Ⅱ.①鸿…Ⅲ.①蒙哥马利，B.L.(1887~1976)– 传记
Ⅳ .① K835.615.2

中国版本图书馆 CIP 数据核字 (2012) 第 211944 号

沙漠跳鼠——蒙哥马利

鸿儒文轩　编著

图书策划	崔付建　武　斌
责任编辑	杨铠瑞
责任印制	孙马飞　马　芝
出版发行	中国书籍出版社
地　　址	北京市丰台区三路居路 97 号（邮编：100073）
电　　话	（010）52257143（总编室）（010）52257140（发行部）
电子邮箱	eo@chinabp.com.cn
经　　销	全国新华书店
印　　刷	三河市华东印刷有限公司
开　　本	710 毫米 × 1000 毫米　1/16
字　　数	252 千字
印　　张	17
版　　次	2012 年 11 月第 1 版　2018 年 5 月第 4 次印刷
书　　号	ISBN 978-7-5068-3186-4
定　　价	45.00 元

版权所有　翻印必究

·前　言·

　　第二次世界大战是人类历史上规模最大、战斗最为惨烈、影响最为深远的一场战争。在这场正义与邪恶的较量中，参战双方都涌现出了不少风云人物。他们或为国家和民族的自由而奋战，成为了名传千古的英雄；或为法西斯卖命，成为了遗臭万年的战争罪犯。

　　英国陆军元帅蒙哥马利无疑是二战舞台上最富传奇色彩的风云人物之一。他出身于没落的贵族家庭，童年时期曾跟随父母长期生活在海外。这段生活经历在他的身上打下了深深的烙印——兄弟姐妹众多的家庭和母亲的歇斯底里造就了他乖张、叛逆的性格。不过，他那孤僻的性格并没有影响他成为一个珍视荣誉的杰出军人！尽管没落的家庭无法为他铺就一条通向成功的金光大道，他耿直、孤僻的性格也使得他无法与上司很好地相处，但他仍然凭借着真才实学和埋头苦干的作风一步一步走向了成功。

　　在第二次世界大战期间，蒙哥马利经常头戴有将军和装甲兵两个帽徽的军帽，在炮火连天的前线走动。他以这顶特殊的军帽向官兵们宣告：将军永远跟他的士兵在一起。他自己也曾说："各部队官兵看到这顶帽子，就知道我来了，就知道我对他们的行动非常关切，就知道我不只是坐在安全的后方，高高在上地发号施令。"

　　这种亲临前线的作风为蒙哥马利赢得了全体官兵的爱戴。正是凭借着这种爱戴，再加上稳扎稳打的作战风格，他才在北非战场上率领第八集团军击败了被称为"沙漠之狐"的隆美尔，被称作"隆美尔的克星"，给英国的胜利带来曙光，也因此赢得了"沙漠跳鼠"的美誉。而后，他又率领第八集团军与巴顿将军率领的美国第七集团军并肩作战，横扫西西里岛，迫使意大利向盟国投降，退出了轴心国联盟。在制定与实施"霸王"计划之时，他不但苦心积虑地完善了全部计划，还在战役初期统一指挥地面部队，长驱直入欧洲大陆，敲响了第三帝国的丧钟。正如英国首相丘吉尔评价的那样，"他从埃及经的黎波里、突尼斯、西西里和南意大利，经法国、比利时、荷兰和德国直达波罗的海和易北河，旌旗所指，战无不克，未尝有丝毫失误"。

战后，蒙哥马利先后担任英国占领军司令、帝国参谋总长、西欧联盟各国陆海空军总司令委员会常任主席、北约副总司令等职，为促进英军与各国军队的交流作出了突出贡献，并为民族自治等重大国际问题进行了积极的探索。

当然，蒙哥马利也不是一个十全十美之人，他也有缺点，也犯过错误。他性格乖张，过于谨慎，有时难免贻误战机，在一定程度上延缓了战役的进程。以往的传记作家在为其立传之时，往往只写他的军事和历史功绩，却忽略了他的家庭背景、生活经历、恋爱婚姻等，甚至故意剔除其性格上的瑕疵与人生的败笔，难免使得人物过于单薄，缺乏生气。

本书在大量考证历史资料和细节的基础之上，以全新的视角，还原传主的全貌，客观、公允地叙述了蒙哥马利的成长轨迹和心路历程。希望他的成长经历以及编者的评论能给广大读者带来一些启发，引起广大读者的思考。由于编者的水平有限，书中难免存在谬误与不足之处，请广大读者批评指正！

目 录

第一章 从顽劣少年到青年军官

一、出生于显赫的贵族之家 …………………… 2
二、塔斯马尼亚度过的童年 …………………… 7
三、圣保罗学校的求学生涯 …………………… 12
四、桑赫斯特的"捣蛋学员" ………………… 15
五、进入沃里克郡团第一营 …………………… 20

第二章 第一次世界大战的洗礼

一、准备开赴欧洲大陆参战 …………………… 26
二、经受第一次战斗的洗礼 …………………… 31
三、在梅特朗战斗中英勇负伤 ………………… 35
四、升任第一〇四旅参谋长 …………………… 39
五、在索姆河战役中险遭不测 ………………… 43
六、工作出色的一级参谋 ……………………… 47

第三章　事业与爱情的双重考验

一、加强对军事理论的学习 …………………… 52
二、萌动爱情之火惨遭拒绝 …………………… 56
三、与贝蒂·卡弗喜结良缘 …………………… 61
四、沃里克郡团第一营营长 …………………… 66
五、妻子离世，痛不欲生 ……………………… 71

第四章　钢铁师长兵败敦刻尔克

一、训练部队，积极备战 ……………………… 78
二、令人惊讶的"静坐战" ……………………… 83
三、独力难支的危急战局 ……………………… 87
四、临危接任第二军军长 ……………………… 91
五、重新担任第三师师长 ……………………… 96
六、雷厉风行的第五军军长 …………………… 100

第五章　英国第八集团军总司令

一、接任东南军区总司令 ……………………… 106
二、被任命为第八集团军司令 ………………… 111
三、提前接管第八集团军 ……………………… 116
四、积极整顿第八集团军 ……………………… 121
五、阿拉姆哈勒法岭的胜利 …………………… 126

第六章　指挥部队横扫北非战场

一、制定"捷足"战役计划 …………………… 132
二、如期打响了阿拉曼战役 …………………… 137
三、引起高层恐慌的"增压"计划 …………… 141
四、打垮了德、意部队的士气 ………………… 146
五、阿拉曼战役的伟大胜利 …………………… 150

第七章　"沙漠跳鼠"的辉煌胜利

一、在阿盖拉防线发动新攻势 ………………… 158
二、率部攻陷的黎波里塔尼亚 ………………… 162
三、调兵遣将迎接新战役 ……………………… 167
四、出师不利的马雷特战役 …………………… 172
五、结束北非战场的战事 ……………………… 176

第八章　两栖登陆战击溃意大利

一、争论不休的"赫斯基"计划 ……………… 182
二、与巴顿将军之间的竞争 …………………… 186
三、在行军竞赛中败给巴顿 …………………… 191
四、率部向意大利本土挺进 …………………… 195
五、挥泪告别第八集团军 ……………………… 200

第九章　第二十一集团军群司令

一、第二十一集团军群司令 …………………… 206

二、主持制定"霸王"计划 …………………… 210
三、实施"保镖"欺骗计划 …………………… 215
四、实施诺曼底两栖登陆作战 ………………… 219
五、亲临战场指挥部队作战 …………………… 224

第十章 敲响第三帝国的丧钟

一、晋升为英国陆军元帅 ……………………… 230
二、"市场—花园"遭遇失败 ………………… 235
三、粉碎德军的疯狂反扑 ……………………… 240
四、指挥部队强渡莱茵河 ……………………… 245
五、希特勒和第三帝国的覆灭 ………………… 250
六、吕讷堡荒原投降仪式 ……………………… 256
七、陆军元帅的战后岁月 ……………………… 260

· 第一章 ·

从顽劣少年到青年军官

一

出生于显赫的贵族之家

英国是世界近代史上最大的殖民国家。从16世纪开始，这个善于航海的民族就凭借着强大的海上力量，远涉重洋，在海外拓展殖民地。到1876年，其在全球范围内领属的土地已达2250万平方公里，遍及包括南极洲在内的五大洲、四大洋。罪恶的殖民者洋洋得意地宣称："英国的太阳永远不会落下。"英国也因此得到了一个"日不落帝国"的别称。广阔的殖民地为英国资本主义的发展提供了原料产地和倾销市场，同时也为英国的贵族们提供了升官发财的舞台。蒙哥马利的祖父罗伯特·卢·蒙哥马利便是在英国在南亚的殖民地——印度名利双收的。

蒙哥马利家族在英国地位显赫，曾出现过许多高官、富商和牧师。但到罗伯特成年之时，蒙哥马利家族已经衰落。为了重振家业，罗伯特决定到被誉为"黄金之国"的印度寻求发展。1828年5月，19岁的罗伯特带着300英镑的盘缠和父亲的一封推荐信来到了印度。凭借着家族的关系，他很快就在印度总督府谋到了一个职位。罗伯特工作孜孜不倦，尽心尽职，深得总督阿扎穆加的赏识。

1833年，24岁的罗伯特与阿扎穆加总督的妹妹弗朗西丝·托马森喜结连理。18岁的弗朗西丝温柔可人，深得罗伯特的喜爱。婚后几年里，他们先后生了3个孩子，生活倒也美满。不幸的是，弗朗西丝在1845年因病逝世了，年仅30岁。伤心欲绝的罗伯特再也没有心思工作了，他带着3个孩子回到英国，排遣忧思去了。

在度假期间，罗伯特遇到了美丽、聪慧的艾伦·兰伯特。艾伦的热情感染了罗伯特，两人迅速结为夫妇。随后，罗伯特便带着她回到了印度。这一次，无论在仕途上，还是在家庭生活上，成熟稳重的罗伯特都经营得风生水起，有声有色。

1849年，罗伯特被殖民当局任命为旁遮普省会拉合尔的都督。1857年，他又因镇压印度军人起义立下汗马功劳，而被任命为旁遮普省副省长。1865年，罗伯特退休之时，维多利亚女王还特意授予了他爵士爵位。

第二次婚姻还给罗伯特带来了美满的家庭生活。婚后几年里，他们夫妇陆续生了4个儿子。长子阿瑟不幸在20岁时夭折了。次子亨利·赫德森·蒙哥马利理所当然地成了家族产业和事业的继承人。亨利于1847年10月3日出生于印度。在亨利8岁时，罗伯特便将他送回了英国，接受神学教育。由于远离父母，他只能在神学校过着举目无亲的寄宿生活。在远离父母的日子里，亨利遭受了许多磨难。不过，艰苦的生活也铸就了他坚忍的性格。

1865年，罗伯特夫妇离开印度，回到了英国。亨利高兴异常，他终于能和父母长期居住在一起了。17岁的亨利已经长成了一个大小伙子，比父亲还要高半个头呢！此时，亨利已经从神学校毕业，正在伦敦著名的哈罗公学读书。

维多利亚女王时代是哈罗公学发展的主要时期。英国庞大的殖民地需要大量受过良好教育的绅士去管理。哈罗公学的毕业生也多有在政界飞黄腾达的。据统计，当时约有四分之一的英国首相来自这所公学。

不过，罗伯特并不希望亨利去从政。他想让儿子继承家族的传统，出任神职。1866年，亨利按照父亲的想法，考入了剑桥大学。他是蒙哥马利家族进入剑桥大学的第一人。在校期间，亨利学习十分刻苦，曾获伦理学二等奖。3年之后，亨利从剑桥大学毕业了，准备出任神职。

从1871年开始，亨利先后在萨塞克斯的赫斯特皮尔角教区、黑增路的基督教堂担任副牧师。在此期间，亨利工作十分卖力，兢兢业业，勤勤恳恳，深受伦敦法院院长沃恩博士的器重。1876年，在沃恩博士的推荐下，亨利来到威斯敏斯特圣玛格丽特修道院，开始担任新任院长弗雷德里克·威廉·法勒的副牧师。

法勒天资聪颖，学富五车，对神学、文学、哲学、地理和社会学均有研究，曾出版长篇小说《埃里克》、《朱利安霍姆》、《圣威尼弗雷德》等。《埃里克》风靡一时，被译成了多种文字，在法勒生前就再版36次之多。

虽然法勒集作家、哲学家和教育家于一身，成为了英国家喻户晓的名人，但他的仕途却极为坎坷。直到领受圣职13年之后，他才被调往威斯敏斯特圣玛格丽特修道院任院长兼牧师会会员。法勒牧师虽然在布道和著述方面享有盛誉，但在管理教区的账务方面却没有什么本事。亨利是一个实干家，他对教区的事务了如指掌，干起事来又总是一板一眼，深得法勒院长的青睐。于是，法勒便委托他来管理教区的账务工作。亨利也因此得以经常出入法勒的寓所。

法勒太太温柔大方，善解人意。她的5个女儿也都天真无邪，活泼可爱。这使得法勒家中总是充满亲切友好的和谐气氛。伦敦文学界、艺术界、宗教界和科学界的名人经常在这里举行沙龙。亨利劳累了一天之后，也经常到沙龙来放松心情。随着交往的增多，亨利渐渐对法勒的三女儿莫德产生了爱慕之情。不过，莫德的年龄太小了。在亨利成为圣玛格丽特修道院的副牧师时，她只有12岁。亨利将这份感情悄悄地藏在了心底，耐心地等待莫德长大成人。

1878年，莫德14岁了！已经31岁的亨利再也按捺不住内心的冲动，悄悄地向情窦初开的莫德表明了心迹。亨利身材高挑，长着一头漂亮的卷发，又十分幽默，正是莫德想要寻觅的白马王子。

法勒夫妇知道这件事情之后，不仅不反对亨利追求莫德，还立即给他们订了婚。不过，由于莫德的年龄还小，他们不许莫德戴订婚戒指，并要求她保守秘密，即使对自己的姐妹也不能说。威斯敏斯特的院长斯坦利也同意亨利与莫德的婚事，而且还答应亨利，等莫德年满16岁，他将在威斯敏斯特教堂亲自为他们主持婚礼。

1879年，由于工作出色，亨利被派往伦敦郊区肯宁顿圣马克教堂任教区牧师。这是伦敦南部最重要的职位之一。一到任，亨利便按自己的方法展开了工作。他把整个教区划分为3个分区，由3个副牧师分别负责。每周举行一次早餐协调会议，讨论访问、礼拜、授课等各项工作。除此之外，亨利还会亲自与教区的居民和学生通信，向他们宣传自己的思想。在亨利的努力下，教区的工作取得了很大进展。整个教区的会众大增，周日礼拜通常都会超过1000人。

亨利并没有因为繁重的工作而冷落了未婚妻莫德。每周他都会抽出一些时间去看望莫德。随着年龄的增长，莫德出落得越发美丽了。她那瀑布般的黑发、高高的额头、挺秀的下颌和脉脉含情的大眼睛，无不吸引着亨利。亨利的成熟与幽默也吸引着莫德。两人之间的感情迅速升温，都在迫不及待地等着1881年7月28日这一天。届时，莫德就年满16岁了，他们就可以举行婚礼了。

时间一点一滴地过去了，亨利和莫德终于迎来了他们的婚礼。婚礼是在威斯敏斯特第七教堂举行的。不过，威斯敏斯特院长斯坦利没能为他们主持婚礼。这位可怜的老牧师在婚礼前一周不幸去世了。德高望重的大主教泰德替他们主持了婚礼。在蜜月期间，亨利领着新婚妻子周游了剑桥、约克郡、爱登堡、格拉斯哥和爱尔兰等地，尽情地享受着新婚的幸福与欢乐。

幸福的时光总是显得异常短暂。蜜月过后，亨利又回到了肯宁顿，继续主持教务工作。莫德也经常参与教区的事物。渐渐地，莫德发现，婚姻生活并没有她想象中那么美好。丈夫每天早出晚归，只剩她一人无所事事地呆在家里。她经常独自坐在客厅里，悄悄地抹眼泪。

婚后的第二年，莫德生下了长女西比尔。新生命的降临给家庭带来了无尽的欢乐，莫德也不再感到清闲和寂寞了。她几乎把全部的心思都用在了孩子的身上。随后的几年里，她先后生下了长子哈罗德、次子唐纳德、三子伯纳德和次女尤娜。到24岁时，她已成为5个孩子的母亲了。

三子伯纳德便是日后闻名世界的英国陆军元帅伯纳德·劳·蒙哥马利。伯纳德出生于1887年11月17日。由于在此之前，亨利夫妇已经有了3个孩子，伯纳德并没有得到特别的关注。当时，谁也不曾想到，这个看起来平淡无奇的小男孩会成为蒙哥马利家族中最优秀的成员！

除了自己的 5 个孩子之外，莫德还要照顾远房表亲的 3 个孩子，因为他们的父母都远在印度。这就使得莫德肩上的职责十分沉重。为了抽出一点时间参与教区的工作，她不得不为孩子们定下了明确而又严厉的家规！她要求孩子们要无条件地遵守这些规定，一有违反，立即惩罚。渐渐地，莫德对丈夫亨利的要求也严格起来。结果，莫德成了家庭中名符其实的"独裁者"，孩子们都对其畏之如虎。

二

塔斯马尼亚度过的童年

庞大的家庭每月都需要不小的开支，单靠亨利的薪水已经很难维持体面的生活了。1889年春，坎特伯雷大主教通过亨利的岳父法勒院长，向亨利发出了邀请，希望他能够到塔斯马尼亚担任主教之职。虽然亨利不知道塔斯马尼亚在什么地方，但他还是立即接受了大主教的邀请。主教的职位可以使他获得较丰厚的收入，这对他来说简直就是雪中送炭。

1889年5月1日，坎特伯雷大主教在威斯敏斯特修道院正式为亨利举行了授职仪式，任命他为塔斯马尼亚主教。9月初，这位新主教带着妻子和5个孩子，远涉重洋，向塔斯马尼亚进发了。经过7周的颠簸，他们终于在10月23日到达了目的地。塔斯马尼亚位于澳大利亚的东南部，是一个阳光充足、气候湿润的海岛。当时，这里还没有受到太多人为的影响，经济也十分落后。不过，正是因为如此，这里保持了美丽的原始风光。万顷碧波在湛蓝天空的映照下，闪闪发光；低矮的树丛和辽阔无垠的田野将大地装扮得一片墨绿！整个海岛弥漫着一种梦幻般的气息。

在塔斯马尼亚，亨利全身心地投入到自己的工作中，莫德则把主要精力都放在了对子女的哺养与教育上。亨利每年约有一半的时间要离开管辖区中心，身穿粗布衣裳，脚蹬平钉靴，头戴宽边拓荒帽，跋涉在山区和荒郊僻野之中，向新移民和当地的土著传道。

莫德则请人在居所旁边建了一间教室，供孩子们读书之用。孩子们的家庭教师是从英国请来的。莫德希望孩子们能够讲一口流利的伦敦音英语，以保持蒙哥马利家族的贵族风范。为了培养孩子们的绅士风度，

沙漠跳鼠·蒙哥马利·

童年时期的蒙哥马利

莫德规定，孩子们必须负责教室的清洁和保暖。在课余时间，长女西比尔和长子哈罗德便带着弟弟妹妹们到附近的小山上砍柴，供冬天取暖之用。后来，莫德又进一步规定：不论刮风下雨，还是烈日炎炎，除她和丈夫之外，家里所有的人必须在下午走出户外两小时。因为她实在受不了孩子们的吵闹声。丈夫虽然可以留在屋里，但也只能呆在书房里。久而久之，莫德养成了一种控制别人的习惯。她总喜欢像男人一样威风凛凛地发号施令，凡是不合意者，她便会鞭棍相加。

到塔斯马尼亚不久，长女西比尔便不幸夭折了。在此后的几年中，莫德又生下了3个孩子。主教的收入并不算很多，要养活如此多的子女显得异常吃力。莫德也常常感到手头拮据。于是，她便独揽了家中财政大权，每周只给丈夫10先令的零花钱，其中包括主教每天到图书室的午餐费用。如果亨利在周末前客气地向她多要一两个先令，便会被她严加盘问。每每这个时候，亨利总是一笑了之。他把比自己年轻十几岁的妻子当做女儿一样宠爱着，从来不愿意她受到一丁点儿的委屈。

莫德这种简单粗暴的教育方式使得孩子们都十分惧怕她，也让家庭生活看上去毫无乐趣。但对培养孩子们严格自律、吃苦耐劳的精神倒是很有益处。几个孩子在她的教育下，都养成了唯唯诺诺、循规蹈矩的性格。孩子都养成了说实话的习惯，从来没有人撒谎，也从来没有人做出过让家族蒙羞的事情。

不过，三子伯纳德却显得有些与众不同，他身上似乎有着一种天生的叛逆的气质。他虽然也惧怕母亲的责罚，但却依然我行我素，经常同母亲作对。跟母亲对抗似乎成了他生活中的一项重要内容。他知道母亲希望他和兄弟们讲一口流利的伦敦音英语，但他却偏偏要跟当地的孩子学习澳大利亚口音。有一次，他无意中在母亲面前发了几个澳大利亚音。莫德被气得两眼发紫，立即把他捉过来痛揍了一顿。

有一次，莫德召集孩子们，准备举行一场家庭聚会。孩子们听到这个消息，高兴得跳了起来，立即叽叽喳喳地议论开了。莫德高声训斥道："保持安静！保持安静！"

就在这时，伯纳德扮着鬼脸站到了一张凳子上，高声吆喝道："嗨，猪市的小猪们不要叫唤，先让老母猪发话……"

莫德鼻子都被气歪了，立即把他拖出去，狠揍了他一顿。可以说，伯纳德的整个童年基本上都是在自由和鞭子的夹缝中度过的。他因为偷偷地学大人的模样抽烟，被母亲抓去揍过一顿；他因为挥舞着玩具刀在屋内追逐一个女孩，被母亲狠狠扇了几记耳光；他因为卖掉了别人送的自行车，被母亲好生教训了一顿……

伯纳德对自己做的错事从不撒谎，甘愿受罚，但被罚之后，他却从来不思悔改，依然我行我素。莫德认为伯纳德是所有孩子中性格最顽劣的一个，他迟早会同那些因犯罪而被流放到塔斯马尼亚的人一样，成为社会的弃儿。她经常监视伯纳德的行动。只要有一刻不见他的影子，她就会对其他孩子嚷道："快去看看伯纳德在干什么，让他立即停下来！"

性格稳重的唐纳德也曾如是评价自己的弟弟："伯纳德是家中的败类，天性顽劣，只顾自己，目中无人。"

由于和母亲的冲突，伯纳德的童年过得并不愉快，他几乎没有享受过父母的爱抚！不过，这也让伯纳德养成了独立的好习惯。随着年龄的增长，他和母亲的关系才逐渐缓和了。几十年之后，年过70岁的蒙哥马利元帅在回顾童年时，还不无懊悔地说："我早年因淘气受罚，这主要是我自己的过错。"

伯纳德在学习方面也没有让父母和老师少操心！在英文作文方面，他几乎没有学到什么东西；在神学方面，他的论文被老师批为"十分差劲"；在数学、拉丁文、法文、科学和艺术等方面，他的成绩都在"尚可"以下。与兄弟们相比，伯纳德堪称是学习最差劲的学生！尤其让父母不能容忍的是，他曾在神学课中散布歪诗。虔诚的亨利主教夫妇无论如何也无法容忍儿子对上帝的亵渎。结果，伯纳德不但挨了家庭教师的一顿臭揍，回家后又被莫德暴打了一顿。

在塔斯马尼亚，亨利主教在工作上表现得十分出色，深受澳洲土著、新移民、矿工和拓荒者的敬重！1901年，他根据自己在塔斯马尼亚的传道经验撰写了一份报告，讨论了海外布道社团部长应当具备哪些方面的素质。他的这份报告被送往伦敦之后，立即在英国的宗教界引起了强烈的反响。

当时，海外布道社团部长的职位已经空缺很久了，一直没有合适的人选可以接任。令亨利没有想到的是，他的这份报告让英国的两位大主教和伦敦、曼彻斯特、纽卡斯尔等地的著名主教联名向他发来邀请，希望他能担任部长的职务。

起初，亨利并不愿意担任公职。因为他觉得这个职务不仅有损于主教的尊严，而且还十分刻板，缺乏乐趣。与案牍工作相比，亨利更喜欢到荒郊僻野和深山老林中的散居居民点传教布道。不过，他已经54岁了，体力再也无法胜任外出传教的需要了。经过一番考虑，他最终接受了海外布道社团部长的职务。

1901年11月，蒙哥马利一家取道墨尔本，经由苏伊士运河，返回了英国。在途中，莫德又为伯纳德生下了一个小弟弟。亨利夫妇一生共生育了9个孩子，其中长女西比尔和另外一个儿子不幸夭折了，只有7个孩子长大成人。后来，7个孩子有6个移民海外，只有伯纳德一人留在了英国。

1902年初，蒙哥马利一家在普利茅斯登上了英国的土地。亨利在部长职务上并没有干出什么成绩。他在这个职位上呆了将近20年，直到1921年才退下来。当时，他已经74岁了。后来，亨利瘫痪在床，由莫德亲自照料。1932年，亨利·蒙哥马利与世长辞，终年85岁。

初回英国，亨利17岁的大儿子哈罗德认为自己在英国前途暗淡，不会有大的作为，便想参加陆军，到海外去服役。亨利也认为个性张扬、体壮如牛、骑术精湛的哈罗德在社会工作上无法取得什么成就，如果让他到南非去发展,可能还会有出人头地之日。于是,他便给岳父法勒院长和父亲罗伯特·蒙哥马利各自写了一封信,希望他们能助哈罗德一臂之力。

在法勒和罗伯特的活动下,哈罗德很快便被委任为陆军下级军官,到南非服役去了。当时,南非战争已经接近尾声,哈罗德并没有获得升迁的机会。此后,他便定居南非,在那里默默无闻地度过了平淡的一生。

三

圣保罗学校的求学生涯

蒙哥马利一家从塔斯马尼亚回到英国之时，伯纳德已经14岁了。为了让他获得系统的学校教育，亨利便把他和他的哥哥唐纳德一起送到了离家不远的圣保罗学校就读。蒙哥马利兄弟俩毫无学校生活的经验，他们在塔斯马尼亚所接受的主要是由家庭教师进行的家庭式教育，深度和广度都十分有限。唐纳德一进学校就开始努力学习，希望能尽快弥补自己在学识上的不足。但伯纳德却不是这样，这个顽童在学习上依然毫不用心，整天悠哉游哉地混日子，几乎没有学到什么。

1902年7月，圣保罗学校举行了一次奖学金考试。通过考试者可以获得剑桥大学提供的奖学金。此时，蒙哥马利兄弟已经在圣保罗学校就读了一个学期了。兄弟两人都参加了这次考试。结果，唐纳德轻而易举地通过考试，获得了剑桥大学的奖学金，免除了父母对其学费的负担。但伯纳德却名落孙山。更让亨利夫妇气愤的是，伯纳德的成绩简直可以用"一塌糊涂"来形容。

在此后的几年里，伯纳德学习始终不见起色！在学习上，他成了一个名副其实的落后生。从1902年到1905年，他的英语成绩的评语始终是很差或差。只有拉丁文、物理、化学等科目比他在塔斯马尼亚时的成绩稍稍提高了一些，老师给了他"尚可"的评语。或许正是因为文化课成绩较差，伯纳德在1905年读四年级之时，第一次自作主张地选择了陆军班。因为陆军班对文化课的要求相对要宽松一些。当然，他选择陆军班可能还有其他方面的因素。他的长兄哈罗德到南非参军的事情可能对他产生了比较大的影响。哈罗德去南非时穿着一身崭新漂亮的陆军军装。

伯纳德对此称羡不已!

　　此外,伯纳德身上的爱尔兰血统可能也是促使他选择陆军班的隐形因素。在英国历史上,爱尔兰人战功卓著,康诺特巡逻骑兵团、因林斯基林团、皇家爱尔兰燧发枪团、北爱尔兰步兵团等由爱尔兰人组成的部队堪称英国军事史上的虎狼之师!曾经率部击败过拿破仑的英雄威灵顿也是爱尔兰人。作为一个身上流淌着爱尔兰血液的孩子,伯纳德十分熟悉这些历史,并以此为荣!当然,他也免不了受到历史的鼓舞,而崇尚军功。

　　伯纳德自作主张的选择让亨利夫妇十分气愤。亨利希望儿子能够接过自己的衣钵,将来也成为一个神职人员。哈罗德未能如他们愿,从军走了。现在,伯纳德也有了这种想法,他怎能不失望呢!不过,亨利终归是一个开明的父亲,失望归失望,最后还是尊重了伯纳德的选择!但莫德就没有这样开明了,她仍想像过去一样控制伯纳德,让他改变意愿。

　　但伯纳德再也不是一个小孩子了,他已经长成了一个17岁的大小伙子,已经有自己的想法了。尽管母亲激烈反对,但伯纳德始终没有改变自己的想法。因为这件事情,母子之间吵了好几次。最后,莫德见无法改变儿子的想法,只好让步了。这是伯纳德第一次战胜了母亲,也是第一次按照自己的想法为自己的前途做出选择。就这样,伯纳德于1905年秋如愿地进入了圣保罗学校的陆军班。

　　在陆军班,伯纳德的文化课成绩依然很糟糕,但他在运动场上却成了叱咤风云的人物。在塔斯马尼亚时,他就练就了一副良好的体格,游泳游得像鱼一样快!进入圣保罗学校的当年,他就成了学校游泳队的队员。不过,由于游泳这项运动在学校里并不受学生们的欢迎,伯纳德在游泳方面的天赋并没有引起人们的注意。

　　当时,圣保罗学校和英国的其他学校一样,盛行的运动是橄榄球和板球。由于塔斯马尼亚并没有这两项运动,伯纳德在初入圣保罗学校时对这两项运动一无所知。不过,没多久,他就成了橄榄球和板球运动的行家里手。进入陆军班之后不久,他就被选为了学校第十五橄榄球队和第十一板球队的队长。

沙漠跳鼠 蒙哥马利

伯纳德虽然身材瘦小，但却目光敏锐，具有一种天生的竞赛和领导才能。平日里，他沉默不语，总是一副略显忧郁的样子，但一旦上了运动场，他就像变了一个人似的，立即生龙活虎起来！在运动场上，他以敏捷的身手和充满野性的表现赢得了"猴子"的绰号。

1906年11月，圣保罗学校杂志刊登了一篇文章《我们不平凡的历史专栏一号："猴子"》。这篇文章专门描述了伯纳德·蒙哥马利在球场上的表现。文章写道：

这只穿着球衣的动物十分机灵，专门以橄榄球场和其他类似的地方为家。它剽悍凶狠，精力无穷，邻近的动物见到它都十分害怕，因为它会把它们的头发一把抓住，用力拔掉。这种技巧叫做"擒抱"。

人们经常可以看到，它同它的伙伴们一阵短跑，用一股蛮劲把一只椰子扔来扔去。它对异族决不留情！它踩踏它们的脑袋，掐住它们的脖子……用很多难以想象的手段对付它们！不过，它的目的倒是十分明确，那就是证明自己的那颗爱国之心！

要猎取这头动物是一件很危险的事情。它会疯狂地直接向你冲来，从不稍停！通常，它的怀里还抱着一只椰子。正当倒霉的猎人想一展身手之时，椰子却被传给它的伙伴了。扑空的猎人还没有弄清情况时，这两头动物早从他的身边窜过去了。

因此，大家还是不要猎取这头猴子为好。即便将它逮住了，也不见得好"吃"。因为它是以食炸面饼圈为生的。如果猎人们不肯听这个忠告，那最好先把自己的头发拔掉，免得被做成"肉卷"。

在运动场上，伯纳德平生第一次领略了什么是领导，什么是权威，并且不失时机地抓住它们，一再加以应用。虽然他当时对领导权和权威的运用显得有些笨拙，但已经体现出了他身上具有的那种精于计划和组织才能。

四

桑赫斯特的"捣蛋学员"

1906年7月,伯纳德迎来人生的第一次重大考验。他马上就要从圣保罗学校的陆军班毕业了。陆军班并不是真正的军校,从这里毕业之后根本当不了陆军军官。要想实现这一目的,就必须进入桑赫斯特皇家军事学院学习。尽管当时陆军军官这一职务在英国并不被看重,但要进入桑赫斯特皇家军事学院也不是一件容易的事情。

桑赫斯特皇家军事学院位于英格兰的伯克郡,始建于1799年,是一所主要为英军培养初级陆军军官的学校。该校的一部分学员来自英国陆军中的优秀军士和下级军官,另一部分学员则是从英国本土和其殖民地的中学毕业生中通过考试选拔出来的。单纯从学术角度讲,桑赫斯特皇家军事学院的入学考试并不算难,但也需要具有扎实基础知识。但18岁的伯纳德根本不具备这样的文化水平。1906年夏季,校方对他的评语是:"该生是个年龄与成绩极不相称的落伍者。要想上桑赫斯特皇家军事学院,希望不大!除非从现在起努力苦干。"

圣保罗校方的这份评语被送到了亨利夫妇的手中。看着这份评语,亨利夫妇,尤其莫德不免大发雷霆。伯纳德已经长成了一个大小伙子,莫德不能再动手打他了,但依然将他臭骂了一顿。伯纳德也被这份评语惊醒了!他终于认识到,如果不加倍努力的话,自己真的会一事无成,平庸地度过一生。他宁愿忍受死亡,也不愿忍受平庸。

伯纳德似乎在一夜之间长大成人了!在军校入学考试前的半年时间里,伯纳德突然从球场上消失了,他把所有的时间花在了学习上。他每天天不亮就起床了,直到很晚才上床睡觉。在不懈的努力之下,他的学习成绩终于有了改观。亨利夫妇看到伯纳德如此努力，也感到十分欣慰。1906年秋，伯纳德顺利地考入了桑赫斯特皇家军事学院。在被录取的177名考生中，伯纳德排在第七十二位。

这年冬季，伯纳德完成了在圣保罗学校的全部学业，从陆军班毕业了。19岁的伯纳德与同龄人相比并不起眼。他身高仅有170厘米，体重63公斤，胸围86厘米，看上去十分瘦小。不过，在他瘦小的身躯里却始终有一个声音在呐喊："总有一天，这所学校要因我而名扬天下！"总体而言，圣保罗学校给伯纳德留下了美好的回忆，也造就了他独立顽强、蔑视权威的性格。多年之后，名动天下的蒙哥马利元帅依然在回忆录中不无感慨地写道："圣保罗学校在我的性格上打上了深深的烙印。"

1907年1月30日，伯纳德来到了久负盛名的桑赫斯特皇家军事学院。入学之后，蒙哥马利才发现，他在学习上并不是最糟糕的。他的很多同学考了不止一次才考入这所著名的军校。有些人甚至在入学考试前专门在补习学校补习了几个月的功课。得知这些情况，蒙哥马利兴奋了好长一段时间！他认为，这起码证明了他并不是一个平庸之人！

对蒙哥马利来说，桑赫斯特皇家军事学院的一切都是崭新的。他怀着极大的好奇心投入到了学习和训练之中。按照学校的惯例，新学员在入学后要接受为期6周的集中训练。训练结束之时，校方会从新学员中挑选出一批表现优秀者提拔为一等兵，其他的则全部编为普通士兵。能在第一学期就被提拔为一等兵是一种莫大的荣誉！一般情况下，校方也会格外地注意他们，因为他们被认为是具备第一流军官基本素质的好苗子。

凭借在运动场上练就的好身手，蒙哥马利在训练中表现不俗。教官很器重他，在训练结束时便将他提拔为一等兵，并负责B连的训练工作。蒙哥马利得意极了，他甚至暗暗地想，如果照这样下去的话，他在第二学期就会成为佩戴红肩章的中士了。届时，他将努力去竞争佩带军剑的掌旗军士。掌旗军士是桑赫斯特皇家军事学院学员的最高军阶。

不过，训练刚一结束，蒙哥马利就发现，要想达到这一目标并不是一件容易的事情。他在经济上遇到了前所未有的压力。从前，蒙哥马利从来没有感到过经济有压力,对金钱也没有什么概念。但在军事学院,他却尝到了窘迫的滋味!当时,陆军军官学校的学员开支非常大,但靠个人的薪金根本无法维持。一般情况下,一个普通的步兵每年至少要有100英镑以上的收入才能维持生存。在骑兵和其他一些讲究时髦学员中,这个数字甚至要达到300～400英镑。

蒙哥马利选择军人这个职业时,并不了解这些情况。进入学院之后,蒙哥马利才知道,像他这样的学员,每学年要向校方缴纳150英镑的费用,其中包括食宿和其他一切必要的花费,而且零用钱不包括在内。这笔钱对收入微薄的亨利来说,简直是一个天文数字。不过,为了儿子的前途,亨利夫妇不但负担了他的全部学费,每个月还额外给他2英镑的零花钱。蒙哥马利知道,父母肯拿出这笔钱已经是慷慨得不能再慷慨了!但与同学相比,蒙哥马利还是显得格外寒酸。

学校里的大部分学员都是陆军军官或上流社会的子弟,他们的家庭收入丰厚,出手自然要阔绰一些!但像蒙哥马利这样出身牧师家庭的孩子就只能紧巴巴地勒紧裤腰带过日子了。多年以后,名扬天下的蒙哥马利元帅在回忆这段经历时,依然不无伤感地说:"在那些日子里,手表刚开始出现,学院小卖部就有手表出售,大多数同学都有手表,我经常对那些手表投以羡慕的眼光,但这些手表不是为我准备的。直到1914年的第一次世界大战爆发,我才有了一块属于自己的手表。"

第一学期,蒙哥马利在学院里的表现十分保守。这可能主要是因为他囊中羞涩,从而产生了自卑心理。除了学习和训练B连之外,他几乎不参加任何活动。在期末考试中,他在所有学员中名列第八十七名!尽管这个成绩不能说是尽如人意,但校方对此的评价却很高!教官在他的成绩表上给他写下的评语是"成绩优异"!

暑假期间,蒙哥马利回到了爱尔兰的故居,与家人团聚。亨利夫妇都为儿子所取得的成就而感到骄傲。蒙哥马利也有些洋洋自得。如果他在第二学期继续保持这样的成绩的话,很有可能会被允许提前毕业,分配到军队中去。

新学期开始了,蒙哥马利依然将大部分精力都放在学习上。由于在学习上投入了大量精力，蒙哥马利在体育方面并没有展现出什么才华。一些同学借机批评他说："这个人懒散不爱运动！"

这可惹急了年轻气盛的蒙哥马利！学习并不是他的强项，但体育运动却是他的拿手好戏！就这样，这位"体育明星"又重新回到了运动场。为了证明自己在体育运动方面的天赋，他故意选择了以前从来没有玩过的曲棍球项目。不久，他就成了一个曲棍球高手，也因此赢得了"天才"的赞誉。无论是学员，还是教官都不得不对这个寒酸的一等兵刮目相看了。不久，蒙哥马利就被学院的橄榄球队选中了，成了校队的一员。1907年12月，桑赫斯特皇家军事学院橄榄球队与伍尔维奇的皇家军事学院橄榄球队交锋！蒙哥马利在球场上纵情驰骋，出尽了风头！结果，桑赫斯特皇家军事学院橄榄球队击败了对手，大获全胜！

蒙哥马利也因此成为了全校的知名人物！除了经济上有些窘迫之外，他在军事学院的第一学期看起来太顺利了。得意忘形的蒙哥马利开始放纵起来，也因此犯了点小错。但小错有时也会影响一个人的前程。B连中有一群性格暴躁的学员。他们经常跟住在楼上的A连发生冲突。很多学员都在殴斗中被打得鼻青脸肿，头破血流，不得不去医院治疗。因此，他们连被大家称为"好斗的B连"。

作为B连的"头"，蒙哥马利对此十分头疼。12月初，学院的课程已经全部结束了，所有的学员都在等待期末考试。闲下来的蒙哥马利决定惩罚一下那个经常带头闹事的学员！一天晚上，当那名学员正在换蓝色礼服之时，蒙哥马利带着一伙人闯进了他的卧室。一伙人一拥而上，将那名身上只穿着衬衣和内裤的学员摁住了。蒙哥马利狞笑着，擦着一根火柴，点燃了他的衬衣下摆。

而后，大家便松开了那名学员，一哄而散！让蒙哥马利没有想到的是，事情闹大了！他们离开之后，那名手忙脚乱的学员没能及时扑灭火苗，致使臀部被严重烧伤了！这件事情惊动了校方！虽然那名受伤的学员表现得十分大度，拒绝说出点燃他衬衣的人，但校方仍然从侧面了解到了真相。

12月18日，期末考试结束了，学员们也纷纷赶回家准备过新年去了！蒙哥马利根本没有意识到事情的严重性，跟没事人似的，依然无忧无虑地准备着过新年的物品！莫德了解了这件事情之后，一下子瘫坐到了沙发上。她意识到，这件事情很可能会影响到儿子的前程。于是，她立即用电话联系了校长，随后又亲自到桑赫斯特去拜见了他。在与校长的交谈中，莫德得知校方曾打算让蒙哥马利担任B连的下一届掌旗军士，但现在已经无法宣布这一任命了。出于对亨利主教的尊重，校长同意不公开批评蒙哥马利，但必须予以惩戒！

  12月底，校方从蒙哥马利那批学员中挑选了一部分人，准予提前毕业，其中并没有蒙哥马利。1908年1月，校方在公告栏贴出了一道公告，有50多名学生因受蒙哥马利的恶作剧牵连而受罚。公告上并没有明确批评蒙哥马利，也没有提他与这件事情的关系，只是在一段文字说明中指出，将其由一等兵降为普通士兵级别，降级的具体理由未加说明。这件事情对蒙哥马利的震动很大！他决定在学校的最后6个月里，要洗心革面，努力学习，争取以优异的成绩毕业。

五

进入沃里克郡团第一营

在皇家军事学院的最后6个月里,蒙哥马利果然心无旁骛地在学习上下起了工夫。经济上的窘迫加上古怪的性格,使得他不愿意去参加学院里那些丰富多彩的社交活动。晚餐、舞会、旅行,这些对他来说,只是毫无意义的事情。此时,他的气质已明显地表现出了禁欲主义色彩。他既不抽烟,也不喝酒,更没有所谓的风流韵事。

毕业前夕,蒙哥马利希望自己能到印度去服役。这主要是出于经济上的考虑。当时,在英国本土和大部分殖民地服役的陆军少尉每天仅有5先令3便士的薪水,中尉为6先令6便士,但每天膳食费就需要支出4先令。一个年轻军官想靠薪水来维持自己的生计几乎是不可能的事情!

驻印英军的情况要好得多!在那里,军官们不但能领取正常的薪水,还可以得到一笔额外的津贴。这就使得驻印英军的待遇远远高于英国的其他部队。年轻军官们靠个人薪金完全可以过上富足的生活,甚至还能发笔小财。当然,条件如此优厚的职位,竞争自然也十分激烈!校方决定,只有在毕业考试中取得前30名的学员才能有资格申请到印度服役。

为了取得到印度服役的资格,蒙哥马利学习更加刻苦了!不过,刻苦并不一定能取得成功。尽管蒙哥马利的成绩有了进步很大,但依然没能进入前30名,他的排名在当年的毕业生中为第三十六名。蒙哥马利到印度服役的希望落空了,只好另作选择。

最后,蒙哥马利选中了皇家沃里克郡团。沃里克郡团的帽徽十分特别,让蒙哥马利十分动心!另外,他还从侧面打听到,这个团的生活开支不太大,所得薪水基本可以满足自己的生活需要。更重要的是,进了该团还有可能间接达到去印度服役的目的。沃里克郡团有两个营,其中第一营就驻在印度。如果能被派到第一营,到印度服役的目的就达到了。这一次,蒙哥马利的愿望实现了。1908年9月19日,蒙哥马利被分到皇家沃里克郡团。此时,他差不多已经21岁了,比大多数新来的少尉军官的年龄都要大。

进入皇家沃里克郡团后不久,蒙哥马利便被周围的人视为"怪物"。他性格古怪,举止粗鲁,对上司总是一副爱理不理的样子。同级军官也不喜欢他那种禁欲主义的生活态度。但团副麦克唐纳却很喜欢蒙哥马利!他们两人一见如故,很快建立了君子之交。后来,他们将这种淡如水的友谊保持了一生。

为了争取去印度服役的机会,蒙哥马利专门向人学习了两种印度土著语言。12月份,团里需要几名懂得印度土著语言的人到第一营去工作,蒙哥马利马上向团部提交了申请。在团副麦克唐纳的帮助下,蒙哥马利顺利地通过了审查,被派往驻扎在印度西北边疆白沙瓦的第一营工作。

在船上颠簸了几个星期,蒙哥马利来到了神秘的东方古国印度。对蒙哥马利来说,这里的一切都是新鲜的。第一次走进军官食堂的休息室时,那里已经坐着一位青年军官了。那人看见蒙哥马利,很热情地邀请他一起喝酒。没等蒙哥马利反应过来,那人已经让侍者端来了两杯威士忌和两杯苏打水。蒙哥马利从来不喝酒,但又不好拒绝,只好端起酒杯,喝了一口。辛辣的威士忌流入喉咙的那一刻,蒙哥马利被呛得咳嗽了起来。那名军官见状,微笑着说:"嘿,伙计,你还得多加练习!"

白沙瓦军营的生活十分单调。军官们唯一的娱乐便是晚餐后的非正式聚会。军营里的晚餐很讲究。值班员和副值班员面对面分坐在一张长餐桌的两端,桌上摆着刻有团徽的银餐具。军官们则身穿深红色夜礼服,按照座次坐在长桌的两边,静静地把晚餐吃完。

晚餐过后,军官们会让侍者端来一些威士忌或红酒,边喝边聊。他们的话题十分广泛,天南海北地胡乱聊着。按照规定,两位值班员得等所有的军官都离开餐桌后才能离去。但有的老少校一喝起酒来就没完没了,一直到深夜才肯离去。每每这个时候,两位倒霉的值班员就不得不傻傻地坐在长桌的两端,陪他们到深夜。蒙哥马利很不愿意那样干,但又不得不尊重传统,陪那些资格较老的军官们聊聊天。

由于蒙哥马利毫无背景,他便被分配到了运输连。皇家沃里克郡团第一营的运输工具是印度最常见的骡车。要想熟练地使用这一工具,就必须对骡子的习性了如指掌。在印度,蒙哥马利第一次见到骡子这种生物,对它的习性一无所知。因此,营长便把他送到了一个专门讲授骡子生活习性的学习班去学习。

读书从来不是蒙哥马利的强项。在学习结束时,营里从外面请来了一位考官,考核学员们的学习情况。据说,那位外请考官是当代最伟大的骡子专家,对骡子的习性了如指掌。轮到蒙哥马利接受考核了。他走进考官的办公室,面无表情地向考官行了一个军礼。考官授意他坐在桌子对面的椅子上。坐定之后,蒙哥马利发现那名考官喝了很多酒。他用一双充满血丝的眼睛注视了一会儿蒙哥马利,突然问道:"请你回答,骡子每昼夜大便几次?"

蒙哥马利一下子被这个问题弄懵了!这算是什么考题呢?蒙哥马利茫然地看了一眼坐在对面的考官,心里嘀咕道:"我总算明白为什么说他是当代最伟大的骡子专家了!"

蒙哥马利低下头,略微思考了一下,又抬眼向窗外看了看。在不远处,数十匹骡子正在南亚炎热的太阳底下来回走动着。考官明显有些不耐烦了,他催问道:"嘿,先生!准备好了吗?"

蒙哥马利板着脸,回答说:"准备好了,6次。"

考官立即高声道:"不对。第一题不及格,零分。"

蒙哥马利反问道:"那么,请您告诉我,正确答案是几次呢?"

那位当代最伟大的骡子专家洋洋得意地回答说:"是8次。"

蒙哥马利反驳道:"先生,我看6次与8次并没有多大的区别。"

考官不快地斥责道:"不得无礼!下面请回答第二个问题……"

尽管蒙哥马利在第一道题上得了零分,但最后还是顺利地通过了考试。在返回营地的路上,他对自己说:"上帝保佑,可别再让我碰上这种倒霉的问题。"

蒙哥马利工作十分努力,很快就从众多少尉级的军官中脱颖而出,受到了营长的青睐。1910年4月1日,他被顺利晋升为了中尉。1910年10月,皇家沃里克郡团第一营换防到了孟买。孟买位于印度西南海岸,气候炎热而又潮湿。大部分军官总是懒洋洋地躺在海滩边吹吹海风、晒晒太阳。年龄大的军官只关心具体事务,根本不愿意去学习新的军事知识。大多数年轻军官则想着怎样寻欢作乐,也不愿意学习新的军事知识。如果说哪个军官正在研究这些的话,一定会被认为是异类!

我行我素的蒙哥马利从不顾虑同僚们的看法,他依然很少参加社交活动,而是将大部分时间都用来研究新的军事理论。此时,这个年轻的中尉军官已经领悟到,如果要想成功,就必须精通本行的业务。蒙哥马利很少参加社交活动的另外一个原因是,他的薪水很少,除了维持自己的基本生活之外,基本就没有什么剩余了。不过,这倒是为他学习军事知识创造了一个安静的环境。很快,他就熟悉了全营的所有工作,而且将《陆军通信手册》整个背了下来。蒙哥马利一跃成为了旗语、灯光信号方面的专家。这对他日后指挥部队作战起到了十分重要的作用。

除了做好本职工作、研究军事理论之外,蒙哥马利还兼管起了营里的体育活动。在他的训练下,第一营的橄榄球队声名大振,在整个印度南部罕有敌手。1910年12月,德国皇储乘战舰到孟买进行了为期一周的访问。英方举行了热烈的欢迎仪式。为密切关系,德国皇储还特准双方举行一场友谊赛。

副官找到了蒙哥马利,悄悄告诉他,不要把橄榄球队的主力队员派上场,要给德国人留点面子。蒙哥马利口头上答应了,可到比赛开始时,他却派出了最强阵容。结果,第一营橄榄球队以40∶0狂胜。德国人丢尽了脸面!蒙哥马利也因此受到了责罚。营副官责问他说:"你为什么不按指示办事呢?"

争强好胜的蒙哥马利回答说:"这是我同德国人的第一次战争,我可不能掉以轻心,让他们讨了好。"

· 第二章 ·

第一次世界大战的洗礼

一

准备开赴欧洲大陆参战

1912年11月,沃里克郡团第一营结束了在印度驻防任务,奉调回国。蒙哥马利也随部队来到了新驻地——福克斯通的肖恩克利夫。在肖恩克利夫,蒙哥马利度过了一生中最悠闲自在和无牵无挂的时光。

1913年1月2日,蒙哥马利被任命为第一营的助理副官。此时,他的经济状况逐渐好转,已经不像刚从桑赫斯特皇家军事学院毕业时那样窘迫了。他买了一部福特牌汽车,经常在驻地附近兜风。由于工作比较清闲,他报名参加了海特射击学校的步兵军官训练班。结业时,他的步枪射击获得了"优秀",机枪射击获得了"良好"。与此同时,他还成为了英国陆军曲棍球队的队员,在球场上获得了一展身手的机会。

也是在这一时期,蒙哥马利的军事理论修养得到了很大的提高。刚从坎伯利参谋学院毕业的勒弗罗伊上尉被分配到了沃里克郡团第一营。蒙哥马利与他一见如故,两人很快成为了无话不说的知心朋友。他俩经常在一起并肩散步,海阔天空地畅谈军事知识,或者探讨英国陆军存在的一些问题。在与勒弗罗伊上尉的交往中,蒙哥马利的理论素养得到了很大的提升。他已经基本上掌握了学习军事知识的技巧。1914年4月,勒弗罗伊上尉被上级从沃里克郡团第一营调往了陆军部。但他在蒙哥马利心中撒下的种子已经生根发芽了。

1914年夏季,第一次世界大战的阴云已经笼罩了欧洲的上空。德、意、奥3国组成的三国同盟和英、法、俄3国组成的三国协约之间的矛盾已经公开化,一场席卷整个欧洲的大战一触即发。

1914年6月28日上午9点,波斯尼亚青年普林西普在萨拉热窝刺杀了主张吞并塞尔维亚的奥匈帝国皇储斐迪南大公夫妇。这一事件被称为萨拉热窝事件，是第一次世界大战的导火索。7月23日，奥匈帝国在获得德国无条件支持下向塞尔维亚发出了最后通牒，包括拘捕凶手、镇压反奥活动和罢免反奥官员等。虽然塞尔维亚同意了奥匈帝国的大部分条件，但奥匈帝国依然将冲突迅速升级到了军事层面。7月28日，奥匈帝国对塞尔维亚宣战，打响了第一次世界大战的第一枪。

当时，蒙哥马利正在休假。他计划陪同家人返回爱尔兰的故居团聚。但战争的爆发打乱了他的计划。整个英国都人心惶惶，害怕这场战争会升级为世界大战，波及英国。英国陆军部也迅速决定采取措施，指示各部队随时准备开赴东海岸，执行防御任务。接到指示后，皇家沃里克郡团立即命令所有官兵取消休假，立即归队，进入一级战备状态。7月29日下午6点，蒙哥马利回到了第一营。

从表面上看，第一次界大战的爆发是由萨拉热窝事件引起的。其实不然，这场战争爆发的真正原因是帝国主义之间矛盾积累的必然结果。站在塞尔维亚背后的是强大的俄罗斯帝国和法国。英国虽然没有公开表示要支持塞尔维亚，但也在私下里鼓励俄国积极备战。8月1日，德国正式向沙俄宣战。8月2日，德军出兵中立国卢森堡，企图占领该国的铁路网。8月3日，德国又向其西部的邻国法国宣战。

战争的规模不断升级，英军也开始加紧备战。驻肖恩克利夫的英军部队决定从各团抽调350人，组成一个混成营防守施尔尼斯地段。蒙哥马利被任命为该营副官，负责向各级指挥官传达作战命令。8月3日傍晚，蒙哥马利和营长率领混成营抵达了施尔尼斯附近的雪壁岛。全营官兵被分成了若干个小部队，分散驻守在全岛的四周，营部则设在雪壁岛大教堂。一时间，整个小岛到处都弥漫着火药味，随时有可能爆发紧张的战事。

8月3日晚上，蒙哥马利给母亲莫德写了一封信。他在信中说："外边的情况，我们很难知道。舰队已经全部动员，完成战备；有许多战舰在离施尔尼斯不远处抛锚……陆军还未接到全体动员的命令，但我们认为动员令随时都会到来。我们现在只完成了戒备阶段，这便是我们在这里驻防的原因。我从今晨的报纸上看到德国对俄宣战的消息，我看，我们被迫参战大概已成定局……战争迟早总是要来的，倒不如让战争现在就来，早点结束了事。现代的战争，是不会拖得太长的，但一定残酷可怕。"

蒙哥马利还在信中预测了这场战争的结果。他说："经过这次战争，以后50年大概都不会再有战争了……一般人认为，德国将会被打败，我也同意这种看法。自然，德国若是战败，对我们是再好不过了；德国若真对我们几个国家一齐挑战，它一定难逃厄运。我希望，我们动员起来，秣马厉兵，严阵以待！等法国需要我们时，我们便可立即参战……"

8月4日，德国又出兵中立国比利时，驱逐该国境内的法军。比利时被迫对德国宣战。英国考虑到比利时对自己国土安全的重要性，也在同一天向德国宣战。第一次世界大战西线战场的两大敌对阵营随后在德法边境、比利时、卢森堡一带展开了厮杀。蒙哥马利所在的混成营奉命返回肖恩克利夫补充给养，准备赶赴欧洲大陆参战。

8月5日晚，混成营返回肖恩克利夫前夕，蒙哥马利抽空给母亲去了一封短信。他在信中写道：

亲爱的母亲：

现在只有一点时间，够写一封短信。陆军已全部动员。明天一早，一个义勇民兵团将来接替我们的防务。混成营将直接开回肖恩克利夫去做战争整备。或许，我们会开到比利时去参战。当然，我们也有可能要开到法国北部去。我们现在是属于第四师第十旅，你可从报刊上知道我们的行踪。

伯纳德
1914年8月5日于大教堂

军队里的气氛十分紧张，从来没有参加过战争的蒙哥马利一时之间竟然显得有些无所适从了。营里要求所有的军官都把佩剑交上去，让兵工厂把它们磨快。对此，蒙哥马利十分不解。他不知道佩剑在战场上能发挥什么作用。他暗暗地想："难道要求我们像中世纪的骑士一样去砍杀敌人吗？"尽管蒙哥马利弄不明白佩剑的作用，但依然按照规定把它交了上去。

为了弄明白参加战争还需要做些什么准备，蒙哥马利还特地向战斗经验丰富的营长请教。老营长告诉他，最好先把头发剪短。这样做不但可以保持头部的清洁，在受伤时也好处理。蒙哥马利点了点头，打算找一个理发师把头发剪短一些。但他看到营长那被剪得参差不齐的头发，又打了退堂鼓。后来，他只是让理发师把他的头发稍稍修剪了一下。

蒙哥马利还问营长："我们要不要带一些钱在身边呢？"

营长回答说："不用，不用！在战争中，一切都是部队统一供应的。在战场上，金钱是毫无用处的废物！"

对此，谨慎的蒙哥马利不以为然。他悄悄地在口袋里装了10枚金币，以备不时之需！

8月6日一早，整个雪壁岛都乱哄哄的。一个义勇民兵团开到了小岛上来接防，混成营则准备返回肖恩克利夫。所有人都在忙碌着，打包裹的打包裹，擦枪的擦枪……看着眼前乱哄哄的景象，蒙哥马利突然意识到，战争已经来临，该是军人大显身手的时候了。就在这一天，奥匈帝国正式向沙俄宣战，塞尔维亚正式对德国宣战。三国同盟中意大利宣布在这次大战中保持中立。

在返回肖恩克利夫的途中，混成营突然接到通知，该营被就地解散了，其下属的连队立即回到原属各团报到。就这样，蒙哥马利又回到了沃里克郡团第一营后。回到原部队之后，蒙哥马利的营副官职务即告终止，重新担任起了排长的职务。

8月7日晚，沃里克郡团接到了集结的命令。蒙哥马利知道，他们马上就要开赴前线了，但具体开到哪里，他还不知道。8日凌晨2点30分，全团奉命登上了一列火车。下午5点，火车到达了目的地。蒙哥马利抽空给母亲写了一封信。他在信中说："我不能在信上告诉你部队现在在什么地方，或做什么事，以及有什么行动。这都是不允许的……我也不能告诉你我的地址，但可以从邮戳或我的电报上看出我们部队曾呆过的地方。你可将回信寄到肖恩克利夫去。在起程开赴海外之前，我们将回那边去取信。"

8月12日，英国向奥匈帝国宣战。第一次世界大战全面爆发了。应当注意的是，第一次世界大战是一场非正义的、帝国主义争霸性质的掠夺战争。除了塞尔维亚等少数国家的参战具有民族解放和自卫的正义性质外，德、奥、法、英、俄、意等任何一方的战争行为都是非正义的。

二

经受第一次战斗的洗礼

1914年8月22日凌晨,沃里克郡团第一营奉命开赴南安普顿,登上了"卡利多尼亚"号运输舰,向法国的波罗尼港驶去。在船上,蒙哥马利一夜无眠。他坐在船舱里,铺开信纸,给父母各写了一封信。次日一早,"卡利多尼亚"号驶进了波罗尼港,蒙哥马利在港内将信投寄了出去。

蒙哥马利知道,他们已经身处前线了,如果此时不将信寄出去,以后可能就没有机会了。此时,先期到达的英国远征军已经同德军交上了火。他们与法军一起在蒙斯附近同德军的一支部队正在进行着艰苦卓绝的战斗。在战斗初期,法、英部队处于劣势,德军步步紧逼,企图包围在正面抵抗的法军。为减轻法军压力,英国远征军奉命向德军发起了牵制性的进攻。德军的攻势被遏制住了之后,法军撤出了阵地。随后,英国远征军也于8月23日从蒙斯撤退了。

蒙哥马利所在的沃里克郡团第一营本来也要参加这次战役的。但由于前线形势已经发生变化,他们的战斗任务被取消了。第一营奉命随第四师一起开赴勒卡托,等候后续部队的到来。英军的空中侦察发现,德军有几个步兵和骑兵师正协同向勒卡托方向集结。糟糕的是,由于缺乏通讯工具,这一情况并没有及时通报到第四师师部。

8月26日凌晨,第一营抵达了奥库尔村。天空中下着瓢泼大雨,地上泥泞不堪。战士们背着被雨水打湿的包裹,拖着沉重的步伐在乡间小路上跋涉着。雨越下越大,行军也变得越来越艰难了。营长不得不命令部队暂时停下来,在村外的田地里宿营。

沙漠跳鼠 蒙哥马利

部队停了下来，疲惫不堪的官兵们立即支起了帐篷，倒头便睡。为了防止德军偷袭，营长派出了一支警戒部队驻在附近的山头上。

天亮了，大雨也渐渐停了下来。官兵们从帐篷里钻了出来，开始埋锅造饭。士兵们一边抱怨着法国的天气，一边脱下身上湿淋淋的衣服，想把水拧干。蒙哥马利坐在帐篷前，静静地望着灰蒙蒙的天空。不一会，早餐准备好了。大家纷纷拿出自己的餐具，准备进餐。

就在这时，前面的山头上响起了密集的枪声，警戒部队遭到了德军的偷袭。战斗持续了几分钟，警戒部队便抵挡不住了，纷纷撤了下来。如此一来，德军便占据了地形优势，随时可以借助居高临下的地势向第一营发起攻击。

营长埃尔金顿中校立即命令全营梯次展开，第一梯队两个连，占领前沿地形；第二梯队两个连部署在数百米以外的后方。蒙哥马利所在连被编为了第一梯队。部队展开之后，埃尔金顿中校骑着马飞也似地奔向第一梯队，大声命令部队立即向盘踞在山上的德军发动反攻。

第一梯队指挥官克里斯蒂是一个没有丝毫实战经验的少校。他既没有制定反攻计划，也没有炮火准备，便领着全连官兵向山头冲去。德军士兵架起机枪，凭借着地形优势，向密集的英军士兵开了火。冲在最前面的几个士兵应声倒下。战士们立即扑倒在地，不敢抬头。

蒙哥马利想向营长建议，先退到出发地点，再作打算。他向克里斯蒂所在的位置爬去。但还没等他爬到克里斯蒂身边，克里斯蒂又高呼着"前进"的口号率部向前冲去。德军的机枪又响了起来，许多士兵都倒在了血泊中。看着眼前的情景，蒙哥马利伤心极了。事后，他毫不客气地指出："如果这是真正的战争，它给我的印象简直太奇怪了！这跟我在书本上所了解的战斗完全不同，简直就是胡来！"

蒙哥马利只好挥舞着佩剑，率领全排士兵向山顶冲去。不幸的是，他只跑出了几步远，便被自己的剑鞘绊倒了。他的佩剑被摔出了老远。等他站起身来，他发现身边的大部分士兵都已经阵亡了。蒙哥马利脊背一凉，被吓出了一身冷汗。如果不是碰巧摔到的话，他此时可能也已经阵亡了。早上6点，第一梯队攻占了山顶，将德军赶了下去。由于缺乏重型武器，第一梯队遭到了德军炮火的猛烈轰击。无奈之下，第一梯队只好退了下来。

上午7点30分，第一梯队的两个连再次向山顶发起了进攻。由于德军的火力太猛，第一梯队攻占山顶后没能站稳脚跟，又被迫退了下来。两次进攻致使第一营伤亡惨重，伤亡200余人，其中军官8人。蒙哥马利所在连的连长也身受重伤，无法继续指挥连队，只好指派蒙哥马利暂行指挥权。

由于德军的攻势太猛，营长埃尔金顿中校下达了向圣昆丁市撤退的命令。由于第一梯队尚未完全撤出战斗，这个懦弱的中校并没有将命令下达给他们。下午3点，埃尔金顿中校带着第二梯队的两个连队向圣昆丁撤去。

此时，战场上仍有零星的枪声。为了抢救受伤的战友，蒙哥马利带领第三连的两个士兵悄悄摸回山顶。在一处战壕中，蒙哥马利发现了一位伤势很重的上尉。上尉失血过多，随时都有丧命的危险。蒙哥马利当机立断，立即带着两个士兵把他抬到了奥库尔村。好心的神父收留了他们，并给上尉简单地处理了伤口。由于没有担架，再加上上尉受伤实在太重，蒙哥马利只好将其托付给神父，自己则带着两个士兵返回了部队。

天色渐渐暗了下来，但德军的攻势依然十分凌厉！到晚上10点，沃里克郡团第一营第一梯队周围的英军已经全部撤离，但德军主力依然在步步紧逼。第一梯队在白天的进攻中损失惨重，已经无法组织防御了。临时指挥官普尔少校发现了事态的严重性，立即命令部队撤出战斗，去追赶正在撤退的英军主力。在黑夜之中，普尔少校依靠指南针分辨方向，尽力领着大伙向前赶去。路上有不少掉了队的英军士兵，他们或身受重伤，或饥饿难耐，士气十分低落。普尔少校命令部队把那些掉了队的士兵全部收编进来，带他们一起脱险。

此时，营长埃尔金顿中校已经带着第二梯队的两个连来到了圣昆丁市。他已经完全与第一梯队失去了联系。但此时，德军的主力部队距离圣昆丁市已经不足30公里了。在当地一位亲德市长的要求下，埃尔金顿中校率部向德军投降了。

如此一来，沃里克郡团第一营彻底与陆军部失去了联系。蒙哥马利与其所在的第一梯队所有成员都被列为了失踪人员。在发给亨利·蒙哥马利和莫德的电报上，英国陆军部的官员写道："蒙哥马利主教：据报告，沃里克郡团的伯纳德·劳·蒙哥马利中尉现已失踪，本部深感遗憾。不过，这份报告并非表示蒙哥马利已经阵亡或负伤。尔后再有消息，当即电告。"

收到这份电报之后，亨利焦急万分，莫德更是整日里以泪洗面。其实，蒙哥马利此时已经跟随普尔少校赶上了第四师的主力部队。他们在德军的眼皮子底下，冒着瓢泼大雨，一路忍饥挨饿，昼伏夜行，终于在8月28日夜里10点赶上了部队。普尔少校立即向师部报告了第一梯队的情况。师部已经查明了埃尔金顿中校向德军投降的事情。师部决定，立即革除埃尔金顿营长的职务，由普尔少校接任。沃里克郡团第一营的残余部队全部被编入了汽车运输队！

脱离险境之后，蒙哥马利立即给父母写了一封信，详细描述了第一营的这次大撤退。亨利主教夫妇收到儿子的信，才稍稍安心了一些。尽管蒙哥马利在战场上吃尽了苦头，但总算保住了一条命。

三

在梅特朗战斗中英勇负伤

1914年8月下旬，德军携得胜之师，一路攻城略地，气焰十分嚣张！英、法军队毫无招架之力，只能步步后退。蒙哥马利所在的第四师也经由贡比涅森林，狼狈地撤到了远离战场的勒芒市。在这里，部队终于得到了休整的机会。士兵们也借机休息了几天。他们白天成群结队地出入当地的餐馆，晚上则到澡堂里去洗洗澡……

随着战线的不断拉长，德军的兵力也被分散了。到9月4日，德军终于被迫停止了进攻，开始向后撤退了。英、法军队立即掉头，开始追击后撤的德军。沃里克郡团第一营亦在追击部队之列。由于，蒙哥马利所在连的连长身负重伤，无法继续担负指挥任务，蒙哥马利被任命为代理连长，指挥250多名官兵作战。这本来应该是一个少校军官的职责，但残酷的战争却将其安在了蒙哥马利中尉的身上。这令蒙哥马利十分兴奋！为了有效指挥连队作战，蒙哥马利甚至开始蓄胡子，并打算一直到战争结束都不刮胡子。他暗暗地想，如果他在战争结束时留着一把大胡子回家的话，父母和弟弟妹妹们肯定认不出他来了。

在追击过程中，英军与德军展开了一场脚力大赛！德军拼命后撤，英军则尽力向前。蒙哥马利率部赶在了全营的最前头。他们每天凌晨4点开始出发，直到晚上8点才停下来稍事休息。尽管他们每天都能看见德军撤退留下的痕迹，如废弃的枪支弹药、血肉模糊的尸体和被遗弃的仓库等等。但他们始终没能赶上德军。他们晚上驻扎的地方，往往就是德军当天早晨离开的地方。

9月15日，这场脚力大赛终于结束了。德军撤到埃纳后，便不再后撤，而是就地构筑阵地，准备据守。英军到达后，没敢贸然进攻，也就地构筑工事，与德军僵持起来。两军彼此相对，虎视眈眈，都想置对方于死地，但谁也不愿首先发起进攻！

　　法国9月的天气十分潮湿，大雨一下起来就没完没了。战壕里一片泥泞，有些地方的积水甚至能没到膝盖。但士兵们只能呆在阴冷潮湿的战壕里忍饥挨饿，谁也不敢爬出去。双方都部署了暗岗和狙击手，悄悄盯着对方的阵地，一旦有人露头，狙击手就会送给他一颗致命的子弹！每天早晨5点到上午9点，双方还会炮击对方的阵地。在消耗战中，双方的伤亡均十分惨重，士兵的生活更是苦不堪言！

　　在如此艰苦的环境下，蒙哥马利所在的部队坚守了将近一个月。和大部分士兵相比，蒙哥马利的工作更加艰苦。他每天都要穿着湿透了的军装，在泥泞的战壕里跋涉，巡查他指挥的连队。有好几次，他亲眼看到站在身边的士兵被德军狙击手击毙了。为了报复，蒙哥马利命令士兵趴在战壕里，举枪瞄准对面的阵地，一俟有人露头，他便命令士兵集中火力，将其击毙。

　　10月上旬，英国当局决定将夹在两支法军中间的英国远征军抽调出来，转向北方，迂回到德军翼侧。不幸的是，德军攻陷安特卫普之后，也抽出几个师的兵力对英军实施迂回包抄。两军再次遭遇了。由于在人数上处于劣势，英军再次陷入了苦战。第四师也奉命从埃纳阵地开往比利时的梅特朗，参加正在进行的伊帕尔战役。

　　10月13日，一个老上尉奉命从英国赶到梅特朗接任了连长之职，蒙哥马利结束了代理连长的生涯，再次担任排长。同一天，第一营正式投入了战斗。营长普尔少校制定了详细的作战计划，将部队分为两个梯队，依次发起进攻。蒙哥马利所在的连队位于第一梯队的左翼，攻击目标是梅特朗村外的一群建筑。

　　战斗打响后，蒙哥马利身先士卒，率部向村庄直冲过去。德军的抵抗十分顽强，他们的机枪不停地咆哮着。但蒙哥马利根本没有注意到这些。他冲在队伍的最前列，迅速向德军的外围阵地逼近。突然，蒙哥马利发现德军的战壕里有一名德军正在举枪向他瞄准。

蒙哥马利来不及多想，纵身向德军的战壕扑去。此时，蒙哥马利才发现，自己的手中仅有一把佩剑。由于过于兴奋，他忘记携带步枪了。他在心里惊呼道："糟了！"

那名德军士兵已经接连发射出了好几发子弹，但并没有击中快速移动的蒙哥马利。千钧一发之际，蒙哥马利避开德军士兵的枪口，飞身向他的下腹部踢去。这一脚刚好踢中那名德军士兵的要害。那个德国兵丢开步枪，双手捂着裆部，痛得跌倒在地。蒙哥马利趁势向前，用佩剑俘虏了他。这是蒙哥马利有生以来抓到的第一个战俘。

随后，第一梯队的士兵全部赶到了德军的战壕。一场残酷的肉搏战开始了！枪声、惨叫声和刺刀刺穿身体的声音此起彼伏！鲜血混着雨水在战壕流淌着，将泥土和战士们的战靴都染红了。经过几十分钟的战斗，第一梯队占领了德军的外围阵地，但自身的损失也十分惨重！剩下的士兵也都精疲力尽，浑身是血，分不清是敌人的血，还是自己的血。普尔少校命令第一梯队稍事休息之后，再继续向村里的教堂发动进攻。

蒙哥马利检查了所部的伤亡情况之后，便冒着大雨摸到阵地前沿观察地形，准备发动进攻。就在他转身向战壕奔去之时，一名守在村里的德军狙击手发现了他。一颗子弹从他背后射入，从前胸射出。蒙哥马利惨叫一声跌倒在地。鲜血喷涌而出，染红了他的上衣。蒙哥马利感觉呼吸越来越困难！他猜想，自己的肺部可能被子弹射穿了。他疼痛难忍，但神智依然十分清醒。他知道自己仍然暴露在狙击手的枪口之下，如果自己稍稍动弹一下的话，就会被立即射杀！

医务兵看到排长中弹了，急忙跳出战壕，为蒙哥马利包扎伤口。他刚爬到蒙哥马利身边，枪声又响了起来。一颗子弹精确地射入了他的头颅！医务兵扑倒在了蒙哥马利的身上。"砰、砰、砰"，又是一连串清脆的枪声，医务兵的身体被射穿了好几个窟窿。意识逐渐模糊的蒙哥马利感觉左膝剧烈地震动了一下，随即传来钻心的疼痛！他知道，自己的左膝也被狙击弹射穿了！战壕里的英军士兵发出了几声呐喊，举枪向德军狙击手所在的位置射击。他们都以为蒙哥马利和医务兵死掉了，便没有去理会他们，而是端着枪，用子弹为他们报仇去了。

天黑的时候，战斗终于结束了。英军在付出了惨重的代价之后，终于攻占了梅特朗。英军伤亡700多人，仅皇家沃里克郡团第一营就有42人阵亡，85人负伤。曾在勒卡托身先士卒的第一梯队指挥官克里斯蒂少校也壮烈牺牲了！

在清扫战场的时候，担架兵发现了奄奄一息的蒙哥马利。他们赶紧将蒙哥马利抬到了战地医院。医生给蒙哥马利作了简单的检查，判断说，由于失血过多，蒙哥马利可能再也活不了了。几名士兵怀着沉重的心情在战场附近给蒙哥马利挖了一处坟墓，只等着他断气了。

但是，直到急救站转移，蒙哥马利依然活着。于是，士兵们便把他抬上救护车，送回英国接受治疗去了。等到蒙哥马利从昏迷中醒来时，他已躺在英国伍尔维奇的赫伯特医院里了。为了表彰蒙哥马利在梅特朗战斗中的英勇表现，陆军部决定将他晋升为战时上尉军衔，并授予他一枚卓越服务勋章。卓越服务勋章是英国陆军颁发给军人的最高奖章，低级军官一般很难获此殊荣！

在蒙哥马利住进医院4周之后，伊帕尔战役结束了。这一战役是英国远征军在第一次世界大战中伤亡最大的一仗。部队伤亡过半，伤亡人数占英军在第一次世界大战总伤亡人员的10%，其中阵亡人员占全部阵亡人员的75%。不过，英国远征军在人员、装备均处于劣势的情况下，能与敌军右翼打成平手，已经相当不容易了！

蒙哥马利住在赫伯特医院，膝盖的伤很快痊愈，但胸部的伤愈合较慢。胸部的伤口愈合之后，蒙哥马利仍然时时感到呼吸短促，十分不舒服。医生认为，胸部的创伤对他的影响可能是永久性的。至于能不能返回战场继续作战，完全要看他日后的恢复情况了！

四

升任第一〇四旅参谋长

在医院里，蒙哥马利始终牵挂着战场的兄弟们。他想尽快返回欧洲大陆，和排里的弟兄们并肩作战。他向医院提出了申请，想早点出院。12月5日，几名医生给蒙哥马利举行了一次会诊。随后，医院准许蒙哥马利先回家休养3个月，至于是否让他回到部队，要等假期结束之后再决定。蒙哥马利悻悻地回到了家里。他一边养伤，一边焦急地关注着战场上的形势。两个月后，蒙哥马利说服了医院，再次为他做了一次检查。结果显示，他的身体恢复得很好。医院便向陆军部递交了报告，证明蒙哥马利已经可以再次上战场了。

1915年2月5日，陆军部决定，可以恢复蒙哥马利的军职，但不能担任全部勤务，而且只能在国内服役。2月12日，陆军部的正式委任命令到达了。蒙哥马利被任命为驻防在曼彻斯特的第一一二步兵旅参谋长。旅参谋长一般是由少校军官担任的。蒙哥马利的军衔仅仅只是战时上尉，负伤前的职务也不过是一个排长，要他担任这样的职务是否合适呢？陆军部的参谋们经过千思万虑，终于决定将蒙哥马利的战时上尉衔改为正式上尉衔，正式接任第一一二步兵旅参谋长。

第一一二步兵旅是1915年1月才组建的一支新部队，下辖4个步兵营。旅长是皇家英尼斯基林熔发枪团的退休准将麦肯齐。麦肯齐将军虽然十分睿智，但终究年老体衰，无法全身心地投入到工作之中。他发现蒙哥马利很有才能，便放手让他去管理部队。就这样，年轻的蒙哥马利便实际上担负了一个旅的指挥任务。

蒙哥马利主张对部队所属的4个步兵营进行集中训练。但是，在曼彻斯特附近根本就找不到这样的训练场地。在蒙哥马利的积极活动之下，第一一二旅于3月初被调到了北威尔士。那里有良好的训练场地，可供蒙哥马利训练部队之用。

在蒙哥马利全身心投入到训练工作之时，欧洲大陆上的战事也不断升级。面对德军强大的攻势，英、法两军与其鏖战数月，均损失惨重。为了补充兵员，陆军部决定从驻守在国内的部队中抽调部分兵力赶赴法国参战。第一一二步兵旅被拆散了，各营被分派到各师去，准备开往法国参战。到任不过6个星期的蒙哥马利便回到了曼彻斯特，空守着一个没有部队的旅部。不过，陆军部随后又恢复了第一一二步兵旅的编制，并将其更名为一〇五步兵旅。没过几天，又将第一〇五步兵旅更名为第一〇四步兵旅。该旅被编入第三十五师，下辖4个营。

1915年6月，蒙哥马利参加了一次健康检查。结果表明，他的身体已经完全恢复了，可以担负全部勤务工作了。于是，蒙哥马利便担任了更多的工作，将全旅管理得井井有条。8月，第三十五师接到陆军部的命令，开赴索尔兹伯里平原，举行大规模的军事演习，随时准备开赴法国战场。在演习中，蒙哥马利的表现十分突出，受到了英军陆军部高级官员的赞赏。

1916年1月，第一〇四步兵旅奉命开赴法国。1月29日，旅长麦肯齐将军和蒙哥马利带着他们的士兵，搭乘"阿基米得斯号"轮船，在两艘驱逐舰护卫下，从南安普敦启程，向法国的勒阿弗尔驶去。次日，第三十五师在勒阿弗尔港口下了船，随即被编入了第十一军的战斗序列。

再次来到战场，蒙哥马利的心情十分激动。尽管不能回到老部队去指挥战斗了，但第一〇四旅的防线距离他曾经战斗过的地方——梅特朗并不远。2月11日，英军第一集团军司令查尔斯·门罗将军陪同英国陆军大臣基奇纳元帅来到了第一〇四旅视察。那天，天气十分糟糕，小雨整整下了一天。第一〇四旅驻防的地方基本都是农田，根本找不到一块草坪。无奈之下，麦肯齐将军和蒙哥马利只好将部队带到了一片刚犁过的耕地上集合。耕地上一片泥泞，士兵们冒雨站在上面等待着陆军大臣基奇纳元帅的检阅。

不一会儿，基奇纳元帅的轿车开到了田地旁边的小路上。第一集团军司令查尔斯·门罗将军陪同基奇纳元帅从车里钻出来，冒雨站在路上，检阅部队。第一〇四旅的部队列队从泥泞的田地里跋涉而过，显得异常威武。基奇纳元帅对第一〇四旅的表现十分满意，对麦肯齐将军和蒙哥马利的工作也大加赞许。基奇纳元帅的视察大大地鼓舞了第一〇四旅的士气。因为大部分士兵都不知道自己的高级指挥官是谁，更别提亲眼见到陆军大臣了。

1916年1月赴第一次世界大战西线作战前的蒙哥马利

2月22日，蒙哥马利借了一辆自行车，与托姆斯上尉一起回到梅特朗去看他曾经战斗过的地方。那里已经发生了很大的变化。他曾经带领部队冲锋陷阵的地方已经成了埋葬阵亡官兵的墓地。克里斯蒂少校就躺在其中的一个坟墓中。蒙哥马利静静地站在墓地边上，向躺在坟墓里的英雄们敬了一个军礼。随后，他又来到了他中弹的地方。那里变化倒不大，只有旁边的一个稻草堆不见了。

3月初，第一〇四旅奉命把所辖的3个营配属给第三十八师，去学习最新的战法。其余的部队则于3月7日向里奇堡附近运动，接替那里的作战部队。刚到前线，部队便与德军交上了火。战斗打得十分惨烈，双方在狭窄的战场上反复争夺，均付出了沉重的代价。

几天后，部队奉命对德军阵地发动了一次小规模的突击。麦肯齐将军和蒙哥马利对战斗进行了周密的部署，并组织进攻部队进行了演练。但突击结果仍然一败涂地。部队伤亡惨重，蒙哥马利的表兄瓦伦丁也在这次突击中壮烈牺牲了。

蒙哥马利伤心极了。他随即向麦肯齐将军建议，暂时不要向德军发动进攻，应该加强工事，固守阵地。年迈的麦肯齐将军接受了蒙哥马利的建议。随后，双方便在战场两端僵持起来。天气渐渐转暖，战场上厚厚的积雪已经开始融化了。雪水混合着雨水直往战壕里灌！士兵们趴在泥泞的战壕里，不敢抬头，不敢高声说话，生恐引来敌人的射击。

蒙哥马利的工作也十分艰辛。他每天上午9点30分到10点会准时出现在战壕里，陪同麦肯齐将军一起视察部队。中午，他们便和士兵一起呆在战壕里，以三明治或糕饼充当午餐。直到下午4点30分，他们才会回到旅部更衣，享用午茶，讨论所发现的问题。

除此之外，蒙哥马利还要负责向师部提交战斗报告。一天报告3次，一次在上午5点，一次在上午10点，最后一次在下午4点。第一次和最后一次报告可以用电报拍发，非常简短，通常只有一行字，如："状况正常"、"情况无变化"等。上午10点的报告必须是详细的书面报告。一般情况下，蒙哥马利会在早餐前写好初稿，早餐时交给打字员，早餐后呈麦肯齐将军签字，随后便让通讯兵送往师部。

蒙哥马利思考缜密，反应灵敏，遇事沉着镇定，深受各营营长和麦肯齐旅长的信任。因此，麦肯齐将军向陆军部提交了一份报告，建议提升蒙哥马利的职务。虽然蒙哥马利很开心，但他心里明白，他获得晋升的可能性不大。因为第三十五师并未参加任何重大的作战行动，第一○四旅发起的小规模突袭也以失败而告终了。在这种情况下，要获得荣誉晋升是困难的。

4月14日，第三十五师被调往北线的弗勒贝克斯地区，接替第八师的防务。部队刚开到那里，麦肯齐将军和其他几位年老的中校便被解除了指挥职务。接任第一○四步兵旅旅长的是40岁的桑迪兰兹将军。尽管蒙哥马利与麦肯齐将军相处得很融洽，但他也觉得解除麦肯齐将军的职务是正确的决定。他在给母亲的信中说："麦肯齐将军今年56岁，他的所作所为，大多太古板，跟不上时代的需要。我们真需要一个较年轻、较符合潮流的人……如果新来的人较年轻，头脑较新，我的工作便会有所减轻。迄今为止，有许多将军应该亲自动手的事，都要我做。当然，以上所说都是不必说给外人知道。"

五

在索姆河战役中险遭不测

桑迪兰兹将军的到来改变了蒙哥马利的生活和工作习惯。桑迪兰兹将军接任旅长之后，蒙哥马利每天 6 点 15 分就必须起床，7 点吃早餐，7 点 45 分准时到战壕里去视察部队。有时候，他会跟旅长一起行动，但更多的时候，旅长会让他独自行动。直到下午 1 点，他才会回到旅部，与桑迪兰兹将军一起讨论战局。

如果说麦肯齐将军曾给予蒙哥马利自由发挥的机会，让他在第一〇四旅里创造了自己的地位的话，那么桑迪兰兹将军则教会了蒙哥马利如何行使旅长的职责。此外，桑迪兰兹将军还教会蒙哥马利如何把握旅长同其炮兵和工程兵之间的关系。对蒙哥马利的前途来说，这些都是极其重要的。

弗勒贝克斯地区的战局越来越紧张了。狡猾的德军改装了缴获的英军飞机，将英国飞机两翼下红、白、蓝三色圆圈连续相套的标志改成了方形连续相套标志。肉眼看来，这些飞机与英军飞机十分相似，因此常常冒充成英军的飞机从第一〇四旅的上空飞过。为了迷惑英军，狡猾的德军甚至会向这些飞机开枪。当然，他们是不会真的打中自己的飞机的。除此之外，德军还通过侦听英军的电话，截获了大量有价值的情报。蒙哥马利曾在给母亲的信中详细分析过这些。从他给母亲莫德的信中可以看出，蒙哥马利那冷静、睿智的个性已经展露无遗了。对一名战场指挥官而言，这些素质是至关重要的。

6 月，在战后被称为"绞肉机"的凡尔登战役已经打得难舍难分了。德、法双方都投入了大量的部队，在凡尔登一线反复厮杀，直杀得天昏地暗，血流成河，也没有分出胜负。为了减轻法军在凡尔登一线的压力，英国远征军总司令道格拉斯·黑格将军决定由英军在索姆河一线发动一次大规模的进攻战役，以消灭德军的有生力量。这次战役原本打算由法军担任主攻的，但由于法军陷入了凡尔登战役之中无法抽身，不得不改由英军担任主攻。

6月24日，黑格将军向英、法军各部队下达了作战命令。随即，万炮齐鸣！英、法军的炮兵部队将170万发炮弹倾泻到了德军的阵地上。狭窄的阵地几乎被爆炸产生的气浪翻了一个个儿。起初，德军还有零星的炮火还击，但很快就销声匿迹了。

7月1日，黑格将军判断，德军应该被猛烈的炮火杀伤得差不多了，便命令步兵发起了冲锋。其实，德军的伤亡十分有限。他们事先已经截获了英军的战役计划，巧妙地躲在了掩体里。英军的部队刚刚接近德军的阵地，德军的机枪便响了起来。英军士兵立即慌乱起来。黑格将军也大吃一惊。第一天的战斗结束之时，英军就伤亡了近60000人，其中阵亡者达19000人。

战役打响之时，第三十五师所属的各部队并没有参战，而是作为战役预备队在后方休整。在头几天，蒙哥马利没能正确估计索姆河战役的形势，一直保持着十分乐观的情绪。他认为战役虽然进行得不算顺利，但凭借英军强大的预备队，定能战胜德军。

战役开始前，黑格将军曾计划，如果攻击不利的话，就立即取消战役计划。但英军惨重的损失激起了黑格的复仇情绪，他并没有收回攻击的命令。于是，这种自杀性的进攻便持续了下去。第一〇四旅也在7月20日投入了战斗。

7月20日至23日，第一〇四旅组织了3次大规模的进攻，但均被德军挡了回来。23日黄昏时分，第一〇四旅在遭受了惨重的损失之后被迫撤了下来。蒙哥马利的心情开始忧郁起来。如果这场战役持续下去的话，整个第一〇四步兵旅都有可能葬送在索姆河。

攻击停止后，英、德双方的大炮并没有停下来。双方的炮兵昼夜不停地轰击对方的阵地！战场上的一切都化为了灰烬，已经找不到一处可供藏身的掩体了。为了打破僵局，蒙哥马利决定带领一名军官到前沿去侦察德军的炮火。他们还没有走多远，便有 4 发炮弹落在了他们身边。蒙哥马利还没有反应过来，便被炮弹爆炸产生的气浪掀翻在地。幸运的是，他并没有受伤。但陪同他一起到前沿执行任务的军官便没有这么幸运了。那名军官的头部被弹片击中，当场毙命了！战斗仍在继续。第一〇四旅已经伤亡近千人了。对一个旅来说，这是一个骇人听闻的数字。然而，黑格将军并没有从这些灾难中吸取教训，仍然命令部队继续发动进攻。

由于第一〇四旅损失惨重，第三十五师师部决定将其调回后方休整。从 7 月 26 日开始，第一〇四旅开始渐次向后撤退。作为旅参谋长，蒙哥马利的主要任务便是协助各营安然无恙地撤出战斗。有一次，一个散布较广的营被德军死死盯住，无法脱身，蒙哥马利不得不亲自到战场上去指挥部队撤退。他在战场上左冲右突，一边躲避着德军狙击手的射杀，一边指挥部队利用地形撤出战斗。

在大部分部队已经撤出战斗之时，蒙哥马利突然感到右手手掌猛地一震，随即传来一阵剧痛。他低头一看，右手手掌被一颗狙击弹擦破了。幸运的是，这次伤势并不严重，稍作处理之后便能正常工作了。

在随后的几天里，蒙哥马利始终身处险境，好几次都险遭不测，但每次又都逢凶化吉。到 7 月 31 日，支离破碎的第一〇四步兵旅终于全部从第一线撤了下来。蒙哥马利一心盼望能有一个月的时间进行休整。但是，蒙哥马利十分清楚，在战事如此胶着的情况下，部队能获得 10 天的休整时间已经不易了。果不其然，仅仅 4 天之后，第一〇四旅又被黑格将军送到了第一线。

在秋季，黑格将军又发动了几次进攻，其中以 9 月 3 日发动的第三次进攻规模最大。英军 32 个步兵师、法军 26 个步兵师协同向德军发起了凌厉的攻势。但部队在付出了惨重的代价之后仅仅向德军阵地的纵深推进了几公里。

9 月 15 日，黑格将军还在进攻中首次使用了坦克。这种钢铁盒子初现战场便发挥了不小的威力。英军首次出动了 49 辆坦克，实际参加战斗的为 19 辆。坦克的出现加快了英、法部队的进攻速度。当天，英军便攻占了德军第三道阵地的几个据点。不过，由于数量太少，坦克的出现并没有扭转整个战役的局势。

1916 年 11 月 18 日，黑格终于意识到，索姆河战役已经失去了任何战略价值，已经无需再打下去了。但此时，英、法两军的损失已经接近了 100 万人，其中英军伤亡达 45 万人。更为可笑的是，德军的阵地依然固若金汤！战役进行了大半年，英、法两军始终没能撕破德军的防线。不过，他们也重创了德军，牵制了德军的兵力，使其无法向凡尔登一线增兵。由于将大量士兵送入了死地，骑兵出身而又不重视新式武器和战法的黑格将军获得了"索姆河屠夫"的绰号！法军在凡尔登一线进行的战役也没有取得什么战果，德、法的战线依然维持在战役开始之前的样子。

1916 年的战斗让第一次世界大战参战双方都付出了惨重的代价。英军阵亡、负伤或为毒气所伤者竟然高达 125 万余人。获知这一消息，蒙哥马利被惊出了一身冷汗。

1917 年 1 月 18 日，第三十五师师长回国休假去了。第一〇四步兵旅旅长桑迪兰兹将军被提升为代理师长。4 天后，蒙哥马利也接到了陆军的调令，奉命前往第三十三师担任二级参谋。虽然他的职务晋升了，但他的军衔仍然是上尉！有意思的是，接替他担任第一〇四旅参谋长的却是一位少校。由此可见，蒙哥马利的军衔虽然不高，但已经引起了英军高级将领的重视！

六

工作出色的一级参谋

1917年4月,英国远征军总司令黑格元帅命令英军向兴登堡防线发动了全面攻势。兴登堡防线是德军西线最高指挥官兴登堡元帅指挥部队构筑的,亦称齐格菲防线。兴登堡防线非常坚固,很难从正面突破。结果,英军激战数十天,非但没能突破这道坚固的防线,反而付出了沉重的代价。仅蒙哥马利所在的第三十三师便伤亡了3000余人。英国远征军在4月份的伤亡更是多达11万人左右。

作为师部的二级参谋,蒙哥马利并没有机会直接参加战斗。当时,他把全部精力都投入到了工作中,潜心研究统一指挥、集中使用炮兵火力、加强空中侦察和如何才能迅速得到战斗进展的准确情报等问题。

总体而言,蒙哥马利在1917年春季的战役中收获还是不小的。他充分了解了师级参谋的业务,并在拟写作战命令等方面表现出了杰出的才华。7月6日,蒙哥马利被提升为第九军的二级参谋,但其军衔仍然是上尉。第九军隶属于赫伯特·普卢默爵士指挥的第二集团军。普卢默将军是一个谨慎而又睿智的指挥官,他不主张对德军的防线发动全面攻势。他认为,在德军的有生力量依然十分强大的情况下,应该对其重要战术目标作浅近攻击。在战术上,他强调步兵与炮兵协同作战,使用纵深炮兵火力为进攻部队创造条件。他的这些主张对年轻的蒙哥马利产生了深刻的影响。在第二次世界大战期间,蒙哥马利所指挥的重大战役几乎都反映了这一战术思想。

蒙哥马利对新工作十分满意。7月11日,他在给父亲的信中洋洋得意地说:"我非常喜欢我的职务。我能得到这个职位是十分幸运的。第九军有3个二级参谋，另外两人的资历都比我深，而且又都是少校。但是，当一级参谋不在军部的时候，上级却让我临时负责参谋工作。我无疑是担任这种职务的最年轻的军官，也是唯一的上尉。在其他所有的军部，这种职务几乎是由清一色的参谋学院毕业生担任的。"

在第九军工作了几个月之后，蒙哥马利的才能便得到了普卢默将军的肯定。他主持制定的训练和作战计划完全符合普卢默将军的军事思想。普卢默将军命令整个集团军的作战命令都要以蒙哥马利的计划为基础。在秋季攻势中，英军第二集团军各部队不但攻占了所有的预定目标，而且在德军猛烈的反攻下固守了阵地。这次胜利不但大大提升了英、法盟军的士气，也使年轻的蒙哥马利上尉声名大噪。10月底，蒙哥马利正式晋升为第九军的一级参谋，主管部队作战。

1918年1月，俄国新生的苏维埃政权退出了罪恶的第一次世界大战。德军结束了两线作战的局面，遂集中兵力在西线向英、法发动了更大规模的攻势。美国虽然已于1917年4月6日对德宣战，但抵达欧洲的美军数量依然很少，对整个战局并没有多大的影响。在德军凌厉的攻势之下，英、法军队接连败退。直到4月初，英军才站稳了脚跟，建立了一道新的防线。但战斗依然十分惨烈，双方的损失均十分严重。到5月30日，第九军的战斗部队仅剩下不足一个师的兵力了。

在数月的激战中，蒙哥马利对战场上变幻莫测的、错综复杂的形势把握得十分到位。他那冷静的头脑和谨慎的作战风格都得到了英军高级将领的认可。6月3日，蒙哥马利被晋升为准少校。7月16日，他又被晋升为战时中校，被派往第四十七师担任一级参谋。

第四十七师师长戈林奇将军是一个单身汉，也是英国陆军最资深的少将师长。英国陆军中所有军长几乎都比他的资历浅。由于他人缘不好，一直没当上军长。不过，这位坏脾气师长倒是一个不可多得的将才。早在1910年，戈林奇将军在印度担任旅长之时，蒙哥马利就认识他了。当时，蒙哥马利所在的部队属于戈林奇旅的编制。

戈林奇将军很喜欢蒙哥马利。他认为蒙哥马利是一位理想的部属。他把这位30多岁的一级参谋视为心腹，把全师的行政事务全部交由蒙哥马利负责。蒙哥马利的表现也没有让戈林奇将军失望。他接管第四十七师的参谋部门后，很快就制定了一份详细的防御计划。在这份计划中，蒙哥马利以简洁明了的风格，阐述了全师的防御策略、受攻击时应采取的行动、各旅在预警时所用的代号和呼叫信号、预备队的部署以及各兵种之间的协同等问题。戈林奇将军对这份计划十分满意。

随着美军大批部队抵达欧洲战场，协约国的兵力得到了极大的加强。德军已经现出了溃败之势！8月初，协约国军队最高指挥官福煦元帅向各部队下达了总攻命令。各部队也根据自身的情况制定了详细的作战计划。8月18日，蒙哥马利也向第四十七师发出了"进攻作战指示"，要求部队按照他的计划，切实加强演练，准备向当面之敌发动进攻。8月22日凌晨，第四十七师各部队按照蒙哥马利的计划向德军发起了猛烈的攻势。战斗持续到了8月底，第四十七师以极其微小的代价顺利完成了既定任务。蒙哥马利因为工作出色，再次受到了嘉奖！

9月8日，第四十七师奉命调入集团军第十三军，进行休整。在此期间，蒙哥马利对部队作战的经验、教训进行了总结，并编写了《从1918年8~9月的战斗中获得的教训》。这本小册子包括通讯、司令部、坦克、炮兵、迫击炮、骑兵、机枪、工兵运用、补给、一般注意事项10个部分。蒙哥马利特别强调了利用无线电通讯，夺取战术主动权，对部队进行特殊训练，步、炮兵协同指挥，经常变更攻击发起时间以获得奇袭之利等内容。从这本小册子可以看出，蒙哥马利已经形成了自己独特的指挥风格。

值得一提的是，蒙哥马利在第四十七师任一级参谋之时特别重视无线电通讯训练。当时，各级指挥官都在为部队如何获取最新战斗情况而发愁。蒙哥马利也被这个问题困扰着。后来，他终于设计了一种系统，即向各个先头营指挥所派遣携带无线电设备的军官，通过无线电把最新情况传回师部。在第一次世界大战期间，要弄到便携式而且性能可靠的无线电设备十分困难。而且，这些系统基本上都是临时拼凑而成的，经常出故障！不过，蒙哥马利凭借自己的聪明才智，基本上解决了这些问题。结果，他的无线电通讯系统在战斗中发挥了极其重要的作用。在第二次世界大战时，蒙哥马利又进一步完善了这一系统，并在实战中收到了良好的效果。

第一次世界大战进行到1918年9月之时，德军已经成了强弩之末，开始纷纷向德国本土撤退了。第四十七师也奉命参加了追击德军的战斗。德军一路溃退，根本没有组织有效的防御。不过，蒙哥马利发现，德军一路溃退，但其撤退却十分有序，并没有演变成大逃亡。蒙哥马利深感惊讶，他从内心深处对德国人产生了敬畏之情！

10月17日，第五集团军顺利攻占了法国北方的重镇——里尔市。在战斗中，第四十七师发挥了极其重要的作用，但损失也不小。战斗结束之后，第四十七师便奉命将防御任务交给了第五十七师，改作集团军预备队。

10月27日，第五集团军举行了一场规模浩大的胜利入城仪式。每个士兵的脸上都洋溢着胜利的喜悦！作为第四十七师的一级参谋，蒙哥马利骑着马，和戈林奇将军一起走在第四十七师队伍的最前头，备受瞩目。一路上，街道两旁狂欢的人群不断把鲜花和食物献给他们。蒙哥马利神情庄重而又不失礼仪地拒绝了热情的法国人民。

到达城市广场时，蒙哥马利和戈林奇将军并肩下马，站到了市长的身旁，检阅从他们面前通过的部队。与蒙哥马利和戈林奇少将站在一起的除了里尔市的市长之外，还有第五集团军司令伯德伍德爵士、第十一军军长黑京爵士和英国军需部长温斯顿·丘吉尔。当时，蒙哥马利并不认识丘吉尔，更没有想到他们在20多年之后会并肩作战，成为英国抵抗法西斯侵略的象征！

德军在战场上的溃败激起了德国民众的反战情绪。11月3日，德国驻基尔的舰队发动了起义。随后，德国各地纷纷爆发了起义事件。11月9日，柏林发生了十一月革命，德皇威廉二世被迫宣布退位，逃往荷兰。德国社会民主党组建了临时政府，宣布成立共和国，史称魏玛共和国。11月11日，德国与协约国签订了《贡比涅森林停战协定》，宣布投降！历时4年3个月的第一次世界大战终于以协约国的胜利而告终了。

· 第三章 ·

事业与爱情的双重考验

一

加强对军事理论的学习

第一次世界大战结束之后，战胜国在凡尔赛宫召开了巴黎和会，商讨制裁德国的措施。与此同时，各国军队为了适应和平时期的陆军编制，都进行了大规模的裁军工作。陆军各级军官的职务和军衔均降了下来。1919年1月底，蒙哥马利被派往莱茵河英国占领军总部担任二级参谋，主管作战。两个月后，陆军部撤销了第四十七师的编制，蒙哥马利也随即前往莱茵河英国占领军总部所在地科隆报到。

在第一次世界大战期间，蒙哥马利作为一名中下级军官并没有发挥多大的作用。不过，这场战争对他的影响却非常大。在占领军总部工作期间，他已经清楚地认识到，军事是一门需要终生研究的学问，而他除了在军中服役，似乎也做不了其他的事情。蒙哥马利便决定把自己的一生都献给军旅！但应该如何去做，他却不甚清楚。不过，有一点是可以肯定的，那就是他必须进参谋学院深造。

战争期间，参谋学院曾一度停办，直到1919年春季才重新开办。第一期是短训班，学员可以凭借作战记录而不需考试就可以入读。但蒙哥马利在军中没有后台，也没有靠山，再加上他的性格古怪，自然没有被录取。蒙哥马利只好把希望寄托在第二期上。

第二期将于1920年1月开办，学制一年。但这一期的录取名单公布时，蒙哥马利又傻眼了，他再次落选了！好在蒙哥马利是一个意志坚强的人，他并没有因此而丧失信心。眼见着那些在业务上远比他落后但却有"门路"的人一个个进入了参谋学院，蒙哥马利也产生了找一找"门路"的想法。

有一天，英国占领军总司令威廉·罗伯逊爵士听说蒙哥马利的网球打得很不错，便邀请他到家中去打网球。这位总司令在1915年到1918年期间曾任英国陆军总参谋长，是英军中从士兵升到元帅的第一人。蒙哥马利并不认识他，但他认为，一个经历坎坷的元帅肯定会同情年轻军官的。打球休息时，蒙哥马利便向他倾诉了自己的苦恼和愿望。不久之后，蒙哥马利便收到了参谋学院的录取通知书。蒙哥马利十分兴奋，他的愿望终于实现了。蒙哥马利也由此与英国占领军总司令罗伯逊爵士亲近了起来。

5月5日，蒙哥马利奉命前往皇家燧发枪团第十七营担任营长。战后，远征军人心思归，所有的部队都十分混乱。第十七营的情况也不容乐观。营长刚刚离职，老兵都想复员，新补充的士兵毫无作战经验，整个营都乱糟糟的。蒙哥马利一到任便制定了详细的训练计划，扭转了局势。

11月初，陆军部取消了第十七营的建制。蒙哥马利得到了几个月的假期，返回英国陪家人过新年去了。离家几年，亨利夫妇都老了许多，弟弟妹妹们也都长大了。蒙哥马利与父母的关系变得融洽了许多，也不再跟母亲对着干了。

1920年1月22日，蒙哥马利来到了坎伯利参谋学院报到。入学之后，蒙哥马利原本想好好地读一读书的，但他很快就发现自己对参谋学院的期望过高了！他所追求的目标已经超过了学院所能够提供的范围。尽管第一次世界大战已经结束了，但参谋学院并没有把敌我双方优秀的作战经验纳入教学范围。

对蒙哥马利这些有过实战经验的军官来说，参谋学院的课程是完全过时了的东西。蒙哥马利认为，他自己都要比那些教官知道得多！他也因此经常在众人面前侃侃而谈，揶揄那些教官和同学。蒙哥马利给参谋学院的同学留下了"放言高论，口若悬河，固执己见，目空一切"的印象。1920年的圣诞节，同学们在院刊的谜语栏里讽刺他道："如果需要10卡车印度名牌水泥才能堵住参谋学院二楼浴缸的缺口的话，那么，著名剧作家康格里夫得亲自监督多少个乐团才能堵住蒙哥马利在早餐时的喋喋不休呢？"

圣诞节过后，蒙哥马利和其他同学一起从参谋学院毕业了。院方并没有公布第二期学员的成绩。蒙哥马利认为自己的成绩应该不错，因为他被分到了英国陆军最好的几个旅之一——驻科克的第十七步兵旅担任参谋长。

第一次世界大战虽然结束了，但是英国并不安宁。南爱尔兰的新芬党争取独立的斗争正在轰轰烈烈地进行着。蒙哥马利家族也受到了很大的冲击。尽管亨利夫妇都是爱尔兰基督教的子民，但他们名下的大部分土地都已经被新芬党强行没收了。留在他们名下的只有"新公园"了。此外，蒙哥马利特别喜欢的堂兄豪休·蒙哥马利中校也在1920年11月21日在都柏林被爱尔兰共和军谋杀了。

在这种情况下，要蒙哥马利冷静地思考爱尔兰的独立运动几乎是不可能的事情。当驻守在科克的第十七步兵旅奉命镇压爱尔兰独立运动之时，蒙哥马利的表现十分活跃！但经过几个月的战斗之后，蒙哥马利改变了自己的看法。在给同僚来西瓦尔少校的信中，蒙哥马利冷静地写道："如果继续使用武力，我们或许可以暂时将叛军（指爱尔兰共和军）打垮。但是等我们军队撤走之后，叛军又会死灰复燃。那些叛军可能会回避战斗，把武器藏起来，等待我们离开之后再行动。所以，唯一的办法是让爱尔兰人组成某种形式的自治政府，自己去平息叛乱。他们自己才是唯一能够做到这一点的人。爱尔兰人目前仍在努力去做，就我们所知，他们似乎已有相当的成就。不过，本人现在与那边并无密切的接触，但我觉得爱尔兰人的成就，远比我们的大……"

蒙哥马利态度的转变表明他已经学会了重新考虑自己的意见，并能根据事态的发展而加以修正计划。后来，事态果然朝着蒙哥马利预测的方向发展了。1922年1月，爱尔兰省政府成立了。这是一个自治性质的政府，它与英国签订条约后，南部的英军开始撤离。5月19日，蒙哥马利所在的第十七步兵旅也撤离了驻地科克。

在回忆录中，蒙哥马利对英军在爱尔兰进行的镇压运动的评价也不高。他说："这场战争在许多方面要比1918年结束的大战糟得多。它完全发展成为了一场屠杀！军人们都想着如何杀人，而不是怎样守住自己的阵地。这样的战争对官兵都是有害的，它会毁灭军人的品德和骑士精神。战争的结束使我倍感欣慰！"

离开爱尔兰之后，蒙哥马利的职务变动了多次，但都是参谋军官。1922年5月24日，他开始担任驻守在普利茅斯的第八步兵旅参谋长。1923年初，他又被调往以约克为基地的地区自卫部队第四十九师担任二级参谋。由于一级参谋的职位悬缺无人，蒙哥马利实际上身兼一级参谋和二级参谋的双重职责。

第四十九师新任师长查尔斯·哈林顿将军和蒙哥马利一样，都是第一次到地区自卫部队任职。他对如何组编和训练地区自卫部队毫无经验。如此一来，蒙哥马利便可以名正言顺地在第四十九师实践自己的军事思想了。经过几个月的努力，蒙哥马利于7月颁布了《供西区部队和第四十九师用的战术教材》。当时，英国陆军已颁发了各种训练教材和野战条令，但蒙哥马利认为那些教材有缺点，因为它们仅订立作战的基本原则，但却没有提供训练部队的方法。蒙哥马利的这本小册子刚好弥补了这一缺点。

为了提高官兵的士气，蒙哥马利还鼓励年轻的军官们到坎伯利参谋学院学习。为了让他们顺利通过入学考试，蒙哥马利在德文郡港开设了"参谋学院预备班"。蒙哥马利亲自编写教材，还亲自为学员们讲课和批改作业。从蒙哥马利为预备班编的教材来看，他对陆军的编组、部署、运动和战术的理解已经相当精道了。他认为，战术"目标总是要追敌应战，对敌攻击，并尽量把敌人歼灭"；土地的得失对战争进程并没有太大的影响，认清军事上的战略目标才是至关重要的。

在第四十九师任职期间，蒙哥马利还在《陆军季刊》和皇家沃里克郡团的杂志《羚羊》上发表了几篇军事论文。在论文中，蒙哥马利强调："从古罗马的密集队形起，战术的基本法则始终保持不变。这个法则就是：要想成功，就必须在准备实施决定性打击的地方对敌占有绝对优势。"这些观念后来都成为了他军事哲学的主要原则。

二

萌动爱情之火惨遭拒绝

1925年3月初，蒙哥马利离开了第四十九师，被调往皇家沃里克郡团第一营任A连连长。回到自己的老部队，蒙哥马利觉得十分亲切。入职没多久，蒙哥马利便同第一营营长麦克唐纳中校一起前往法国布里特尼海岸的迪纳德去度假。在那里，一向严肃的蒙哥马利居然爱上了一位比他的年纪小一半多的少女贝蒂·安德森。

当时，蒙哥马利已经年满37岁了。在此之前，他似乎一直对女性不感兴趣。他曾经对参谋学院预备班的学员说，陆军和天主教一样，一个人若对他的事业认真，就得保持独身。他的格言是："你不可能做一位好军人，同时又是一位好丈夫。"

但遇到贝蒂·安德森之后，蒙哥马利一下子把自己的格言全都抛到了九霄云外。贝蒂是一位印度高官的女儿，长着一头金色的头发，皮肤白皙，美丽动人。蒙哥马利在沙滩上第一次看见她时，就被她深深地吸引了。蒙哥马利像着了魔一样，把爱心和希望全部倾注到贝蒂身上。每天黄昏时分，蒙哥马利都会邀请贝蒂外出散步。他们在圣马洛教堂的围墙周围散步，然后又穿过松树林，一直走到海边的沙滩上。在那里，蒙哥马利经常一边在沙滩上画着一些图形，一边向贝蒂解说装甲车辆在战争中的应用。

很显然，正处妙龄的贝蒂对这些专业而又枯燥的战术讲解毫无兴趣。她常常借故离开，或将话题引向其他方面。遗憾的是，除了和战争相关的事情之外，蒙哥马利在其他方面的知识都十分匮乏，而且他又毫无幽默感！不管贝蒂是否喜欢，他总是滔滔不绝地说个没完没了。由此可见，这位年轻而漂亮的少女已经令他神魂颠倒了。

假期结束之前，蒙哥马利毫不迟疑地向贝蒂的父母表白他对贝蒂的爱慕之情！他以军人的方式，直截了当地问他们："我是否可以向她求婚？"

贝蒂的双亲都是有教养的人，也是聪明人。他们早就看出了女儿对蒙哥马利并无好感，便委婉地回答说："我们希望把这个问题留给贝蒂自己去决定。"

被爱情迷住了心窍的蒙哥马利并没有从他们的回答中听出弦外之音。他立即找到贝蒂，向她表明了爱意。善良的贝蒂不想伤害蒙哥马利，并没有立刻作出答复。显然，她特别欣赏蒙哥马利坚强的个性和品格。但是，欣赏并不等于爱情。

蒙哥马利明白了，贝蒂的沉默已经告诉他，他们永远不可能在一起。有意思的是，贝蒂后来竟然爱上了蒙哥马利的弟弟布莱恩·蒙哥马利。两人常常见面，一起去参加舞会，一起外出游玩。为了不让哥哥伤心，布莱恩和贝蒂约会的时候总是背着蒙哥马利，不让他知道。

感情的挫折虽然让蒙哥马利伤心了好一段时间，但并没有影响他对军旅事业的热情！度假归队之后，蒙哥马利立即对A连展开了训练。雄心勃勃的蒙哥马利想把自己的连队训练成全营最好的连队。他在训练士兵的时候非常严肃，有时甚至显得有些冷酷无情！训练的科目包括利用地形、战地通讯、战斗队形、巡逻侦察、夜间战斗、陆空协同、野战筑城和坦克支援等。蒙哥马利制定的标准很高，士兵们也从来没经历过如此疯狂的训练。

10年的参谋经验和刻苦钻研让蒙哥马利对英国陆军有了充分的了解。他的目的便是要把士兵们训练成他理想中的样子。蒙哥马利认为，无论到什么时候，战争打到最后时刻都要依靠步兵对垒来决定胜负。而步兵的训练、步兵配合行动的能力，以及同炮兵、坦克、工兵、飞机等协同作战的能力将是决定双方胜负的关键。正是在这种军事思想的指导之下，蒙哥马利才对A连展开了残酷的训练。他不仅要把这一思想灌输给每一个军官，而且还要灌输给每一个士兵。

蒙哥马利这种与众不同的训练方式惊动了第十旅旅长。3月30日，旅长亲自率领参谋长前来视察。当时，蒙哥马利正带着A连进行10公里越野前卫战术模拟演习。演习进行得相当成功，旅长对蒙哥马利的工作给予了充分的肯定！随后，蒙哥马利的名声便在陆军中传开了。不久，A连的一个排还奉命开赴第一三二步兵旅，进行了一系列的示范。

蒙哥马利声威日盛，连陆军部都被惊动了。1925年7月26日，陆军部向沃里克郡团下达了一道命令，将蒙哥马利晋升为了正式少校。仅仅两天之后，他便被调往了坎伯利参谋学院，去接替一个准中校担任教官一职，任期3年。

新职务让蒙哥马利兴奋不已！但他在表面上却装作一副若无其事的样子，照常带领A连进行训练和演习。他出色的表现自然招来了一些嫉妒，他那古怪的性格又不可避免地得罪了一些人。但无论如何，沃里克郡团的每一个人都不能不承认，蒙哥马利所带的连队是该团有史以来训练搞得最好的连队。

职务的升迁给了蒙哥马利继续追求贝蒂·安德森的勇气。尽管他曾写信告诉母亲莫德说，他已经接受了贝蒂·安德森作出的决定，但在他的内心深处始终没有放下贝蒂。蒙哥马利暗想，他现在的军衔已经是正式少校，马上又要到参谋学院任职了。这就意味着，他不但可以很快晋升为荣誉中校，还能获得学院分配的住宅。正是这些优越的条件冲昏了蒙哥马利的头脑，他认为贝蒂应该会接受自己的，贝蒂的父母也会对他刮目相看的。1925年秋季，蒙哥马利悄悄买了一张前往瑞士伦科的车票。贝蒂·安德森一家正在那里休假。

来到伦科之后，蒙哥马利故意住进了安德森一家住的旅馆里。在办完入住手续之后，蒙哥马利故意坐在大厅的椅子上。古板的少校是在等待贝蒂，他想制造与贝蒂不期而遇的假象。正如蒙哥马利所计划的那样，他与贝蒂在大厅里"不期而遇"了。贝蒂十分惊讶，但良好的教养却教会了她如何掩饰自己的尴尬！她和蒙哥马利随便聊了一会，便借故走开了。

整个大厅里只剩下蒙哥马利孤零零的一个人了。他无论如何也没有想到，自己苦心积虑的安排居然只换来几句不冷不热的问候。蒙哥马利敏感地意识到了，他与贝蒂之间已经是不可能的事情了。不管如何，他的努力只能是竹篮打水一场空。

正所谓"塞翁失马，焉知非福"，蒙哥马利错过了贝蒂·安德森，但却认识了贝蒂·卡弗。贝蒂·卡弗也是安德森家族成员。她的父亲罗伯特·霍巴特曾是印度高官，已于1910年去世。贝蒂·卡弗的身材不高，容貌也不算动人，但乐观快活，颇有人缘。遗憾的是，她的丈夫在第一次世界大战期间在加里波里阵亡了。可怜的贝蒂·卡弗独自带着两个十余岁的儿子度日。

在安德森夫妇的介绍下，蒙哥马利结识了这位不幸的寡妇。在交谈中，蒙哥马利了解到，贝蒂·卡弗与他同岁，是一个艺术家，擅长油画和水彩画，雕塑也很拿手。更加巧合的是，她与蒙哥马利一样，祖上都是爱尔兰人，而且住在离蒙哥马利家不远的奇斯维克。她的弟弟斯坦利与蒙哥马利还是坎伯利参谋学院的同学。如此之多的联系将两人之间的距离拉近了很多。蒙哥马利也很快发现，他与卡弗太太情投意合！在与卡弗太太交往的过程中，贝蒂·安德森给蒙哥马利带来的不快渐渐消逝了。

假期结束了，蒙哥马利与贝蒂·卡弗各自返回了英国。贝蒂·卡弗回到了她在奇斯维克的家，蒙哥马利则来到了坎伯利参谋学院就任新职。在战后的几年里，坎伯利参谋学院得到了很大的发展。一大批富有创见的军官陆续来到学院任职，其中包括艾伦·布鲁克、富兰克林等人。

艾伦·布鲁克是参谋学院的战术研究室主任。他比蒙哥马利大3岁，是一个出色的转移炮兵弹幕专家。在第一次世界大战中，他曾获得过两枚优异服务勋章。在这位思维敏锐、头脑灵活、能谋善断、眼光远大的荣誉上校面前，蒙哥马利常常感到自惭形秽。不过，布鲁克也独具慧眼，他认为蒙哥马利见地不凡，能力突出，是未来英军参谋总长的材料，所以在各方面都尽可能地给他帮助。

在坎伯利参谋学院任教初期，蒙哥马利便以杰出的演说能力而倍受欢迎。他总是能以最简洁的语言将复杂的问题明晰化，并明确指出解决问题的方法。他演讲时从来不带讲稿，两眼总是专注地盯着听众。凡是听过他演讲的人都不能不承认他讲话的精确性，以及条理性。当然，这并不代表大家认可他的观点。

　　除此之外，蒙哥马利还抽出了相当多的时间来研究沙盘作业。他认为，在枯燥无味的和平年代，加强学习，充实自己的业务知识是十分重要的事情。不久，他就成了参谋学院的沙盘高手和杰出的战术问题发言人。

三

与贝蒂·卡弗喜结良缘

1926年底,参谋学院放假了,蒙哥马利也获得了一次难得的休假。他邀请爱德华·克劳爵士一家前去瑞士的伦科度假。他为什么会再次选择伦科为度假地点呢?要知道,他可是在那里被贝蒂·安德森拒绝的呀!其实,此时的蒙哥马利已经把他与贝蒂·安德森的事情放下了。但卡弗太太那娇小的身影却时常出现在他的脑海里。蒙哥马利知道,他已经爱上了温柔贤惠的贝蒂·卡弗。他再次来到伦科,就是希望能在那里再次碰到她。

来到伦科之后,蒙哥马利惊讶地发现,贝蒂·卡弗和她的两个儿子果然在那里,而且还住在去年住的房间里。他兴奋得不知所以,当天便向卡弗太太表明了心迹。尽管蒙哥马利的相貌一点也不出众,性格古怪,行为拘谨,也没有丰富的学识,但贝蒂·卡弗却从他的身上看到了一种与众不同的气质。她认为这位沉默寡言、貌不惊人、说话声音比别人高几度、习惯于用手扯自己耳朵的少校注定会成为一个伟大的军事家。她毫不犹豫地接受了蒙哥马利的求爱。

但她的家人对两人之间的恋情并不看好。他们认为贝蒂·卡弗之所以会接受蒙哥马利的求爱,主要是因为她感到孤单寂寞,并需要一个人来帮助她抚养那两个十来岁的孩子。家人的阻挠并没有改变贝蒂的心思。她已经历过婚姻和生离死别,知道怎样的爱才更深沉、更丰富。她的本能和直觉告诉她,她找对了人。从此之后,两人便确立了恋爱关系,并频频约会。

时间很快来到了1927年的春季。贝蒂已经与蒙哥马利交往了好几个月，但蒙哥马利从来没有在她的面前提起过婚事。贝蒂的哥哥逼她催促蒙哥马利表明心意，但贝蒂羞于启齿，蒙哥马利也浑然不觉。

1927年的复活节那天，贝蒂邀请蒙哥马利陪她一起到学校去看望儿子。蒙哥马利欣然同意。和所有的恋人一样，两人手牵着手，肩并肩地走在宁静的校园里。贝蒂的两个儿子则蹦蹦跳跳地跟在他们的身后。当走近手球场时，贝蒂让儿子别处去玩一会。蒙哥马利抬眼望了望贝蒂。贝蒂拉着他的手，低声说："亲爱的，也许人们已开始对我们的事情窃窃私语了。我想，我们以后还是不要再见面了。"

蒙哥马利的脸涨得通红，争辩道："为什么？"

贝蒂忧伤地回答说："我们总不能一直这样下去。还是分开吧！"

蒙哥马利急了，脱口而出道："别傻了，贝蒂，我爱你。"

贝蒂趴在蒙哥马利的肩头，轻声哭了起来。蒙哥马利紧张地松了一口气。两人决定立即订婚，在适当的时候通知双方的家长，举行婚礼。

过了一会，两个孩子吵闹着冲进了手球场。大儿子迪克听到他们订婚的消息时，心里很不是滋味。他一直把蒙哥马利看作朋友，而不是父亲，从未想过他会跟自己的母亲结婚。他气恼地质问道："这是怎么回事？"

看见儿子的反应，贝蒂伤心极了。为了安抚两个年幼的孩子，她要求蒙哥马利不要急于宣布他们订婚的消息。蒙哥马利同意了。回家之后，两人把他们订婚的消息通知了各自的家人。年迈的亨利夫妇听到儿子订婚的消息都十分高兴。

6月25日，贝蒂的两个孩子回到了学校。贝蒂和蒙哥马利迫不及待地在《泰晤士报》上刊登了一则正式的结婚启事。启事上说："坎伯利参谋学院的师级训练参谋伯纳德·蒙哥马利少校与伦敦奇斯维克林荫大道滨河第二号的卡弗太太订于7月27日在伦敦举行结婚仪式。"

消息公布之后，朋友们纷纷向他们发来了贺信。蒙哥马利和贝蒂也开始准备婚礼了。等待婚礼的那短短一个月的时间在蒙哥马利看来简直比一年还要长。他太爱贝蒂了！他们的婚礼很简单，来参加婚礼的客人也不是很多。结婚仪式结束之后，蒙哥马利来不及等酒宴结束，便带着贝蒂匆匆与家人道别，迫不及待度蜜月去了。

蜜月归来，一个新的家庭便组建了起来。蒙哥马利把贝蒂视如至宝，将从前压在贝蒂身上的一切负担都承担了起来，以便让她有充分的时间去绘画，做她所爱做的事情。他用军队里的规矩来管理家庭，很快就将贝蒂管家时的那种杂乱无章一扫而空。一开始，两个继子多少有些不大适应。因为他们被性格散漫的贝蒂宠坏了，根本无法忍受蒙哥马利为他们制定的那些条条框框。不过，他们很快发现，继父是真心关心他们的，而且他们的生活环境也比从前有了很大的改善。蒙哥马利经常带着两个孩子到参谋学院骑马，到湖里划船，到游泳池游泳……就这样，蒙哥马利与两个继子之间的关系也逐渐融洽了起来。

蒙哥马利与贝蒂之间的感情也日益升温。他们俩的性格截然不同！贝蒂放浪形骸，有些玩世不恭。蒙哥马利做事则有板有眼，一丝不苟。但正是这两种完全相反的性格相互吸引着对方。贝蒂的内心深处渴望规矩的约束，而蒙哥马利的内心深处则也需要赤裸裸的情感的爱抚。他们两人生活在一起刚好弥补了彼此性格上的缺陷。

1927年的圣诞节，蒙哥马利以一家之主的身份带着妻儿再次来到了风景如画的瑞士度假。一路上，贝蒂总是一副食欲不振的样子，时不时还会恶心呕吐。蒙哥马利担心极了，他以为妻子生病了。贝蒂见丈夫着急的样子，不禁莞尔一笑，在他耳边低语道："亲爱的，我们有了自己的孩子了。"

蒙哥马利高兴极了，像孩子似的蹦了起来。从此之后，他就像母鸡护卫小鸡仔一样保护着贝蒂，生怕出现一点点差错。贝蒂已经40岁了！如此高龄的产妇不得不处处小心。1928年8月18日，贝蒂在坎伯利参谋学院分配给蒙哥马利的平房里生了一个健康的男婴。蒙哥马利和贝蒂商议之后，决定给他取名戴维·蒙哥马利。生下戴维之后，贝蒂的身体便大不如从前了。虽然她从不生病，心情也非常愉快，但看上去总是一副有气无力的样子。为了减轻贝蒂的压力，蒙哥马利还从自己不多的薪水中拿出一部分，特意请了一位保姆照顾戴维。

蒙哥马利并没有因为戴维的出生而冷落两个继子。他依然像从前一

沙漠跳鼠 蒙哥马利

蒙哥马利与儿子们共享天伦之乐

样关心和爱护他们。1928年圣诞节来临时，蒙哥马利便留下贝蒂照顾戴维，自己则带着两个继子到伦科去旅行。度假期间，他们3人住一间屋子，3张床排在一条线上！他要求孩子们自己整理自己的东西，同时也千方百计地让他们玩得痛快。直到多年之后，两个继子回忆起这段经历时依然对继父感恩不已。

在度假期间，蒙哥马利还冷静地考虑了自己的前途！到1929年1月，他在参谋学院的3年任期就要结束了。在3年里，他的工作得到了学院的认可，也引起了陆军部的重视。早在1928年1月，他的军衔就由少校晋升为了准中校。在和平时期，准中校的军衔已经不算低了，但各部队的军官均并没有空缺。蒙哥马利希望能回到自己的老部队沃里克郡团，哪怕去当一个排长也成。陆军部批准了蒙哥马利的申请，决定将他调回沃里克郡团第一营工作。

1929年1月21日，蒙哥马利在坎伯利参谋学院的任职正式结束了。他休息了一个月之后，便来到了沃里克郡团第一营报到。当时，皇家沃里克郡团第一营已从肖恩克利夫调往英克曼兵营，营长是蒙哥马利的老朋友克莱门特·托姆斯。巧合的是，营里只有一个本部连缺少一个连长，其他职务都已经安排好了人选。本部连是非战斗部队，仅管理鼓乐队、通信兵和文书人员。托姆斯营长觉得将这样一个连交给蒙哥马利指挥实在太为难了这位见多识广的准中校。但蒙哥马利似乎并不在意这些。他非但没有推三阻四，还将本部连的工作安排得井井有条。

1929年夏天，蒙哥马利奉陆军部之命去担任"步兵训练教范编写委员会"的秘书。从10月15日开始，蒙哥马利便暂时离开了沃里克郡团，成为了陆军部的"配属"军官，每天多领5先令的特别津贴。

到20世纪20年代末，英军的《训练教范》已经出版好几次了，其作者也已几易其人。但过去那些版本的《训练教范》都或多或少有些缺陷，不能很好地供步兵军官们学习。于是，他决心编出一本供步兵军官阅读的内容广泛的作战论著。

作为编写委员会的秘书，蒙哥马利并没有管理整个团队的权力。当蒙哥马利向委员会提交了编写方案时，便有不少军官提出了反对意见。委员会对草案提出了无数修改意见，但蒙哥马利却认为那是"挑剔细节"。委员们要求他把教范写成一本有关战术的手册，但蒙哥马利却要把它写成一部有关作战的论著！结果，委员们吵成了一锅粥。委员们要求教范反映陆军部的观点，蒙哥马利却不愿意考虑这个问题。双方意见分歧很大，又互不相让，僵持不下。直到6个月之后，双方仍然无法达成协议。

蒙哥马利向陆军部提交了一份报告，建议解散委员会，由他自己利用业余时间把委员们所提意见一并纳入手册，完成原稿整理工作。委员会一方面考虑到对草案的争论时间过久，另一方面又考虑到如果不解散委员会，陆军部的成本负担就会过大，于是接受了他的建议。可是，蒙哥马利在写出最后一稿时，却把委员会所做的修改全部删掉。结果，该书出版后深受好评，蒙哥马利也为自己的成功感到骄傲。

四

沃里克郡团第一营营长

1930年7月10日,蒙哥马利完成了编写教范的全部工作,又回到沃里克郡团第一营工作了。几周之后,蒙哥马利被任命为托姆斯营长的副手,协助他管理全营事务。当时,托姆斯中校已经接到通知,他将于当年年底调往陆军部工作。蒙哥马利认为陆军部在此时任命自己为托姆斯中校的副手大有深意。再加上他在编写训练教范的工作上得心应手,不免踌躇满志,洋洋得意起来。果不其然,陆军部于1931年1月17日正式任命蒙哥马利为皇家沃里克郡团第一营中校营长。蒙哥马利感慨万千,此时距离他初入第一营已经有12年之久了。

蒙哥马利接任营长之时,皇家沃里克郡团第一营已经在国内驻防多年,应该轮调到海外去服务了。1931年1月底,蒙哥马利率领全营乘坐军舰从南安普顿出发了。他们的目的地是耶路撒冷。由于埃及和巴勒斯坦的英军总司令约翰·伯内特—斯图尔特将军的司令部设在开罗,英军在巴勒斯坦的一切工作都落在了蒙哥马利的肩上。43岁的蒙哥马利实际上成了巴勒斯坦的督军。除了训练英军驻守在巴勒斯坦的部队之外,他还要与驻叙利亚、外约旦和黎巴嫩的外国军队保持紧密的联系。这段工作经历锻炼了蒙哥马利与外国军队指挥官沟通的能力。

由于长子正患重病,蒙哥马利在离开英国的时候让贝蒂暂且留在国内照顾他。直到6月份,长子的身体康复了,贝蒂才带着戴维来到巴勒斯坦与蒙哥马利团聚。他的两个正在读中学的继子则在暑假的时候来到这个基督教的圣地度假。第一营驻防巴勒斯坦的那段日子里,蒙哥马利带着家人跑遍了佩特拉、杰拉什和大马士革等古城。贝蒂非常喜欢这个古老的国家！她不时拿起画笔，画下她感受最深的景色。

1931年底，沃里克郡团第一营奉命移防埃及的亚历山大港。1932年元旦，蒙哥马利得到一个好消息。因为在巴勒斯坦的突出表现，陆军部决定晋升他为准上校。伯内特—斯图尔特将军在送往陆军部的考核报告中如是评价蒙哥马利："伯纳德·蒙哥马利中校聪明，有活力，有雄心，是一位非常优秀的教官。他有个性，有学识，对军事问题能把握要点，迅速进入情况。以其才能，理应晋升较高职位。但若晋升，伯纳德须加强机智、忍耐和审慎等方面的修养。本人对他的才能极为赏识，特作这点善意的建议。"

蒙哥马利十分重视伯内特—斯图尔特将军对自己的批评。他特意将这段话抄了下来，夹在私人文件中，一直保存了40年。

移防亚历山大之后，第一营集中在一起，所承担的任务也少了很多。蒙哥马利为此又闷闷不乐了一段时间。因为他的权力范围缩小了。这个已经尝到了权力滋味的准上校开始疯狂地迷恋起了对权力的掌控！在此后的几年里，陆军部曾多次建议他去担任参谋军官，但都被他拒绝了。他宁愿在一个较小的单位里担任一把手，也不愿去一个较大的单位去给别人当参谋。

驻防亚历山大后，蒙哥

蒙哥马利的夫人贝蒂与他们的长子

马利便开始按照自己的研究成果专心地训练部队，并打算将第一营打造成一种新型的正规陆军营。他特别强调夜间训练，以提高士兵在黑暗中运用作战技巧的能力，尤其是使用机关枪和支援火炮的能力。因此，第一营的几个连队大都在夜间离开营地出去训练，而且每次出去不得少于48个小时。他经常不定时地到连队去做突击检查，可能在半夜，也可能在白天！只要他愿意，他甚至会从床上爬起来直接奔向训练场。在他的严格监督之下，每一名士兵都不敢偷懒。第一营的战斗力也因此得到了很大的提高。

值得一提的是，第一营驻防亚历山大之时，蒙哥马利还获得了一定的沙漠作战的经验。在驻埃英国陆军举行的沙漠战术演习中，蒙哥马利充任"旅长"，指挥部队在夜间作战，出其不意地打败了"敌军"。他在演习中的表现受到了伯内特——斯图尔特将军的高度赞扬。将军还多次建议陆军部提升蒙哥马利的职务，最好到"训练总监部干一两年"。

但蒙哥马利并不愿意担任参谋类的职务。他的一名连长格辛少校曾不解地问他："长官，你真的已经决定了吗？这是你第二次拒绝参谋职务了，也许以后不会再有这类机会了。"

蒙哥马利斜眼看了他一下，轻蔑地回答说："什么？我要回去，要到陆军部去拍桌子。你听着，今年年底，我将带着这个营去印度。然后，我将晋升准将，再去指挥一个师，最后成为帝国总参谋长。"

蒙哥马利那古怪的性格和强硬的态度使得他跟大部分高级军官都合不来，但中下层军官和普通士兵却非常喜欢他。他的上级也不得不承认，蒙哥马利是真心对待士兵的。为了满足军人们的娱乐需要，蒙哥马利鼓励各种嗜好，其中一项就是养鸽子。甚至连他自己也养了好几只鸽子呢！

有一天，一位军需官指控一名下士偷了他的一只鸽子。下士否认，说那只鸽子是他的。两人吵吵嚷嚷地来到了营部，请蒙哥马利出场裁决。蒙哥马利想了想，对军需官和下士说："如果把这只鸽子放掉的话，它总会自己飞回鸽房的。到时候就知道这只鸽子是谁的了。"

军需官和下士都同意蒙哥马利的意见。于是，蒙哥马利命令副官把那只鸽子送往营文书室饲养24个小时。蒙哥马利宣布说："明天上午10

点，我会亲手把鸽子放掉。"

这件事很快在全营官兵中传开了。第二天上午 10 点，有 800 多人来到广场上观看放鸽结果。蒙哥马利从副官手中接过鸽子，双手一举，便把它放飞了。有趣的是，那只鸽子在兵营上空盘旋了几分钟，然后直接飞向了蒙哥马利的鸽房，呆在那里不走了！

看到这一结果，广场上的官兵们欢呼起来，有的放声大笑，有的则去揶揄那名军需官和下士，说他们偷了营长的鸽子。那名军需官和下士也被眼前的景象逗乐了！军需官撤回了他对下士的指控，又与他重归于好了。

蒙哥马利也笑得合不拢嘴。他幽默地对士兵们说："嗨，伙计们，以后再发生这样的事情可千万别来找我了！我的鸽房可装不下那么多鸽子！"

蒙哥马利的这句话把全营官兵又都逗乐了。正是真心关心士兵，又能与他们打成一片，蒙哥马利很受部属们的尊重！

1933 年底，皇家沃里克郡团第一营离开亚历山大，移防印度南部的浦那。驻守在浦那的南方指挥官乔治·哲弗雷斯将军是一位以注重传统的制式操练、仪式和各种社交活动而闻名的旧式军官。像皇家沃里克郡团第一营这样只重视战术训练而不注重礼仪训练的部队在这里自然不受欢迎。蒙哥马利与乔治·哲弗雷斯将军的关系也一度十分紧张。

到达印度仅仅两个月之后，蒙哥马利便借口身体不适，向乔治·哲弗雷斯将军请了假，带着妻子到东方旅行去了。他们预定从孟买启航，途经科伦坡、新加坡、香港、上海，最后到达日本停留两周。蒙哥马利和贝蒂早就盼望进行这次完全脱离军营生活的旅行了。为了不受干扰，他们让保姆把 5 岁的戴维带回了英国。

1934 年 3 月中旬，当邮轮抵达香港时，蒙哥马利收到了一份驻印陆军司令部发来的电报。电报上说，司令部推荐他到奎达参谋学院担任首席教官。得到这个消息，蒙哥马利的心情十分沉重。他知道，这肯定是乔治·哲弗雷斯将军的鬼主意。他已经在坎伯利参谋学院当了 3 年的教官，再也没有必要去当什么首席教官了。更何况，他曾对属下的连长格辛少校拍胸脯说，他下一步将要指挥一个旅，然后指挥一个师。

现在算怎么回事呢？他现在46岁，等到首席教官任期结束时，他就已经49岁了。如果再爆发战争的话，他很可能会因为年龄太大而失去指挥部队作战的职务。但陆军部于1934年3月19日发给驻印英军总司令的电报说："同意对蒙哥马利的推荐。但你应该告诉他，如果他不接受，明年则可能派他回国任参谋。"

回国担任参谋将比担任首席教官更加让他无法接受。在与贝蒂商量了之后，蒙哥马利决定向陆军部妥协，接受首席教官的职务。接受这个职务，便意味着他在6月上任时便可以晋升为上校了。

五

妻子离世，痛不欲生

1934年6月29日，蒙哥马利前往奎达参谋学院就任首席教官。他一到奎达参谋学院便引起一场轩然大波。报到的第一天，他便穿上了上校军服，洋洋得意地出现在了办公室里。两位中校教官对他的行为十分不满，在私下议论说："蒙哥马利在火车上就把上校的服装和徽章换好了。他简直是在向我们炫耀！"

不过，人们的怨气很快便消失了。蒙哥马利一走入课堂，人们便发现他那独树一帜的讲课风格和深厚的军事素养已经远远超过了上校军衔应该具备的。学员们非常喜欢他，学习也都十分认真。后来，他教授的学生有不少都成了英国陆军的将军，在第二次世界大战中作出了突出的贡献。

奎达参谋学院的院长盖伊·威廉斯少将对自己的首席教官推崇备至。1935年4月，他在写给陆军部的机密报告中赞扬蒙哥马利说："他博览群书，富有作战经验，具有坚强的性格，并能严格要求自己的行为和工作，是一位优秀的训练人才和颇有说服力的教官！因此，我推荐他早日担任常备部队的旅长或晋升准将参谋。"

威廉斯少将的秘密报告引起了陆军部的重视。与此同时，其他一些将军也纷纷向陆军部推荐蒙哥马利。这说明，蒙哥马利的战术风格至少在奎达参谋学院时就已经完全成熟了，并引起了英国陆军高层的重视。

1935年5月8日，陆军部人事评议委员会一致通过：一旦有缺，即任命蒙哥马利为常备军步兵旅旅长。这个消息传到蒙哥马利耳朵里之后，他顿感信心百倍。但他还不敢高兴得太早，如果他当首席教官期满时仍无旅长职务的空缺,他的军事前途便不容乐观了。

幸运的是,蒙哥马利终于在任期届满时等来旅长职务的空缺。1937年2月20日,陆军部致电蒙哥马利说,驻守在朴次茅斯的第九步兵旅旅长将在当年8月5日出缺,准备派他接任。蒙哥马利十分高兴,他等了3年的机会终于来临了。按照规定,从接任新职务起,蒙哥马利的军衔将晋升为准将。

1937年5月,蒙哥马利乘船回到了英国,准备接任第九步兵旅旅长之职。距离报到之日尚有两个多月,蒙哥马利决定利用这段时间带着贝蒂和戴维到兰开夏郡的北部湖区去旅游,顺道看看住在那里的一些老朋友。在北方旅游期间,蒙哥马利发现,贝蒂的身体似乎比从前更虚弱,也更加容易疲劳了。令他欣慰的是,贝蒂的情绪并没有受到多大的影响,她依然像往日一样欢乐!

8月初,蒙哥马利按时赶到了朴次茅斯就任旅长。由于他的官邸要到9月才能装修完毕,部队又要到索尔兹伯里平原进行野营演习,蒙哥马利便让贝蒂和戴维到"新公园"与母亲莫德同住了一段时间。

第九步兵旅下辖4个营,隶属于第三师。第三师则在南方军区的编制内。时任南方军区司令的伯内特—斯图尔特将军是蒙哥马利的老上司了。他十分欣赏蒙哥马利的军事才能,认为蒙哥马利是一个当师长的材料。在秋季的演习中,蒙哥马利出色的表现更加坚定了伯内特—斯图尔特将军的看法。演习结束之后,第三师师长和南部军区司令便在给陆军部的秘密报告中建议将蒙哥马利的军衔提升为少将,在适当的时候委任他为师长。

除了参加秋季演习,蒙哥马利在这段时间里最关心的便是装修那座半月堡式住宅了。他想早一点把贝蒂和戴维接过来。在去"新公园"之前,贝蒂就已经选好她想在半月堡式官邸中使用的大部分窗帘和地毯材料。在军营生活了许多年之后,他们现在终于真正有了自己的家。他对装修事宜自然要格外上心一些。

8月下旬,贝蒂带着戴维离开了"新公园",来到滨海伯纳姆让戴维度过剩下的假期,顺便去看望一些老朋友。一天下午,贝蒂领着戴维在沙滩上玩耍。母子二人正玩得高兴之时，贝蒂突然尖叫了一声。低头一看，她的脚被一种不知名的小虫子叮出了一个大包。贝蒂并没有把这件事情放在心上，继续带着儿子玩耍去了。但到晚上的时候，不但脚上疼痛难忍，就连腿部也开始肿痛起来。她这才打发保姆去请医生。医生赶来后给她做了仔细的检查，但也没能找到救治的办法，只好把她送进当地的乡村医院，并派人去请蒙哥马利。

当时，大家以为贝蒂只是伤口感染了，并没有什么危险。蒙哥马利正在指挥部队进行演习，也不愿提前离开。他打电话给贝蒂，问她是否可以让长子约翰的未婚妻乔丝琳先去照顾她和戴维，等他忙完演习的事情便立即赶过去。通情达理的贝蒂认为丈夫应该以事业为重，便答应了。蒙哥马利立即给乔丝琳父亲休·特威迪海军上将打了一个电话，问他可否让乔丝琳到滨海伯纳姆的旅馆去照顾戴维一段时间，直到贝蒂好一点为止。

特威迪将军回答说："她从未自己住过旅馆！"

蒙哥马利央求道："噢，那她现在正应该去经历一下！"

特威迪将军终于同意了。乔丝琳的到来多少减轻了贝蒂的负担，但却不能分担她身体上的疼痛。从表面上看，贝蒂的腿并没有什么毛病，但里面却痛得厉害。9月初，戴维应该返回学校上课去了。乔丝琳带着他去向母亲告别。

贝蒂在床上痛得翻来覆去，一句话也说不出来。看见母亲的痛苦的样子，年仅9岁的戴维一时不知如何是好！戴维将一枚小小的金剑胸针放在了床单上，作为送给母亲的礼物。回到旅馆，他给母亲写了一封信，并让乔丝琳在他走后读给母亲听。

戴维返回学校之后，乔丝琳又在医院里陪了贝蒂一段时间。后来，贝蒂的表妹凯蒂·霍巴特也来到了医院。贝蒂的病时好时坏，她似乎已经预感到了什么，说什么也不愿意让别人看见她痛苦的样子。蒙哥马利抽空来看了她几次，但每次都行色匆匆，他的工作实在太忙了。

蒙哥马利曾打算把贝蒂接到朴次茅斯治疗，但医生阻止了他。因为她的状况太糟，经不住旅途中的颠簸和劳累。贝蒂的病情不断恶化，已经开始出现昏迷的现象了。蒙哥马利经常深夜驾车往返 300 余公里去看望妻子。

有一天深夜，医生悄声告诉蒙哥马利，保住贝蒂性命的唯一希望就是截肢。蒙哥马利看了看昏迷中的妻子，思忖了一会，无奈地点了点头。但截肢之后，贝蒂的病情并未好转。毒素仍在蔓延……

1937 年 10 月 19 日，贝蒂在蒙哥马利的怀中静静地逝去了。蒙哥马利把贝蒂安葬在了滨海伯纳姆的公墓里。贝蒂的葬礼办得朴实无华！参加葬礼的人除了蒙哥马利之外，只有 3 名军人。一人是蒙哥马利的参谋长辛普森，一人是第九旅的上尉参谋，还有一个是他的司机。蒙哥马利没有邀请任何亲友，不管是贝蒂的家人，还是他的家人，他都没有让他们到场。他一个人默默地站在贝蒂的墓旁，回想着他与贝蒂相识相知的点点滴滴……

葬礼结束后，蒙哥马利驱车来到儿子所在的学校。戴维还不知道母亲去世的消息呢！蒙哥马利不知道年幼的儿子能否经受这一噩耗的打击。幸运的是，戴维听到母亲去世的消息之后显得十分平静，仿佛他早就知道会有这么一天似的。随后，蒙哥马利回到了朴次茅斯的住宅，写信把贝蒂去世的消息告诉了两个正在印度服役的继子。

蒙哥马利把自己关在了房间里，谁也不愿意见。他坐在桌子旁，手中捧着贝蒂的照片，默默地流着眼泪。巨大的空虚和忧伤仿佛装满了整个房间。他想回到部队去，用工作来麻痹自己的感情。但是，他做不到。他满脑子都装着贝蒂！这个温柔、开朗的女性给他带来过许多欢乐，并间接地影响了他的军旅生涯。如今贝蒂去世了，他似乎失去了生活的目标！

不过，坚强的蒙哥马利并没有被忧伤和寂寞击倒。几天之后的一个深夜，蒙哥马利突然站起身，抹干了眼泪，提笔在日记上写道："上帝是按他自己的方式行事的，这一定是他的旨意，看来一时虽然不幸，然而也没有什么可以抱怨的。作为朴茨茅斯的司令官，我要对人们、对我的旅负责。我体会到必须继续工作。这也是为了戴维着想。目前我们在世界上是孤独的，就只我们父子俩人。我得经常去学校看望他，在假日里要好好地关心他。"

放下笔，蒙哥马利抓起电话，拨通了第九旅参谋长辛普森的电话。电话接通之后，蒙哥马利朗声道："是你么，辛普（辛普森的昵称）？恐怕过去几天我把所有的事务都留给你去照料了。明天上午9点，请将所有需要处理的文件都放在我桌子上，我必须工作。"

尽管蒙哥马利还没有完全从贝蒂去世的悲伤中走出来，但他已经逐渐恢复了平静！他身上那种天生的倔强劲和活力又逐渐显露出来了。不过，他的生活再也无法回到从前那种安宁、平和的状态了。贝蒂去世之后，他再也没有爱上任何一位女性，他的心里始终只装着贝蒂一个人！

· 第四章 ·

钢铁师长兵败敦刻尔克

一

训练部队，积极备战

从贝蒂死亡的悲伤中走出来之后，蒙哥马利又投入了紧张的工作之中。第一次世界大战结束之后，德国军政界普遍存在着一种浓厚的复仇情绪。1933年，希特勒掌控了德国的政局之后，便利用民间的复仇情绪，鼓吹"大德意志主义"，企图发动新一轮的世界大战，称霸世界。到1935年前后，希特勒妄图发动战争称霸世界的野心已经昭然若揭了。1935年3月，希特勒向全世界宣布，德国将实行普遍兵役制，建立一支规模为12个军、36个师约50万人的强大军队。这一惊人的举措宣告德国已经完全废弃《凡尔赛和约》对其所施加的军事限制，德国的扩军备战从偷偷摸摸的地下状态进入了堂而皇之的公开阶段。

1936年3月1日，希特勒又向世界发起了新的挑战。他完全不顾德军高级将领们的反对，悍然下令出兵莱茵非军事区。3月7日，一支小规模的德军部队象征性地跨过莱茵河上的桥梁，开进了莱茵非军事区。为了全力解决本国的政治、经济危机，英、法等国对此只是吵吵嚷嚷了一阵子，便默认了德军出兵莱茵非军事区的事实。从此之后，希特勒的行动更加肆无忌惮了！

正是在这种背景之下，英军加强了对部队的训练和演习，以应对随时可能发生的战争。作为英军中最出色的军官之一，蒙哥马利对部队的训练工作引起了陆军部的注意。他根据现代战争的需要亲自训练全旅营级以上的军官，然后再由各营营长训练所属的各部队。训练进行得很残酷，但士兵们并没有什么怨言。在几次演习中，第九旅出色的表现证明他的训练是非常成功的。

1938年7月，第三师在斯拉普顿海滩进行了一次陆、海、空联合登陆演习。这是英军第一次举行类似的演习，而且规模很大。作为第三师最出色的部队，第九步兵旅奉命实施了这次演习。作为第九旅旅长，蒙哥马利与驻朴次茅斯的海军司令科克等人共同策划了这次演习。

演习进行得并不算十分成功。英国陆军参谋总长戈特和时任英军南方军区司令阿奇博尔德·韦维尔观看了这次演习。事后，韦维尔评论说："虽然有一艘所谓的登陆艇，但它是多年前建造的一个试验品。而且，它是为这次演习而从一堆破铜烂铁里找出来的。我想它在这次演习中沉没了。至于其他情况，部队是坐敞开的划艇登陆的，就像200多年前的登陆部队一样。"

不过，蒙哥马利个人的表现倒是让韦维尔十分欣慰。他事后向陆军部汇报说："蒙哥马利是一个奇怪的人，但他却是我见过的最能干的军官之一。"

这次演习结束之后，第九步兵旅又被陆军派往索尔兹伯里平原秘密进行毒气试验。在第一次世界大战期间，参战双方都曾使用毒气，并给对方造成了重大伤亡。想到那些因中了毒气而浑身扭曲的士兵，蒙哥马利依然心有余悸。因此，他对秘密毒气试验的工作十分卖力。

试验结果表明，如果士兵穿上某种防护装具，如眼罩、袖口侦测器等，并随身携带防毒油膏的话，便没有遭受感染的危险。如果部队训练有素，在敌人释放毒气的时候成散兵线展开的话，感染的几率也会大大降低。利用飞机喷洒毒气给敌人造成的杀伤远没有飞机本身所冒的风险大。因为飞机只有飞得很低的时候才能让毒气产生效果。

9月24月，蒙哥马利就试验结果写了一份详细的报告。报告条理清晰，有事实、有分析、有对策，还有建议。陆军部对这份"极其出色而清晰的报告"非常满意。南方军区司令韦维尔也在给陆军部的报告中称赞他说："蒙哥马利准将是我们所拥有的头脑最清楚的军官之一，是一个卓越的军队训练者。他无论干什么，都表现得十分积极，他今年在毒气试验中所做的工作具有很高的水平。"

10月，蒙哥马利顺理成章地被陆军提升为少将。他奉命离开了朴茨茅斯，前往巴勒斯坦北部地区，担任军事指挥的工作。当时，巴勒斯坦的形势也在急剧恶化。随着法西斯德国对犹太人的迫害，大批犹太人正在涌向巴勒斯坦。阿拉伯人与犹太人之间的矛盾在激化，两者与英国殖民当局的矛盾也在激化。各种秘密武装团体经常在夜间神出鬼没，破坏公共设施，暗杀英军军官和英国侨民……

一时间，在巴勒斯坦的英国人人人自危。殖民当局宣布实行宵禁，军队也加强了对侨民的保护。但一切都无济于事，各种恶性事件依然层出不穷。从某种意义上说，这里的情况比"爱尔兰动乱"糟得多！因为英国人在巴勒斯坦是地地道道的殖民者，是侵略者，在当地缺乏群众基础。每一个阿拉伯人或犹太人都有可能是他们的敌人。

蒙哥马利的主要任务是前往巴勒斯坦北部地区，将散居各地的部队集中起来，组建成第八师。蒙哥马利很喜欢这个任务，但巴勒斯坦之行却意味着他必须与戴维暂时分开。他把戴维送到了好友卡休·约斯通少校家中，请他代为照顾。离开约斯通家之时，蒙哥马利的眼睛不禁湿润了，他突然想起了妻子贝蒂。如果妻子还在的话，他就不必与戴维分离了，戴维也不必过着寄人篱下的生活了。

10月28日，蒙哥马利乘船离开了英国，取道苏伊士运河，向阿拉伯半岛驶去。然后，他会从那里乘坐汽车赶赴巴勒斯坦。来到巴勒斯坦之后，蒙哥马利立即将着手组建第八师。他将第八师司令部设在海法，同时将分散的部队编成了3个旅。随后，他又将第八师驻防的地段划分为若干个区域，每个区域指定一名指挥官负责。他还建立了一套良好的情报系统，并与警察机关加强合作，共同镇压当地的武装团体。

谨慎的蒙哥马利做好了准备工作之后，便开始进行反击了。1939年的春天，第八师常在夜间接到蒙哥马利的命令，以迅雷不及掩耳之势包围那些对殖民当局不满的地区，收缴武器，逮捕一切可疑分子。几个月之后，整个巴勒斯坦治安状况便改善了不少。蒙哥马利也因此得到了英国殖民当局和陆军部的赞赏。

春风得意的蒙哥马利在此时又接到了陆军部秘书处的通知。通知告诉他，他已被确定为第三师师长的人选，因为现任第三师师长不久即将出任百慕大总督。这个消息使他非常高兴，因为第三师是第一次世界大战时期的老牌"钢铁师"，是全国最优秀的陆军师之一。第九步兵旅也在这个师的编制之内。

蒙哥马利敏锐地意识到，新的战争就要打响了。法西斯德国在过去的几年里越发肆无忌惮了。在希特勒的策划之下，德国先后吞并了奥地利、捷克斯洛伐克和立陶宛的默默尔地区。得意忘形的希特勒随即又将矛头指向了波兰。1939年4月28日，德国发表声明，终止了《波德互不侵犯条约》。随后，希特勒便下令德军总参谋制定了一项"闪击波兰"的作战计划。

5月，法国与波兰签定了一个协议，法国承诺会在波兰侵入后15日内加入战争，援助波兰。8月25日，英国也与波兰签定了成为军事盟友的条约。但实际上，英法两国对法西斯德国依然抱有一丝幻想，不愿意相信德国会发动对波兰的战争。

为了保证顺利进攻波兰，并在英、法介入之后能够全力稳住西线，德国已经在8月22日与苏联在莫斯科秘密地签定《苏德互不侵犯条约》。这个条约实际上是苏德两个军事强国瓜分波兰的无耻协议。苏联为什么会支持德国入侵波兰呢？

原来，第一次世界大战后期，以列宁为首的布尔什维克党领导国内人民推翻了沙俄政府和后来的临时政府，建立了世界上第一个社会主义国家。社会主义革命在俄国取得胜利引起了西方国家的恐慌，因此一向视共产主义如洪水猛兽的西方国家对世界上第一个社会主义国家采取了敌视的态度。刚刚成立不久的波兰便与苏俄爆发了一场战争。

当时，由于苏俄的根基未稳，要致力于消灭国内的反对势力。列宁政府在1921年3月18日，与波兰在拉脱维亚签定了《里加条约》，结束两国之间的战争。但这个条约的领土和解对苏俄不利，西乌克兰和西白俄罗斯被迫割让给了波兰。因此，苏联政府也一直在找机会报这一箭之仇！

于是乎，当德国密谋与苏联共同瓜分波兰之时，两个军事强国便一拍即合，签署了《苏德互不侵犯条约》。在附属条约里，德国允诺苏联收复《里加条约》签订以前的苏波边境线——寇松线以东的波兰所占的西乌克兰与西白俄罗斯以及波罗的海国家。

　　蒙哥马利知道，一旦战争打响，第三师势必会成为英军抗击法西斯德国的生力军。能够指挥这个闻名全国的钢铁师作战，是再快意不过的事了。想到这里，蒙哥马利莫名其妙地兴奋起来。他还记得第一次世界大战时的那些激情岁月。他始终认为，一个职业军人，唯有在战场上才能找到自己的位置，也只有在战争中才能获得至高无上的荣誉。

二

令人惊讶的"静坐战"

1939年5月,蒙哥马利突然患了一场重病。病势来势凶猛!开始的时候,他只是感到有点眩晕,胃部有些不适。但马上就出现了剧烈的头痛、发烧、胸痛等症状,甚至连呼吸都变得困难起来。副官们立即用担架把他抬到了海法的陆军医院。经多次X光检查,医生发现他的肺部有一个阴影!医生们吓坏了。种种迹象表明,蒙哥马利得了肺结核,但巴勒斯坦的医疗设备太差了,根本无法治疗此病。医生建议他回国养病。蒙哥马利同意了。医院派出男女护士各两名,把他送回英国。当飞机飞到苏伊士运河时,蒙哥马利连站起来的力气都没有了。人们只能用担架把他抬到一艘开往英国的客轮。

看着奄奄一息的蒙哥马利,护士们都判断,他已经没有活下去的希望了。然而,令所有人感到惊讶的是,蒙哥马利的身体在颠簸的客轮上居然奇迹般地恢复了。当船抵达蒂尔伯里时,他已经完全恢复了健康。他像所有人一样,迈着矫健的步伐走下了舷梯,再次登上了英国的土地。心急如焚的蒙哥马利直接来到了伦敦的米尔班克医院,要求医生给他做彻底检查。

检查结束后,医生耸了耸肩,对蒙哥马利说:"将军,你的身体很健康,根本没有病!"

蒙哥马利疑惑地说:"不可能,他们说我得了肺结核。"

医生又耐心地给蒙哥马利检查了一遍。检查结果表明,蒙哥马利肺部的阴影已经完全消失了。蒙哥马利这才将久悬的心放了下来。看来,他可以在8月份如期接任第三师师长的职务了。

休息了一段之后，蒙哥马利来到了陆军部，询问他现在是否可以接任第三师的指挥职务。结果，陆军部的工作人员告诉他，他的任命已经被取消了。按照陆军部的规定，在战争动员期间，所有人都必须留在现在的岗位上工作。于是，蒙哥马利便要求返回巴勒斯坦继续担任第八师师长。

他的要求被拒绝了。在他生病期间，陆军部已经重新任命了第八师师长。陆军部要求他同其他少将一起等待新的任命。蒙哥马利并不死心。一连十几天，他天天出现在陆军部，提出了许多理由来证明他正是陆军部所需要的人。他的顽固劲终于打动了陆军部的人。当时已经升任南方军区司令的艾伦·布鲁克中将也向这位老朋友伸出了援手。第三师师长终于被派往百慕大任总督去了。1939年8月28日，蒙哥马利也顺理成章地接任了第三师师长的职务。

蒙哥马利接任第三师师长3天之后，第二次世界大战便爆发了。9月1日凌晨，德军大举越过德、波边境，分北、西、南三路，向波兰首都华沙进逼。这是人类历史上第一次大规模的机械化大进军。德军的轰炸机群呼啸着向波兰境内飞去，目标是波兰的部队、军火库、机场、铁路、公路和桥梁。德军趁势以装甲部队和摩托化部队为前导，以每天50~60公里的速度向前突进。德军闪击波兰，标志着第二次世界大战欧洲战事正式拉开了帷幕！

9月3日，英国首相张伯伦向法西斯德国发出最后通牒，要求德军立即从波兰撤军。希特勒蛮横地拒绝了英国的要求。上午11点，英国正式向德国宣战。同日下午5点，法国也向德国宣战。英国陆军部迅速发布了动员令，命令各师开展实战演习，随时准备开赴欧洲大陆，参加对德作战。蒙哥马利让全师预备人员也参加了演习。

在开赴法国之前，第三师在实弹射击方面便耗费了10万发步枪子弹。许多人都认为蒙哥马利这样做纯粹是在浪费子弹。但蒙哥马利并不这样认为。他觉得，在演习中浪费几颗子弹总比在战场上牺牲士兵的性命要好。因此，他在全师启航赶赴战场之前，又让每个士兵都投掷了3枚手榴弹。后来的事实证明，蒙哥马利的谨慎对保全第三师的有生力量起到了十分重要的作用。

9月29日凌晨，第三师全体官兵乘坐火车抵达了南安普敦。上午10点30分，蒙哥马利一声令下，全体官兵都登上了开往法国的军舰。当日午夜，船队启航，驶向法国。在船上，蒙哥马利心潮澎湃。此情此景，与第一次世界大战时期是多么的相像啊！英军同样是远赴欧洲大陆与法军并肩作战，面对的敌人同样是德国人。不同的是，第一次世界大战时他只不过是一个中尉，而今他已经成为了一名指挥英军精锐部队的少将师长。

英国远征军抵达法国之后，并没有对德军采取军事行动。他们同法军一起躲在钢筋水泥的工事后面，眼睁睁地看着波兰独自抵抗着强大德国。英、法两国不过在外交上对德国加以谴责罢了，直到1940年5月10日，德意志帝国才和英、法爆发正式冲突。从1939年9月1日到1940年5月10日，这段奇特的历史时期在德国被称之为"静坐战"，而其他国家则称之为"假战"。英法两国的"假战"助长了法西斯德国的侵略野心，同时也让自己在后来付出了沉重的代价。

不过，从英国远征军的角度来看，采取"假战"的策略是有不得已的苦衷的。英军野战部队的通讯系统和装备都极差，旅一级的部队几乎没有反坦克武器，坦克的数量也少得可怜！部队的运输和后勤保障也是一个很大的问题。在战争爆发之初，英国靠着向民间企业征用了大量的车辆才得以勉强将部队运到了各个港口。蒙哥马利在其回忆录中不无感慨地说："在1939年9月，英国陆军完全不适宜在欧洲大陆进行一场第一流的战争……"

更加致命的是，英国远征军的指挥系统也无法承担指挥大规模作战的任务。战争一爆发，陆军大臣霍尔·贝利沙一反常规做法，任命陆军参谋总长戈特为远征军总司令，军事作战和情报长官亨利·波纳尔少将任远征军总参谋长，地方部队长官道格拉斯·布朗里少将任远征军副官长。这个组合简直糟糕透了！戈特为人诚恳，颇有绅士风度，然而却不具备总司令所需要的军事素养，对英国远征军也没有多大信心。1939年冬，英军情报部门获悉德军有10个装甲师配置在西线，随时准备攻击。

戈特将军听到这个消息后,神情黯淡地说道:"如果情况属实,那我们就一点机会都没有了。"

从英国远征军在法国登陆的那天起,一直到1940年5月初,被悲观情绪笼罩着的戈特将军从未以远征军司令部的名义举行行政、通讯、情报等演习,甚至也未进行过沙盘演练。戈特说,这是无线电静默的需要。其实,这不过是个借口而已,因为室内沙盘演练与无线电静默根本没有什么关系。结果,英国远征军因为缺乏强有力的领导,内部出现了分歧,而且久久没有得到解决。这又在一定程度上影响了英国远征军的作战行动。

蒙哥马利的第三师在英国远征军第二军的编成之内。第二军军长是与他关系极其融洽的艾伦·布鲁克中将。他们俩对戈特将军的表现十分不满。他们认为,德军的装甲部队虽然凶猛,但也不是毫无将其击败的可能。如果让得力的指挥官以巧妙的战术结合马其诺防线,是完全有可能挡住德军的坦克的。一旦粉碎德军速战速决的阴谋,法西斯德国无论在物质上或政治上,都将陷入被动的局面。

可惜的是,蒙哥马利与布鲁克的意见并没有引起上司足够的重视!蒙哥马利只好恪守本职,切实做好第三师的训练工作。第三师在进入阵地位置之后,蒙哥马利立即指挥士兵修筑了坚固的防御工事。随后,他亲自计划和指导了5次大规模的演习和许多次小规模演习。几个月下来,第三师一跃成为英国远征军中纪律最为严明、战斗力最强的机动师。

第二军军长对蒙哥马利和第三师的表现十分满意。蒙哥马利对自己和第三师的士兵也充满信心!不过,法军的情形倒不容乐观。和大部分英国人一样,法国人根本不相信希特勒会在短时间向西线发动进攻。前线法军的军纪涣散,装备也很差!不少士兵甚至偷偷溜到附近的村庄去寻欢作乐!蒙哥马利曾视察过一个法国旅。回来之后,他便向布鲁克将军叙述了自己的担心!布鲁克将军对英、法两军和高层的一些状况比蒙哥马利更清楚!他深知,如果德军发动突然袭击的话,英、法两军根本无法挡住他们的攻势!为了稳定军心,布鲁克要求蒙哥马利不要向下级军官谈论这些事。

三

独力难支的危急战局

德军装甲部队的闪击战在战争初期显示出了巨大的威力。德军闪击波兰20多天之后，波兰守军司令便与德军第八军团司令布拉斯柯维兹将军签订了降约，波兰战役随之结束了。随后，法西斯德国与苏联便对波兰划界而治。波兰战役结束之后，希特勒便于1939年10月9日发布了第六号作战令，将侵略的矛头直指荷兰和比利时。同年10月19日，德军最高统帅部下达了进攻西欧的第一个作战预令和"黄色方案"作战计划。根据该计划，德军将集中主要兵力于右翼，向比利时和法国北部实施主要突击，直至占领英吉利海峡沿岸港口。

1940年5月10日凌晨3点，德军发动了对荷兰和比利时的攻势。英军第二军军长布鲁克立即命令部队向东疾进至迪尔河一线，前去迎击德军。第三师奉命担任先锋，第四师和第五十师则负责殿后。5月10日夜间，第三师按照预定计划抵达了卢万地区。蒙哥马利惊奇地发现，比利时第十师仍然据守该地。更为要命的是，比利时军队根本没有进入战备装备，大部分士兵都躺在帐篷里睡觉。

蒙哥马利立即找到了比利时第十师师长，请他撤出部队，好让英军防守前线。比利时第十师师长拒绝撤出部队，并坚持说，他奉命防守卢万，没有国王的命令，他绝不离开一步。蒙哥马利无可奈何，只好向布鲁克汇报了此事。

第二天一早，布鲁克便赶到了第三师。他了解了情况之后，便驱车前往布鲁塞尔，与比利时国王协商调整战线之事。比利时国王利奥波德三世拒绝了布鲁克的请求，不同意让英军接防卢万。布鲁克将此事向英国远征军总司令戈特将军作了汇报。戈特站在作战地图前思忖了半响，终于在下午6点做出了决定。他让布鲁克把第三师部署在英国远征军第一军的左翼。但第一军的防线十分狭窄，其下属的几个师已经将前线挤得水泄不通了。第三师进入第一军的左翼几乎没有什么价值。

听闻这个消息，蒙哥马利十分气愤。卢万是通往布鲁塞尔的战略要地。城市附近有几片利于防守的高地。如果能守住此地的话，德军的装甲部队便无法侵入布鲁塞尔。但比利时军队的装备太落后了，部队的后勤补给完全依靠骡马运输。蒙哥马利认为，将如此重要的战略之地交给比利时部队简直等同儿戏。

德军的攻势在不断加强，前方战线的比利时军队正在迅速溃退。一切都让蒙哥马利心急如焚。他决定要点小手段，将第三师作为预备队部署在比利时第十师的后方，而不是第一军防守的地区。打定主意之后，蒙哥马利再次来到了比利时第十师师部。他极尽谄媚地对比利时第十师师长说："将军阁下，前方战事吃紧，我建议您加强您的防线！我的师将作为您的预备队，毫无保留地接受您的指挥！"

比利时第十师师长听了之后，顿时心花怒放，不假思索地同意了蒙哥马利的建议。这一消息传到英国远征军司令部之后，戈特将军面红耳赤地问布鲁克："这是怎么回事？"

布鲁克瞅了瞅作战地图，不解地回答说："具体的情况我也不清楚。我现在就去第三师了解情况。"

布鲁克很器重蒙哥马利，也了解他的军事才能。因此，当他得知第三师进入了比利时第十师的后方之后一点儿也不惊讶。来到第三师师部后，他问蒙哥马利："嗨，蒙蒂（蒙哥马利的昵称），这是怎么回事？"

蒙哥马利微微一笑，指着作战地图对布鲁克说："军长阁下，请不要担心，我马上就会把比利时人撵走。"

布鲁克瞄了一眼作战地图，看着蒙哥马利，会心一笑，低声道："可怜的比利时师长，他竟然一点也不知道你这家伙的怀里抱着一条毒蛇。"

5月12日，德军的装甲部队逼近了卢万前线。比利时第十师立即陷入了一片混乱之中。当德军进入火炮的射程之内时，比利时军队的炮击开始了。比利时境内的德军立即以猛烈的炮火还击。几小时之后，比利时第十师便开始后撤，掉头向北而去。蒙哥马利洋洋得意地笑了起来！他毫不费力地从比利时人手中接管了卢万前线。

前线的战况不断传来，蒙哥马利坐在师部里，目不转睛地盯着作战地图。英军所处的位置是德军进攻最薄弱的地点。在其两翼，德军正在集中火力进攻比利时和法国军队。左翼的比利时军队一路溃败，已经撤到了阿尔贝运河；右翼的法军集团也被德军击垮了！整个英军远征军所处的位置形成了一个突出部。如果两翼的德军迅速向前推进，继而在英军后方会合的话，英国远征军势必会陷入重围。

局势的发展让蒙哥马利越来越不安！但是，作为一名师级指挥官，蒙哥马利根本无力改变目前的局势。他所能做的只有尽量守住防线，等待远征军司令部的命令。在前线吃紧的那几天里，蒙哥马利每天都会到部队去见一见下级军官，听一听他们对局势的判断。然后，他会根据各部队面临的不同情况作出决定，并向各级指挥官下达作战命令。

蒙哥马利是一个心宽气定之人。除了在紧急情况下，他在晚餐之后是一定要上床睡觉的。他睡着之后不喜欢有人来打扰他。如果有人违反了他的这一习惯，定然会被骂得狗血淋头的！5月15日夜间，一位不了解蒙哥马利习惯的参谋军官钻进了师部。他说他有紧急情况向蒙哥马利汇报。副官告诉他："师长已经入睡，他睡觉时不喜欢有人来打扰他！"

参谋争辩道："我有紧急情况要报告，必须马上见到将军！"

副官让那名参谋走进了蒙哥马利的卧室。他轻轻地把蒙哥马利摇醒，低声道："将军，德军已经进入了卢万前线。我们该怎么办？"

蒙哥马利微微睁了一下眼睛，勃然大怒道："滚开，别打扰我！德军进入了前线，那就叫驻卢万的旅长把他们赶回去。"

嚷完，蒙哥马利翻了个身，又继续睡觉去了。那名参谋好不委屈，立即将蒙哥马利的命令传达给了第三师的前沿部队。经过几个小时的炮火准备之后，德军的装甲部队开始渡过迪尔河，向卢万车站发起了攻击。第三师的前沿部队立即奋勇反击，把德军赶了出去。

5月16日一早，蒙哥马利来到了前线。前线的状况不容乐观。德军强大的装甲部队正在步步紧逼,第三师虽然暂时挡住了德军的攻势,但其右翼的法军已经溃败。第三师的右翼完全暴露在了德军的火力之下。蒙哥马利当机立断,立即命令部队撤出战斗,向登德尔河转进。下午2点,第三师向前线投掷了大量的烟幕弹。除了第八旅奉命担任后卫之外,其他各旅依次撤出了战斗。到黄昏时分,全师大部分部队已经顺利抵达了登德尔河畔。

随后,英国远征军也开始了全线后撤。第一军率先向后方撤去,第二军紧随其后,蒙哥马利指挥的第三师则负责殿后,最后一批撤走。5月18日,英国远征军第一军出现了混乱的局面。这主要是由于该军军长年龄较大、过于紧张和慌乱造成的。为了减轻他的负担,戈特将军命令布鲁克接管第一军第一师的指挥权。该师师长是哈罗德·亚历山大少将。至此,日后在北非指挥英军大败德、意军队的黄金组合终于在英国远征军第二军相聚了。

5月18日晚,英国远征军副总参谋长李斯特准将向戈特将军提交了一份报告。报告指出,根据目前的情况,英军必须撤往敦刻尔克,从那里将人员和一部分补给撤回本土。戈特同意了李斯特的方案,但英国首相丘吉尔和法国方面却一再要求英国远征军对德军侧翼实施反冲击,以减轻法军的压力。

戈特将军不得不调集第五师、第五十师和第一皇家坦克团于5月21日向德军侧翼发动了攻势。由于力量太过薄弱,反冲击被德军瓦解了。除了第五十师在阿拉斯俘获了400余名德军之外,其他各部的攻势均以惨败而告终。英国各大报刊故意忽略了英军的失败,反而大肆宣扬第五十师的胜利。客观地说,第五十师的胜利对整个战局并没有产生什么影响,不过却粉碎了德军不可战胜的神话,消除了英军对德军的恐惧心理!

四

临危接任第二军军长

战局的发展变得对英国远征军越来越不利了。德军第二装甲师和第一装甲师等部队已经推进到了英吉利海峡沿岸。英国远征军已经陷入了德军的包围圈之中。戈特计划率领部队向南突围,到索姆河一线与法军主力会合。

5月24日,第三师第八步兵旅在战斗中缴获了德军部分机密文件。有一份文件说,德第六军预定在英国远征军最北端实施钳形迂回包围,从北面把英国远征军全部卷入口袋。蒙哥马利立即将这一文件上缴给了第二军军长布鲁克。

布鲁克扫了一眼文件,豆大的汗珠顿时从额头上沁了出来。如果德军第六军的意图达成了的话,英国远征军定会落个全军覆没的结局。布鲁克不敢耽搁,立即携带着这些文件,赶到了远征军司令部,去见戈特将军。

戈特将军似乎在一夜之间老了很多!布鲁克还没有将文件交给他,就听到他说:"法军在南面的攻击已经完全失败了,左翼比利时军队的抵抗也被粉碎了。我们现在已经成了一支孤军!"

布鲁克低头沉思了一会,将手上的文件递给了戈特将军。戈特将军瞅了瞅文件,半天说不出一句话来。尽管缺乏远见,但他依然清醒地意识到,他唯一能做的事情只剩下把尽可能多的英军撤回本土去了。5月25日,戈特将军作出了他一生中最伟大的决定——停止向南攻击,改为向敦刻尔克撤退。戈特将军在作出这一决定之时既没有与英国政府,也没有与盟军最高司令部磋商。而且,他认定了这唯一正确的方针之后便再也没有犹豫过。

5月26日黄昏时分，英国海军部下令开始执行代号为"发电机"的撤退行动，前往敦刻尔克接应撤退的英国远征军。英国政府和海军部发动了大批船只，动员人民起来营救军队。他们的计划是力争撤离3万人。对于即将发生的悲剧，人们怨声载道，争吵不休。他们猛烈抨击政府的无能和腐败，但仍然宁死不惧地投入到了撤离部队的工作中去。于是出现了驶往敦刻尔克的奇怪的"无敌舰队"。这支船队中有政府征用的船只，但更多的是自发前去接运部队的人民。他们没有登记过，也没有接到命令，但他们有比组织性更有力的东西，这就是不列颠民族征服海洋的精神。

接到撤退的命令之后，蒙哥马利便率部向敦刻尔克撤去。在撤退途中，英国远征军的物资供应遇到了严重的困难。所有的部队只能获得定量一半的物资。所有的部队都面临着饿肚子的威胁。蒙哥马利了解了部队的情况之后，立即命令军需官向途经的村子征用粮食和菜牛。于是，第三师的队伍里便出现了让人震惊的一幕——士兵们赶着大批牛群向敦刻尔克撤去。后来，他又指示部队劫掠了一列被抛弃的弹药车。就这样，在整个英国远征军都缺乏给养的情况，第三师从来没有出现过物资供应短缺的情况！

英国远征军以一个巨大的环形队形向敦刻尔克撤退着。从西部逼近的德军装甲部队和东部向比利时军队猛冲过来的冯·博克的B集团军群却时刻威胁着英军的环形防御队形。幸运的是，希特勒在5月24日向德军各装甲部队下达了命令，要求他们到达艾比运河一线必须停下来。如此一来，英军西部的威胁解除了。但B集团军群依然威胁着英军！

布鲁克指挥的第二军扼守着鲁贝—阿吕安—伊佩里—科明运河一线。这里刚好位于英军的环形防御与德军B集团军群之间。第二军的战线已经成为英国远征军环形防御队形最后的屏障。如果这一战线被德军突破的话，整个远征军必将陷入全军覆没之境地！布鲁克不敢大意，他每天都要巡视战线好几遍。5月27日，布鲁克在视察防区时，突然发现其左翼的比军和法军已不知去向了。如此一来，第二军的防线上便出现了一个巨大的缺口。

布鲁克心急如焚，谋划着如何才能堵住这一缺口。第一师、第五师和第五十师的当面都有强大的德军集团，唯有驻守在鲁贝的第三师可以调用。然而，第三师却在第二军的最右侧，距离缺口最远。从己方摇摇欲坠的防御正面后仅几千米的地方实施横向运动是一件困难而又危险的事情。

蒙哥马利接到布鲁克的命令之后，立即来到了作战地图前。他沉思了一会，立即拨通了布鲁克的电话。在电话中，蒙哥马利斩钉截铁地说："将军阁下，第三师保证完成任务。"

黄昏时分，蒙哥马利命令炮兵向当面之敌发起了猛烈的炮击。德军仓皇应战，也以炮火还击。蒙哥马利趁机命令部队同德军脱离接触，从第五师的后方向北运动。炮击持续了好几个小时，德军被这莫名其妙的炮火弄得晕头转向。他们还以为蒙哥马利要趁着黑夜向他们发动进攻呢！

深夜，第三师跋涉了40公里，终于来到了预定地点。蒙哥马利立即命令侦察部队对前沿展开火力侦察，其余部队则准备挖壕固守。布鲁克一夜没睡，他焦急不安地等待着蒙哥马利的消息。

5月28日凌晨，第三师完全进入了预定位置，将第二军左翼的缺口填上了。蒙哥马利拨通了军部的电话，兴奋地向布鲁克汇报说："部队已经全部抵达预定位置！"

布鲁克高兴极了！他在当天的日记中写道："在我焦急不安的时候，他已经像往常一样完成了几乎无法完成的任务！"

就在蒙哥马利率部堵上了第二军左翼的缺口之时，比利时国王命令比利时军队向德军投降了。如此一来，第三师的防区至纽波特之间已经没有盟军部队。英国远征军的环形防御队形再次面临着被突破的危险。蒙哥马利当即命令部队收缩防线，向敦刻尔克桥头堡左侧撤退，以守住菲尔纳至纽波特之间的运河线。5月29日深夜，第三师顺利地进入了预定阵地。蒙哥马利把指挥部设在拉庞郊区的一片沙丘之上。此时，英国远征军的总司令部也已经移驻拉庞。那里有着良好的通讯设施，可以很好地与伦敦保持联系。

沙漠跳鼠 shamotiaoshu | 蒙哥马利 menggemali

进入敦刻尔克之后，蒙哥马利便开始直接与远征军司令部联系了。随着"发电机"行动的实施，每天都有大量的官兵撤回英国本土。英国远征军的规模逐渐缩小，高级将领们也因战略需要逐渐返回了英国。5月30日深夜，第二军军长布鲁克也登上了返回英国的军舰。临行前，布鲁克来到了蒙哥马利的师部。布鲁克的心情很不好，他不愿丢下部队独自回英国，但他又不能不服从命令。他说，他想让蒙哥马利暂时接管第二军。听到这个消息，蒙哥马利疑惑地望了望布鲁克，他是第二军3个少将师长中资历最浅的一个。布鲁克突然失声痛哭起来，他趴在蒙哥马利的肩上，喃喃道："我相信你！一定要把这些绅士们带回家乡！"

蒙哥马利轻轻拍了拍布鲁克的背，坚定地回答说："你放心！"

布鲁克站直了身子，从衣袋里掏出一块手帕，擦了擦眼泪。恢复了镇定之后，布鲁克握住了蒙哥马利的手，重重地摇了两下，转身向停在沙丘下的轿车走去。布鲁克是一个严肃、自制之人！他能在蒙哥马利面前失声痛哭，这说明他已经把蒙哥马利当成了最好的朋友！后来，蒙哥马利也在《通向领导的道路》一书中写道："当一个英国人伤心到要开怀痛哭之时，大多数都愿意独处。因此，当艾伦·布鲁克伤心地伏在我肩上哭泣时，我知道他对我的友情到底有多深厚！我很喜欢这种表示友情的方式。那一次在比利时海岸沙丘的情景，使我终身难忘。"

5月30日下午5点，蒙哥马利的任命正式生效了。下午6点，他奉命赶往戈特设在敦刻尔克海滩前线的总司令部参加军事会议。蒙哥马利抵达之时，戈特将军和刚接任第一军军长不久的巴克中将已经在那等他了。戈特宣读了英国政府发来的最新指示。随后，他命令蒙哥马利率第二军于5月31日和6月1日撤退，巴克中将的第一军殿后。他告诉巴克说，最后不得已时，可率部向德军投降。

会议结束后，蒙哥马利留了下来。戈特知道他有话对自己说，便问："蒙哥马利先生，你还有什么事情吗？"

蒙哥马利直截了当地回答说："将军阁下，巴克中将不适合担任这种最后指挥职务，担任这种职务的人必须是一个镇静且头脑清醒的人。第二军第一师师长亚历山大正是具有这种品质的人。我建议你应该立即把巴克送回英国，命令亚历山大指挥第一军。"

蒙哥马利非常了解戈特的性格！作为一个刚上任的军长，他唯有采取这种直截了当的措辞才能让戈特认为这是唯一正确的选择。果然，戈特沉思了半晌之后便接受了他的建议。巴克中将被送回了英国，亚历山大于5月31日下午接任了第一军军长。亚历山大十分感谢蒙哥马利的推荐！他决心不惜牺牲自己的一切，把第一军全部撤回英国，绝不使一兵一卒向德国人缴械投降。后来的事实证明，蒙哥马利推荐亚历山大担任第一军军长是正确的。正是他的这一推荐挽救了无数的英军士兵，使他们免于遭受投降的耻辱和德军集中营的折磨！

6月1日凌晨，第二军最后一批环形防御部队撤到敦刻尔克港的环形防御之内，登上了开往海峡对岸的船只。凌晨3点30分，蒙哥马利和参谋长、副官等人也从拉庞郊外的沙丘上走了下来，奔向敦刻尔克港。他完成了布鲁克交给自己的重任，终于将第二军全体官兵安然撤离了敦刻尔克。

在随后的几天里，亚历山大将军也设法把英国远征军第一军撤离了敦刻尔克。法军紧随其后，也开始向英国撤退。到6月4日下午2点23分，"发电机"行动结束之时，从敦刻尔克撤向英国本土的英法联军达33.5万人。这就是举世震惊的奇迹——敦刻尔克大撤退。敦刻尔克大撤退保存了英法联军的有生力量，为最终取得反法西斯战争的胜利创造了条件。

五

重新担任第三师师长

回到伦敦后,蒙哥马利来不及休息,便赶往陆军部报到,要求晋见陆军参谋总长约翰·迪尔。他一走进迪尔的办公室,迪尔便心情沉重地对他说:"你明白吗?我们的国家在1000多年来第一次面临着遭受入侵的危险!"

蒙哥马利轻蔑地笑了一下。迪尔恼火地问道:"你笑什么?有什么好笑的?"

蒙哥马利回答说:"当人民看到一些不中用的将军依然掌控着国内的某些部队时,他们根本不会相信自己的国家正在遭受着被入侵的危险!"

迪尔沉默了。蒙哥马利所说的是事实。由于准备不足,英军的指挥系统确实十分混乱,一大批不称职的军官依然把持着部队的指挥权。但这一情况并不是一朝一夕能够改变的事情,也不是蒙哥马利军长应该过问的事情。

蒙哥马利见迪尔不说话,便向他汇报了戈特在拉庞召开最后一次军事会议时的情形。他尖锐地指出,某些指挥官是不称职的,应令其退休。迪尔苦笑了一下,对蒙哥马利说:"无论如何,你不该在国家正遭受不幸的时刻说这种话。"

蒙哥马利回答说:"办公室里只有我们两个人,进行这种坦率的谈话是没有害处的。"

迪尔再次陷入了沉默。几分钟后,他朝蒙哥马利挥了挥手,示意他先出去。蒙哥马利转身离开了迪尔的办公室,回到了下榻的旅馆。

第二天,蒙哥马利收到迪尔的一封信。迪尔在信中郑重地告诫蒙哥马利,以后再也不要谈论此类事情了!蒙哥马利觉得迪尔太过小心谨慎了,但他很快就发现,那些不中用的将军一个接一个地被免职了。蒙哥马利这才转忧为喜!他清楚地意识到,一切正朝着自己预料的方向发展。

由于英国远征军在敦刻尔克撤退的途中丢弃了大量的重型装备,英国的装甲车和其他重型装备十分匮乏。迪尔发现,倾全国之力也只能装备一个师。蒙哥马利也敏锐地意识到了事态的严重性。为了让英军能够尽快恢复实力,重新投入到战斗之中,蒙哥马利主动请缨,重新担任第三师师长,以便尽快整编该师。

迪尔批准了蒙哥马利的请求,并命令军需部门将装备优先供第三师使用。迪尔计划,等第三师重新装备之后,便立即将其送到法国,参加对德作战。迪尔还重新组建了英国远征军司令部,命令布鲁克为总司令。得到这一消息之后,蒙哥马利异常兴奋!他马上给布鲁克写了一封信,恭贺他荣升总司令,并盼望着与他在法国重聚。

第三师经过十多天的紧张整编,终于在6月中旬做好了重渡海峡的一切准备。然而,此时却传来了法国向法西斯德国投降的消息。6月22日,刚刚上任6天的法国新总理贝当于贡比涅森林与德国人签订了停战协定,宣布投降了。就在这个地方,22年前法国人接受了德国人的投降。如今又轮到法国向德国投降了,历史发展让人多么的诧异啊!趾高气扬的希特勒也出席了签字仪式。他以轻蔑的神气注视着法国于1918年为庆祝第一次世界大战的胜利而树立的纪念碑,仿佛在说:"1918年的仇已经报了。"

法国投降之后,英国朝野顿时陷入了一片恐慌之中。英国被孤立了,法西斯德国的入侵已经是迫在眉睫的事情了。陆军总参谋部取消了英国远征军重渡海峡的计划,转而加强了对本土的防御。第三师奉命移驻到南海岸,据守包括布赖顿及其西面乡村的海岸地区。

6月底,蒙哥马利率第三师抵达了防区。在人心惶惶的战争年代,各种小道消息到处乱飞。为了安抚当地居民和官兵的情绪,蒙哥马利决定以不变应万变。他马上命令部队进入战备状态,加强防御。与此同时,他还命令各部队加强对防区的管理工作。他规定:从7月1日起,全部海滩、海滨的空旷地和游乐场地必须在每天下午5点实行清场,翌日5点再行开放;全师官兵眷属于7月1日离开防区,不再回来;尽可能地把防区内所有妇女、儿童和学校迁走。蒙哥马利的措施过于谨慎了!结果,不但第三师的大部分官兵认为德国人会在48小时之内登陆,连当地的居民也深信不疑。

7月2日,丘吉尔来到了第三师视察防务。蒙哥马利决定抓住这一机会,为第三师争取装备,并改变作战任务。第三师是英国唯一一个装备齐全的师,擅长于打运动战,但总参谋部却将其安插在海滨上挖壕固守。蒙哥马利认为,应该加强第三师的机动力量,将其向内陆撤一段距离,担任机动反击任务。为了达到这一目的,蒙哥马利在丘吉尔视察第三师时组织了一次反击演习。演习进行得很顺利!假想敌在占领预定目标之后还没有来得及站稳脚跟就被第三师全歼了。

丘吉尔非常高兴,对蒙哥马利的表现也十分满意。演习结束之后,他兴致勃勃地邀请蒙哥马利到布赖顿皇家阿尔比恩饭店共进晚餐。席间,蒙哥马利向丘吉尔阐述了他的防御理论。他说,英军应在海滩上设置一道由轻型装备部队组成的警戒线,以阻止敌人的任何登陆行动。装备齐全的一些主力部队应该撤回内线,组成强大的机动预备队,随时准备对入侵者进行反击,将其赶入大海。

丘吉尔叼着雪茄,眯着眼睛听蒙哥马利的阐述,不断地点头!很显然,蒙哥马利的作战主张非常符合丘吉尔的战略思想。他笑呵呵地说:"机动预备队就像是花豹,随时等待着突然跃起进攻敌人。"

蒙哥马利见状,立即趁热打铁地向丘吉尔诉苦道:"第三师是唯一一个从敦刻尔克完整撤回来的师,也是唯一一支经过高度训练的摩托化部队。为什么却得不到汽车,也不被留作机动预备队呢?"

丘吉尔吐了一口烟圈,不紧不慢地回答说:"我会过问这件事!"

第二天,丘吉尔便给陆军大臣发去了一份备忘录。他在备忘录中说:"我看到第三师沿着40多公里的海岸线展开,而不是像我所想象的那样,作为机动预备队在海岸后方集合,以对付大规模入侵的敌先头部队。对此,我深感不安。更使我惊讶的是,这个师的步兵缺乏能将他们运往作战地点的运输车辆……对任何机动部队来说，拥有随时待命的运输车辆都是必不可少的条件！对沿着海岸展开的第三师来说，这一条件尤为必要。"

丘吉尔的备忘录让陆军大臣感到十分气愤。他认为，丘吉尔之所以会对第三师的事情如此关心，一定是蒙哥马利在背后捣的鬼！一个小小的师长竟敢反对总司令部的决策，这让英国国内武装力量总司令部非常不满！但是迫于首相的压力，他们也不能不回应丘吉尔的备忘录。7月4日，战时内阁军事秘书复函首相说："必要时，师长有权雇用运送一个旅所需的运输车辆。"

看到这份含糊其辞的复函，丘吉尔猛吸了一口雪茄。他拿起一支红笔，在复函上划了一个大大的叉，并在空白处写道："最重要的是，第三师的各个旅均应完全保持机动。这件事做到了么？这个师什么时候退为预备队？"

在丘吉尔的压力之下，国内武装总司令部终于作出了让步。不久，第三师便得到了大量的汽车，并作为预备队退到了内陆地区。蒙哥马利也因此得罪了一批高级将领。不过，他和丘吉尔首相之间的关系倒也因此密切了不少。

六

雷厉风行的第五军军长

1940年7月19日,英军对指挥系统进行了较大的调整。布鲁克被任命为英国国内武装力量总司令;第五军军长奥金莱克将军则被任命为南方军区司令。如此一来,第五军军长一职便出现了空缺。布鲁克将军的防御思想与蒙哥马利有很多相通之处,对这位老部下也十分器重。因此,他一上任便推荐蒙哥马利接任第五军军长之职。7月21日,蒙哥马利接到了通知,他已经被任命为第五军军长。两天之后,他被晋升为中将。

第五军归南方军区指挥,下辖第四师与第五十师两个师,辖区为汉普郡和多塞特郡。在接任军长之职的时候,蒙哥马利发现,第五军的防御策略完全不符合自己的战术思想。奥金莱克将军认为,英军缺乏装备和运输车辆,根本无法在内陆地区以机动战出其不意地将登陆之德军赶下大海。因此,他主张集中优势兵力在海滩防守,以阻止德军登陆。第五军的防御部署正是按这种思想进行的。

7月22日一早,蒙哥马利来到了军部。他既没有请示军区司令,也没有报军区司令备案,便发布了一系列新命令。奥金莱克将军之前所采取的一系列措施被推翻了。随后,他又马不停蹄地视察了下属各部队的防区。在蒙哥马利看来,各部队的情况都十分糟糕。中下级军官的年龄多在55岁以上。他们思维迟钝,战术思想也十分落后!第五军的防区一片混乱。为了消除奥金莱克的影响,蒙哥马利在视察部队的同时便雷厉风行地撤换了一大批军官。

在此后的几天,蒙哥马利又接连向军区呈送了几份报告。在报告中,他尖锐地指出第五军防御体系和训练上的不足之处。在一份报告中，他如是说道："该军的训练标准甚低。一切力量均放在防御工事的构筑上……其结果是，他们已经将如何在战场与德军一搏的技术忘在了脑后。有的人曾经发射过的步枪子弹绝对不超过 5 发，有的人从未打过轻机枪，运输部队也从来没有进行过演练，各级指挥机构也是这样……本人曾视察若干连，均驻在同一地达一月之久了。但是，他们除挖掘防御工事之外，整天无所事事。士兵既不进行操练和体能训练，也不进行一般的训练。部队似乎一点警惕性都没有，我从他们的眼中并没有看到战斗的光芒。"

在报告的最后，蒙哥马利警告道："世界上最好的防御工事，本身也没有多大的价值，除非在防御工事里的士兵，个个精神抖擞，保持警惕。"

蒙哥马利建议奥金莱克让他放手去干。他信誓旦旦地保证说："我将在两个月内将这些不足纠正过来。"

这些报告是蒙哥马利对第五军防御体系的客观描述。但在奥金莱克看来，蒙哥马利是在与他较劲，是在批评他的战术思想。他立即向传令兵口授了给蒙哥马利的回信。在信中，他愤愤不平地说："海滩的防御工事构筑工作必须继续进行……要求防御工事从速及早完成，以便能把部队抽调下来从事各种训练。我将发布同样的防守区训练指示。"

战术思想上的分歧致使奥金莱克与蒙哥马利之间的关系急剧恶化，险些发展成为不共戴天的仇人。8 月 5 日，布鲁克给蒙哥马利写了一封亲笔信，告诫他不要鲁莽行事，否则的话，自己也很难支持他。布鲁克在信的末尾说："我曾经极力支持你，以后亦会一如既往地支持你！但是你不要做傻事，以免使我失望。"

很显然，布鲁克不希望蒙哥马利与奥金莱克之间的矛盾公开化，更不希望因此而影响了蒙哥马利的前途。但任性的蒙哥马利并没有听从布鲁克的劝告。第二天一早，他趁着到白金汉宫参加授勋典礼之时会晤了陆军部的副官长。他明确地向副官长指出了奥金莱克防御思想的缺陷。这件事情很快传到了奥金莱克的耳朵中。他在给蒙哥马利的信中明确指出，蒙哥马利已经越过了自己的权限。

蒙哥马利认为奥金莱克不是他所能效劳的长官，因为他容忍"无能"的部属，对军队训练没有远见，不知道如何对付德国人。他不仅对奥金莱克的长信置之不理，而且又直接与副官长办公室交涉，试图从南方军区的部队里调一些年轻的军官到第五军任职。

此后，不管奥金莱克如何反对，蒙哥马利都不予理睬，而是按照自己的战术思想对第五军防区进行了大刀阔斧的改革。他令第四师全面接防海岸线正面，将第五十师从海岸防御线上撤下来进行训练。他还规定各单位构筑工事的兵力不得超过50%，余下之兵力应当从事训练或休假。

后来，他又将地方警卫部队调往海滩担任防御任务，把军直属部队与两个师全部调到了地方警卫部队后方，集中力量进行冬季训练。他的这些改革措施虽然没有得到南方军区核准和认可，但却得到了陆军部和总参谋长的赞赏。

蒙哥马利决心把第五军训练成一支能在各种气象条件下作战的部队。他在《回忆录》中写道："我命令第五军进行艰苦顽强的训练。训练必须在各种各样的天气和气候下进行，无论是好天气还是坏天气，无论是白天还是黑夜，我军都必须比德军善战。如果德军只善于在好天气和白天作战的话，那么我们就应该在任何天气，在白天或黑夜都能发挥最大的效率。只有这样，我们才能打败他们。"

为了增强部队的整体作战水平，蒙哥马利还规定：各司令部年龄在40岁以下的全体参谋人员，每星期都必须抽一个下午进行一次10公里的长跑锻炼。不能快跑的可以走或者小跑，但必须完成全程。这一规定一出台便遭到了许多参谋军官的反对。但蒙哥马利丝毫没有让步。尽管当时已53岁了，但他也和大家一样坚持长跑，后来，参谋长辛普森多次劝谏，他才将快跑改为了快走。

长跑进行了一段时间之后，有一位胖上校在医生的陪同下来见蒙哥马利。上校对蒙哥马利说："将军阁下，我的体质不适合长跑。每个星期跑这么远的路简直等于要了我的命。"

蒙哥马利转身问医生："跑步是否真会让他送命？"

医生耸了耸肩，回答说："可能会！"

蒙哥马利斜眼看了那位胖上校一眼，斩钉截铁地说："如果你现在就想到会死，不如在跑步中死掉。这样的话，我就可以安排人顺利地接替你的职务了。如果战斗打响后，你在一片混乱中死去的话将是一件麻烦事。"

胖上校涨红了脸，一句话也没说便转身离开了军部。后来，那位胖上校不但没有在跑步中死去，反而因为加强了锻炼而提高了身体素质。不少40岁以上的参谋军官也因此自愿加入到了长跑的行列中。

尽管蒙哥马利在原则性问题上对部属要求十分严格，但在无关大局的枝节问题上却十分开通。为了让军官们心无旁骛地参加训练，准备战斗，他不允许军官家属随军，但却允许军官们通过正常方式请假回家探亲；他对训练一丝不苟，但却让后勤部门尽其所能地为士兵们提供舒适的营房和可口的饭菜……

对部属的某些特殊的嗜好，他也并不一味地反对。例如，某些士兵经常到烟花之地去寻欢作乐，他通常都会睁一眼闭一眼。为了防止士兵们染上性病，他让军医定期给那些经常出入烟花之地的士兵检查身体，教会他们如何分辨性病和正确使用安全套。

第五军参谋长辛普森和其他一些资深军官喜欢在晚餐前喝点酒。但蒙哥马利却不喜欢喝酒，1939年的那场大病过后，他更是滴酒不沾，并且把喝酒的人统统看作酒鬼。为了不引起蒙哥马利的厌恶，辛普森等人从来不当着他的面喝酒。为了保密，军官们甚至在餐厅外的通道上装置了一个秘密小房间，晚餐前偷偷溜进去喝上一两杯。

辛普森觉得军官们这样做不大好，而且也有损蒙哥马利的声誉。有一次，他对蒙哥马利说："报告军长，你知道我喜欢在晚餐前喝上一两杯酒。如果我在前面接待室摆一个酒吧，你会不会介意？"

蒙哥马利看了辛普森一眼，不紧不慢地回答说："我当然不反对。你可以做你想做的事情。不过，你可别拉我同你们一起喝。"

蒙哥马利的回答让辛普森兴奋异常，其他军官的脸上也泛起了红光。

片刻之后，接待室里就摆起了酒桌。蒙哥马利一个人坐在办公室里，欣慰地笑了起来。

经过几个月的训练，蒙哥马利的第五军已经成为英军中战斗力最强的部队之一。多次的演习结果表明，蒙哥马利的军事思想也得到了很大的完善。奥金莱克与蒙哥马利之间的冲突也告一个段落了。一方面是因为蒙哥马利在任第五军军长期间取得了有目共睹的成绩，另一方面是因为奥金莱克于1940年12月2日被任命为驻印英军总司令，调离了南方军区。

奥金莱克离任后，第一军军长亚历山大将军接任了南方军区司令。这一局面的出现让蒙哥马利多少觉得有些尴尬！亚历山大是蒙哥马利在坎伯利参谋学院的学生。在敦刻尔克撤退期间，他也是因为蒙哥马利的推荐才当上了第一军军长。但现在，学生居然变成了老师的顶头上司！蒙哥马利的心里多少还是有些不舒服的！

不过，两人之间并没有因为职务的升迁而产生龃龉，倒是因为战术思想的相近而产生了惺惺相惜之感。两人互相尊重，互相提携，很快就使第五军军部和南方军区司令部的关系融洽了起来。多年之后，蒙哥马利还由衷地说："亚历山大是唯一一个能使陆海空军的将领都乐于在其属下服务的人。"

· 第五章 ·

英国第八集团军总司令

一

接任东南军区总司令

1941年4月7日，蒙哥马利奉召来到国内武装力量总司令部。总司令布鲁克告诉他，他将接任第十二军军长，负责防卫东海岸，保卫肯特和苏塞克斯地区的安全。布鲁克问他有什么特殊的要求。

蒙哥马利沉思了一会，回答说："我没有什么特殊要求。不过，希望你能让我把参谋长辛普森一起带到第十二军任职。"

布鲁克点了点头，答应了蒙哥马利的请求。蒙哥马利回到第五军军部之后，便开始一一向老朋友道别。他还特地赶往南方军区司令部，当面向亚历山大中将辞行。对于那些行前不能当面辞行的人，他则用书信向他们告别。

4月27日，蒙哥马利来到了第十二军军部，正式接任该军军长之职。同往常一样，蒙哥马利一到任便对第十二军展开了大刀阔斧的改革。军官太太们被送上火车撤往了内陆地区；指挥官和参谋们被赶出办公室进行越野长跑；不称职的军官们纷纷被撤了职……

蒙哥马利还推翻了前任军长的"海滩防御"原则，将自己的战术思想灌输给了第十二军的官兵们。6月初，蒙哥马利组织了一次代号为"醉汉"的全军大演习，并在演习讲评会上指出，战争的胜利有3个重要因素：第一，正确的攻击；第二，下级指挥官的勇气、主动性和战斗技术；第三，部队的战斗精神。缺少任何一种因素，部队都会打败仗。

就在这时，欧洲大陆传来了一个令所有英国人都感到震惊的消息——法西斯德国于6月22日突然出动190个师，3700辆坦克，4900架飞机，47000门大炮和190艘战舰，兵分三路以闪电战的方式突袭苏联。第二次世界大战的规模扩大了，英国人再也不需要独自进行艰苦卓绝的战斗了。

尽管德军将主要兵力都投入到了东线战场，但战场的形势依然对英国十分不利。1940年6月10日，法国投降前夕，意大利趁火打劫地向英、法宣战。意大利在出兵法国的同时，也命令驻守在其殖民地利比亚的22万意军向驻在埃及的英国军队发起进攻，以占领苏伊士运河。驻守北非的英军在中东总司令韦维尔将军的领导下发起了反攻，接连攻占了利比亚的巴尔迪亚和托布鲁克等重要军事要塞。与此同时，利比亚首都的黎波里的情况也十分危急，驻守在那里的意军根本挡不住英军强大的攻势。

1941年2月，希特勒组建了非洲军，由骁勇的隆美尔挂帅赶赴北非支援意军作战。隆美尔的到来使得北非战局为之一转，英军接连败退。7月2日，丘吉尔解除了韦维尔中东总司令之职，由驻印英军总司令奥金莱克将军接任。奥金莱克抵达北非之后也没能扭转战局。尽管英军在坦克、炮兵、车辆、战斗机、轰炸机和物资补给方面占有优势，但在以后的14个月里，奥金莱克仍然是一事无成，一败涂地。

在北非战事正酣之时，布鲁克将军在英国本土也组织了大规模的军事演习，以检验部队的战斗力。作为军中最出色的军级指挥官，蒙哥马利奉命出任了这次演习的裁判长。这次代号为"保险杠"的演习从9月29日开始，到10月3日结束，共有4个装甲师和9个步兵师参加。10月10日，他对270名高级军官作演习讲评，对演习的成功与不足之处分析得头头是道，令人叹服。连布鲁克也称赞说："蒙哥马利的讲解精彩绝伦，值得赞美。"

回到第十二军之后，蒙哥马利继续加强对部队的训练，并计划在11月24日到27日之间再举行一次全军规模的演习。然而，没等到演习开始，他便接到了新的任命。11月17日，布鲁克接替迪尔担任陆军参谋总长，东南军区司令佩吉特将军接替布鲁克担任国内武装力量总司令，蒙哥马利则接任东南军区司令一职。

东南军区下辖第十二军和加拿大军两个野战部队。接到新的任命之后，蒙哥马利表面上并没有什么变化，依然是一副宠辱不惊的样子。但他的内心却波澜起伏。现在，他终于可以跟自己的学生亚历山大平起平坐了。不过，亚历山大已经被内定为新英国远征军司令的人选，还是比蒙哥马利的职权大一些。蒙哥马利只能等着英军在欧洲大陆开辟第二战场了。届时，他肯定会被任命为集团军司令的。为了迎接这一时刻的到来，蒙哥马利刚到东南军区就将其改称为"东南集团军"。蒙哥马利认为，这样不仅能使军区的官兵习惯集团军指挥部的指挥程序，而且也方便他向两个野战军及东南军区下辖的地方部队灌输他的作战思想。

蒙哥马利到任的第20天，第二次世界大战的规模再次扩大了。12月7日，日军偷袭了美军的珍珠港海军基地。12月8日，美、英正式对日宣战。12月9日，中国政府在与日本实际交战多年之后，正式对日宣战。紧接着，对日宣战的国家增加到了20多个。德意日三国同盟条约的第三款规定：任何一方遭受攻击，其他方会尽力协助，包括政治，经济和军事等等。根据这一规定，德国于12月11日对美国宣战，意大利也紧随其后。

美国直接介入到第二次世界大战中来极大地改变了战争的格局。至此，第二次世界大战中的阵营结构最后形成了。德国、意大利、日本三大轴心国及芬兰、匈牙利、罗马尼亚等国为一方，美国、英国、苏联、中国等反法西斯同盟和全世界反法西斯力量为另一方，在全球范围内进行了一场规模浩大的战争。

由于美国海军在珍珠港事件中遭受了重大损失，日军在太平洋战场上大逞其能，先后侵占了泰国、香港、马来西亚、新加坡、菲律宾等地。更糟糕的是，日军正向仰光推进，直捣印度的大门。丘吉尔决定派一名新陆军指挥官到缅甸去阻止肆虐的日军，并适时发动反攻。

蒙哥马利满心以为丘吉尔会选派自己到东南亚去同日军作战，但丘吉尔却选中了性格平和的亚历山大。当然，丘吉尔之所以选中亚历山大主要是因为参谋总长布鲁克的大力推荐。布鲁克为什么选中了亚历山大，而不是他十分欣赏的蒙哥马利呢？这主要是因为蒙哥马利的性格过于张扬，容易与上级或同级指挥官产生矛盾。英军在东南亚是与美军、中国

被击毁的豹式和虎式坦克

军队并肩作战，布鲁克不能不考虑英军将领与盟军将领之间的关系。后来的事实证明，布鲁克的考虑是正确的。

　　失去了到东南亚作战的机会之后，蒙哥马利便把全部精力都集中在了东南集团军官兵身上。尽管东南集团军没有参加任何战斗，但他却决定将其当作一个野战集团军来指挥。对蒙哥马利和其他众多高级指挥官而言，亟待解决的问题是：如何在目标明确的条件下授予下级军官足够的权力。奥金莱克接任中东总司令后，马上把位于北非西方沙漠的部队改编成了第八集团军。但他却没能选对指挥官，以致他在中东毫无作为。蒙哥马利决心将奥金莱克当成前车之鉴。因此，他花费了大量的时间和精力来了解部属，撤掉了一批庸劣之才，并大胆地提拔了一些有想法的年轻军官。

　　为了深入了解各级指挥官，蒙哥马利经常到基层去走访。他还别出心裁地举办了一场第十二军和加拿大军的"军研究周"。在一周的时间里，他几乎没有在自己的办公室里呆过一分钟。研究周结束后，他又驻守在各部队，策划了一连串的营、旅、师级和军级的演习！他的目的很明确，就是把东南集团军训练成一支既能进行纵深防御战，又能进行反攻战的野战部队。

  1942年5月19日到30日，东南集团军举行的代号为"猛虎"的演习集中体现了蒙哥马利的这一愿望。演习由第十二军对抗加拿大第一军（由加拿大军分拆而来，第二军正在编成中），双方出动的兵力总和超过了10万人。许多著名的将军都参观了这次演习，其中包括专程从华盛顿赶来的美军将领艾森豪威尔。这是蒙哥马利与艾森豪威尔的第一次相见。两人都给对方留下了深刻的印象。艾森豪威尔在5月27日的日记中写道："蒙哥马利将军是一位果决型人物，精力充沛，干练非凡。"

二

被任命为第八集团军司令

1942年夏季,战争的形势对盟军十分不利。在太平洋战场上,日军在占领了菲律宾、香港、马来西亚、新加坡等地之后,又发动了大规模的攻势,企图继续南侵澳大利亚;在苏德战场上,德军向斯大林格勒南翼地区实施重点进攻,给苏联红军造成了巨大的压力;在北非战场上,隆美尔指挥的非洲军团已经包围了托卜鲁克,并推进到了利、埃边境地区。

在战局吃紧危机四伏之际,同盟国内部在欧洲开辟第二战场的问题上发生了激烈的争论。法西斯德国突袭苏联之后,集中了64%的兵力向苏联发动了全面进攻,企图一举攻占莫斯科,迫使苏联投降。面对德军的强大压力,斯大林于1941年7月18日急电丘吉尔,要求英国尽快在北极地带或法国北部沿海开辟第二战场,在西线牵制德军。同年9月3日,斯大林再次致电丘吉尔,要求英军当年内"在巴尔干或法国某地开辟第二战场"。

由于英国没有足够的力量实施登陆作战,再加上丘吉尔怀疑苏联红军根本无法抵挡德军的强大攻势,以及两个国家在意识形态上的敌视,苏联的要求遭到了英国方面的拒绝。

珍珠港事件爆发之后,美国开始直接向欧洲派遣军队,英、美首脑也就两军共同打击法西斯德国以及开辟第二战场等问题进行了多次磋商。1942年3月下旬,时任美国陆军参谋部作战处处长的少将艾森豪威尔制定了一份代号为"围捕"的作战计划。根据计划的要求,盟军要派出一支包括5800架作战飞机的空军、总数达到48个步兵师和装甲师的地面部队于 1943 年 4 月 1 日对塞纳河口东北、勒阿弗尔和布仑之间的一段法国海岸发起攻击。与此同时，盟军应在海岸沿线发动突然袭击和空袭以扰乱德国人。英国方面虽然勉强同意了"围捕"计划，但大部分英国军官对该计划的热情并不高。后来，这一计划便被搁置了起来。

为了应付舆论压力，鼓励苏联坚决抵抗，艾森豪威尔又制定了一个代号为"大锤"的登陆计划。该计划确定于 1942 年 8 月至 9 月间以 6～10 个师的兵力在法国北部实施登陆，发动有限攻势，将东线的德军吸引过来。登陆的兵员主要由英国提供。

美军总参谋长马歇尔竭力支持该计划，但该计划却遭到了英国方面的断然拒绝。英国陆军总参谋长布鲁克将军嘲笑马歇尔说："参谋长先生，我想这一定不是你本人制定的计划吧！这个计划是如此的愚蠢！你知道跨海作战的话，我们要承受多大的损失吗？6 个师的兵力就能够把德国部队从东线吸引过来吗？一旦作战失败，恐怕对苏联也不会有多大的好处。"

由于英国方面的竭力反对，"大锤"计划被否决了。布鲁克将军建议在法属北非对德军展开行动。马歇尔和艾森豪威尔认为布鲁克的这种想法是荒谬的，德国大量部队就驻扎在英吉利海峡的对岸，离英国的多佛尔港甚至不到 40 公里，为什么要赶到伦敦以南 1500 公里以外的北非去寻找敌人作战呢？这显然是消极的、防御性的作战思想，对在东线苦战的苏联红军没有丝毫帮助！

在"大锤"计划和"围捕"计划的讨论过程中，参加讨论的人一致认为，要顺利地返回欧洲，一个必不可少的条件是预先夺取一个良港，并且必须在德军摧毁其设施以前完全占领这个良港。由于主要计划不是被取消就是被逐渐忘却，盟军将领们越来越感到有必要对横渡英吉利海峡作一次尝试，以便从实践中发现夺取一个港口究竟需什么条件。最后，盟军选定了法国港口小镇迪耶普作为登陆地点。迪耶普处于英吉利海峡最窄处，进攻路线短，而且处于英国空军战斗机的作战半径之内。这次作战的直接目标是摧毁德军的防御工事并抓获一些俘虏，以便获取军事情报。

5月13日，美英联席参谋长会议批准了这项代号为"庆典"的作战计划。由于迪耶普正对着东南集团军的辖区，登陆任务便落在了东南集团军加拿大部队的肩上。作为东南集团军司令，蒙哥马利自然要直接负责这次袭击的指挥与协调工作。

蒙哥马利向加拿大第一集团军司令麦克诺顿将军和加拿大第一军军长克里勒将军进行了交涉，并征得他俩的同意，决定由罗伯茨少将所指挥的加拿大第二师承担这次任务。蒙哥马利在7月1日提交给英军总参谋长布鲁克将军的报告中说："这次作战颇有成功的希望，如果天气良好，能见度达到一般水平，而且皇家海军能运载部队在规定的时刻和正确的地点登陆的话"。

7月2日，作战部队开始陆续登上军舰，准备在2天后对迪耶普发动突袭。部队一上船，蒙哥马利就向他们交代了作战任务。7月3日晚上，海上突然下起了大雨。气象部门预计，这种恶劣天气会一直持续到7月8日。无奈之下，蒙哥马利只好命令部队返回营房，暂时取消了这次行动。

袭击被取消后，蒙哥马利立即写信给国内武装力量总司令佩吉特将军，建议"永远"取消"庆典"计划。因为他认为，由于袭击多次延期以及参与其事的部队太多，秘密已无可挽回地泄露出去了。他说："如果要对欧洲大陆进行袭击的话，无论如何应让他们选择迪耶普以外的其他目标。"

由于英国不愿参加"大锤"行动，"庆典"计划也被推迟了，美国总统罗斯福不得不在7月22日通过电报指示马歇尔，同意在进攻北非方面和英国人合作。英国首相丘吉尔将这次新的行动命名为"火炬"行动。"火炬"行动是第二次世界大战开始以来的英美首次联合进攻。根据计划，英美联军将于1942年11月8日在法属北非登陆，然后再由西向东对德、意两国驻守在那里的部队发动进攻，以彻底歼灭北非的德、意军队，控制地中海，巩固中东，为以后在意大利和巴尔干半岛的军事行动创造有利条件。

这一计划完全符合丘吉尔的意愿。丘吉尔素来对社会主义国家苏联持敌视态度。他之所以舍近求远,在北非打开进攻意大利和巴尔干的大门,是想从巴尔干打进中欧,不让苏联红军进入奥地利、罗马尼亚和匈牙利,以防苏联在战后插手中欧的事务,成为英国最强大的敌人。

8月初,英军在苏格兰举行了一场大规模的军事演习。作为英军著名的训练专家,蒙哥马利接到了国内武装力量总司令佩吉特将军的邀请,前往苏格兰去观看这次演习。他和佩吉特将军一起乘着"轻剑"号专列来到了苏格兰。一路上,蒙哥马利喋喋不休地劝说佩吉特,希望他永远取消"庆典"计划。佩吉特不置可否,只是要蒙哥马利认真观看演习即可。演习进行得很成功,其中很多部分明显可以看出蒙哥马利特有的风格。很显然,他们借鉴了蒙哥马利的成功经验。

演习的第二天,蒙哥马利突然接到了陆军部打来的电话。陆军部要求他立即返回伦敦,去接替亚历山大第一集团军总司令的职务,并在盟军总司令艾森豪威尔将军的领导下着手制定"火炬"计划的详细方案。

陆军部怎么会突然任命自己为第一集团军总司令呢?虽然想不明白,但蒙哥马利不敢怠慢。他急忙登上了开往伦敦的火车。在途中,他终于弄清楚了事情的来龙去脉。原来,据守托布鲁克的33000名英军已经于6月21日向隆美尔的非洲装甲集团军投降了。英军中东总司令奥金莱克一气之下将第八集团军总司令里奇将军撤职查办,亲自兼任第八集团军司令,指挥部队继续作战。但这并没能改变英军在北非的败退之势。隆美尔携得胜之师,迅速将战线推进到了阿拉曼地区。

8月初,英国首相丘吉尔在前往莫斯科会见斯大林时绕道开罗,在那里召开了一次重要的军事会议。会上,丘吉尔毅然决定更换北非英军的高级将领。他撤掉了奥金莱克的职务,任命具有战略眼光的亚历山大将军为英军中东总司令。时任第八集团军第十三军军长的戈特将军则升任为第八集团军司令。

8月7日下午,戈特将军乘坐飞机赶赴开罗赴任。不幸的是,一架从高空追赶下来的德国战斗机遇上了它,三下五除二便把这架没有护航的运输机击落了,戈特不幸遇难。当时,英国人都认为这条航线十分安全,就连丘吉尔使用这条航线时,空军也没有为其提供护航。令所有人都感到惊讶的是，这种倒霉的事情却偏偏被戈特将军遇上了。从一定意义上来说，戈特将军的死成全了蒙哥马利。当晚，丘吉尔和布鲁克得知戈特不幸遇难的消息之后，经过商议决定由蒙哥马利接任第八集团军司令。

第二天早晨7点，蒙哥马利正在洗浴室刮脸，副官匆匆走进来对他说："将军，陆军部电话。"

蒙哥马利用湿毛巾抹了一把脸，走到电话旁，拿起了听筒。他的心一下子提到了嗓子眼。陆军部的工作人员告诉他，任命他为第一集团军司令的命令已经撤销了，现在要他到埃及去指挥第八集团军。

被调任第八集团军司令是蒙哥马利军旅生涯中最走运的一件事！因为第八集团军这个平台给他提供了与德军名将隆美尔对决的机会，从而让他得以在英国首相丘吉尔和世界新闻记者的注视下赢得了一次巨大的胜利，成为一颗光芒四射的将星。如果以第一集团军司令的身份参加"火炬"行动的话，他是不可能赢得如此炫耀的荣誉的！在"火炬"行动的初期，英军的数量远远少于美军，人们注意的中心人物是盟军总司令艾森豪威尔，而不是他麾下的各集团军司令官。

三

提前接管第八集团军

接到陆军部的新任命之后，蒙哥马利立即着手准备飞往北非的有关事宜。蒙哥马利一直过着清教徒式的生活，身边的生活用品和家产都很少。唯一让他牵挂的是儿子戴维。当时，戴维已经到了进入公学学习的年龄了。他本来打算将儿子送到哈罗公学读书的。但他很快又改变了主意。因为那里离伦敦很近，经常遭受德军的轰炸。如果把戴维送到那里的话，他很可能要经常在防空洞里睡觉。谨慎的蒙哥马利决定把儿子送到曼彻斯特去。

蒙哥马利给戴维曾经的校长雷诺兹少校写了一封信，请求他和他的妻子帮忙照顾戴维，直到蒙哥马利从北非返回。他还在信里附上了遗嘱副本。他在遗嘱上写道："我所有的一切，包括一张200英镑的汇票，都留给戴维。我请求你替戴维付学费，买衣服。在我离开英国期间，我委托你为戴维事实上的监护人。"

飞往直布罗陀的飞机原本计划在8月8日起飞的。由于天气原因，蒙哥马利不得不将启程的日期改为8月10日。启程前的最后一天，蒙哥马利又给雷诺兹写了一封信。他在信中强调说："如我昨天的信还没有写清楚，我要再说一遍：我托你对戴维进行完全而绝对的管理……有关管理戴维的所有事情，你拥有独特的权威。我请你在我离开英国期间，担任戴维的官方监护人。如我阵亡，戴维的法定监护人将是约翰·卡弗（蒙哥马利的继子）。不过，我不会阵亡的。"

8月10日晚，蒙哥马利乘坐一架运输机朝直布罗陀飞去。第二天凌晨，飞机安全地在直布罗陀着陆了。在直布罗陀，蒙哥马利搜集了一些关于北非战局的资料。当晚，他又乘坐飞机向开罗飞去。坐在座舱里，蒙哥马利一夜没有合眼。他反复考虑着第八集团军的境况，反复谋划着自己所能采取的措施。

8月12日一早，蒙哥马利乘坐的飞机在开罗郊外的一个小型机场降落了。此时，他的脑海里已经初步形成了一套方案。上午10点，蒙哥马利驱车抵达了英军中东司令部，见到了代理中东总司令的奥金莱克。

奥金莱克斜眼看了看面前的这位老冤家，默不作声地把蒙哥马利带进了地图室。两人来到地图室后，奥金莱克神秘兮兮地把门窗都关了起来。蒙哥马利猜想，奥金莱克肯定有重要的事情要向自己交待。蒙哥马利猜得没错。在确认地图室里只有他和蒙哥马利两个人之时，奥金莱克低声道："蒙哥马利先生，无论如何，你要保住第八集团军，不能让他遭受毁灭性的打击！"

蒙哥马利不解。奥金莱克站起来，在地图上比划了几下。蒙哥马利马上明白了他的意图。奥金莱克接着说："如果隆美尔很快发动全力攻击的话，第八集团军将退到尼罗河三角洲；如果开罗和尼罗河三角洲不保，将继续向南退至尼罗河。还有一种可能就是撤退到巴勒斯坦。"

听到这个计划后，蒙哥马利感到十分惊讶！他立即针锋相对地提出了自己的见解。但已经丧失信心的奥金莱克什么也听不进去。他向蒙哥马利透露，第八集团军副参谋长约翰·哈定少将已经制定了后撤至尼罗河的计划。

蒙哥马利沉默了。很显然，奥金莱克不希望蒙哥马利修改他的既定方针。地图室里出现了尴尬的沉默。几分钟后，奥金莱克终于打破了沉默。他让蒙哥马利第二天就进沙漠，先在第八集团军司令部熟悉一下情况，等到8月15日再正式向他移交第八集团军的指挥权。因为他将在同一天将中东总司令之职移交给亚历山大。

蒙哥马利不置可否地转身离开了地图室。尽管奥金莱克已经命令拉姆斯登暂时代理第八集团军司令，但他依然将第八集团军的指挥权牢牢掌控在手中。这种做法让蒙哥马利感到十分不快！他想，假如亚历山大同意奥金莱克推迟移交指挥权的话，他也要提出反对意见。

离开奥金莱克的地图室之后，蒙哥马利立即去找亚历山大。他按照自己的想法向亚历山大提出了一些建议。他说，他希望第八集团军能够像隆美尔的非洲装甲集团军一样，建立一支拥有较为完善的装甲武器的后备军。亚历山大略微思考了一会，点了点头，同意了蒙哥马利的建议。

不过，由于亚历山大还没有接任中东总司令之职，要想实施这一计划还必须去找握有指挥权的将军。蒙哥马利想到了第八集团军的副总参谋长哈定少将。哈定少将和亚历山大一样，都是蒙哥马利在坎伯利参谋学院任教时教过的学生。

蒙哥马利向哈定说明了自己的计划，并请求他用分散在埃及的零星力量组建一个装甲军。哈定少将答应尽量想办法。

沙漠里的天气很热！炙热的太阳似乎要把所有人都烤熟了。尽管蒙哥马利在沙漠里呆过一段时间，但还是感到有些不大适应。当天下午，他便到集市上买了一些防晒的衣服。

时间一点一滴地过去了。蒙哥马利坐在办公室里静静地等候着哈定的消息。下午6点，哈定打来了电话，请他和亚历山大一起到英军中东司令部去一趟。蒙哥马利当即打电话给亚历山大，约他一起前往英军中东司令部。

师生3人坐定后，哈定汇报说，他可以按照蒙哥马利的计划组建一个装甲军。哈定计划将该军的番号定为第十军，下辖第一、第八、第十装甲师和新西兰师。每一个师包括一个装甲旅、一个步兵旅和师直属队。新西兰师包括两个步兵旅和一个装甲旅。

蒙哥马利兴奋异常！他没有想到，自己初到沙漠就实现了第一个意图。令他高兴的是，他在当天还得到了一个机灵的随从副官——约翰·波斯顿。波斯顿曾经是第十三军军长戈特将军的副官。在此后的数年中，约翰·波斯顿与蒙哥马利合作得很愉快！蒙哥马利对他的评价也很高！不幸的是，机灵的约翰·波斯顿在德国投降前的一个星期壮烈牺牲了。

第二天早晨，蒙哥马利早早地起了床。他匆匆忙忙地吃完早餐之后便带着波斯顿，驱车向沙漠深处进发。出发前，他已经跟第八集团军的作战情报处长弗雷迪·德·甘冈约定在亚历山大港以西的一个十字路口相见。蒙哥马利同甘冈是非常要好的朋友,还曾经给过他很大的帮助。他能顺利登上第八集团军作战情报处长的宝座就得益于蒙哥马利的推荐。

上午6点,蒙哥马利与甘冈在开罗大道的转弯处相见了。寒暄了一阵,蒙哥马利便邀请甘冈与自己同车前往第八集团军司令部。在车上,两人靠紧坐着,膝上铺一幅地图。蒙哥马利就作战形势、最新敌情、各个战区的指挥官的性格、部队士气、奥金莱克的行动计划等情况与甘冈聊开了。

甘冈对战局和第八集团军的情况十分了解,也很健谈。通过他的口述,蒙哥马利在到达第八集团军司令部之前已经大致了解了所有情况。蒙哥马利也在此时打定主意,任命德·甘冈为第八集团军参谋长。在此后的数年中,无论蒙哥马利走到哪里,职务如何升迁,甘冈一直都担任他的参谋长。蒙哥马利在回忆录中如是盛赞甘冈说:"从阿拉曼到柏林,我们始终在一起。在我们共事的过程中,我发现他的才华日益增长!我经常为拥有这样的参谋长而暗自庆幸。在英国陆军中,我以为像他这样卓越的参谋长,可以说是绝无仅有的。"

蒙哥马利与甘冈一路畅谈,不知不觉就来到了第八集团军设在沙漠里的司令部。刚一下车,蒙哥马利便被眼前的景象惊呆了。所谓的司令部不过是凑在一起的几辆卡车而已。司令部绝大部分的工作都得在烈日之下完成,只有绝少一部分人才能呆在卡车里。更为要命的是,那里的环境实在太脏了,到处都是嗡嗡乱飞的苍蝇。蒙哥马利虽然不讲究生活,但一直认为指挥官和参谋人员应当有合情合理的生活享受。唯有满足了他们的生活享受,才能提高工作效率,打胜仗。

蒙哥马利低着头钻出了汽车。第八集团军代理司令拉姆斯登中将快步走上前来,迎接蒙哥马利。拉姆斯登中将曾经在蒙哥马利的手下当过一年的营长。两人的关系还是不错的。不过,甘冈在车上向他介绍情况时,曾愤愤不平地把拉姆斯登中将称为"该死的废物"。蒙哥马利据此猜想,他在代理第八集团军司令期间定然做了不少傻事,断送了不少士兵的性命!

果不其然,拉姆斯登一开口,蒙哥马利就发现他对敌我双方的行动计划均不甚了然。蒙哥马利认为第八集团军的情况已经十分危险了。他不能等到8月15日再接管该集团军的指挥权，他必须马上采取行动。否则的话，一旦隆美尔发动突袭，第八集团军很可能会陷入全军覆没之境地！

　　下午2点，蒙哥马利果断地解除了拉姆斯登第八集团军代理司令的职务，让他回第三十军继续当军长去了。尽管拉姆斯登十分惊讶，心中还有些不服气，但还是服从了他的命令。就这样，蒙哥马利提前接任了第八集团军司令。英军总参谋长布鲁克和奥金莱克等人也默认了这一既成事实。

四

积极整顿第八集团军

正式接管第八集团军之后,蒙哥马利立即取消了奥金莱克之前发出的撤退计划。他在心里暗暗盘算着,目前最重要的事情就是打一场胜仗,树立自己的威信,恢复全军官兵的信心。为了建立一个适应自己的性格和作战理论的指挥系统,蒙哥马利决定到第十三军去看一看。第八集团军下辖第十三军和第三十军两个军。由于已经见过了第三十军军长拉姆斯登中将,他便直奔设在阿拉曼战线南翼的第十三军司令部,会见了该军代理军长弗莱伯格将军。随后,他又同澳大利亚第九师师长莫斯赫德聊了一阵。整体而言,这两个人都给他留下了深刻的印象。

晚上6点,蒙哥马利回到了第八集团军司令部。甘冈已经以参谋长的身份召集了全体参谋人员,静静地站在傍晚的凉风中等待着蒙哥马利的训话。在车上,他就已经理清了思路。他站在指挥车的悬梯上,朗声道:"首先,我要向你们介绍我自己。你们不认识我,我也不认识你们。然而我们必须在一起工作,因此彼此必须相互了解,并应相互具有信心……我们今后要像一个团队一样,在一起工作。我们将共同获得这个伟大军团的信任,同士兵们一起走向前方,直到最后胜利。"

蒙哥马利用犀利的目光扫射了一圈,又继续说道:"我认为指挥官的首要责任之一,是创造一种我称之为'气氛'的东西……我不喜欢这里现有的气氛。这里的气氛充满了疑虑!大部分人都失去了打败隆美尔的信心,在回头选择退却的目标。我们的预备队在开罗和三角洲地区准备防御阵地有什么作用呢?埃及的防御就在阿拉曼,阿拉曼的防御就在阿拉姆哈勒法山岭。在三角洲挖掘战壕有什么用?毫无用处。如果我们失去这里的阵地，我们就失去了埃及。所有现在在三角洲的战斗部队必须立刻到这里来。就在这里，我们要站住脚，要战斗，不会再有进一步的退却。我已经下令，所有关于退却的计划与指令都要烧掉，而且是立刻烧掉。我们要立足在这里战斗。如果我们不能在这里生存，那么我们就在这里死去。"

参谋们都静静地听着蒙哥马利的训话，情绪逐渐高涨了起来。蒙哥马利甚至可以听到他们心跳加速的声音。顿了顿之后，蒙哥马利又继续说："……首相的命令是摧毁在北非的轴心国部队……这里如果有人认为办不到，就让他立即走开。在我们这个团体里，我不要任何持怀疑态度的人……我现在了解隆美尔可能随时发动攻击。好得很……我只怕他不来攻击呢！同时，我们自己也要计划一次大型攻势……我们将会受到来自多方的压力，要我们快一点攻击，但直到我们完成准备前，我不会攻击……我要告诉大家，我的工作系统将采取参谋长制。我已任命德·甘冈准将为第八集团军参谋长，授权他管理整个司令部，他发布的任何命令都应立即贯彻执行。"

蒙哥马利说到这里的时候，参谋们悄悄将目光移向了站在前列的甘冈。他们的目光里充满了敬意，仿佛在说："这个职位非甘冈莫属。"

看到这一幕，蒙哥马利很欣慰。这说明他任命甘冈为第八集团军参谋长的决策是正确的。他微微笑了一下，继续说："……第一件要做的事，是把司令部迁移到像样的地点，使我们享有合理的舒适生活，使集团军的参谋人员能和沙漠空军司令部的人员一起工作。这里是个可怕的地方，使人泄气而又不利于健康。恐怕全非洲苍蝇都集中到了这个该死的地方。在这样的地方，我们很难做出好的成绩。让我们迁到邻近海边的地方去吧，那里的环境会清新和卫生得多……"

蒙哥马利的训话一气呵成，很有气势，也很有鼓动性。当他走下汽车悬梯时，全体参谋人员凝视着他，整齐地举起了右手，向他行了一个毕恭毕敬的军礼。蒙哥马利训话中所传递出来的乐观情绪很快就传遍了整个第八集团军。

在随后的几天里，蒙哥马利开始对第八集团军进行了一次大换血。

拉姆斯登等一大批军官被撤职了。蒙哥马利以晋升或从英国调进的手段引进了一些年富力强的军官。奥利夫·利斯接管了位于战线北端的第三十军，霍罗克斯来接管了战线南端的第十三军，柯克曼准将则接任炮兵指挥官，英王龙骑兵禁卫军的威廉斯少校任情报参谋处处长。

蒙哥马利本来打算把迈尔斯·登普西调来指挥新成立的第十军的。亚历山大劝他说："一下子调来3个新军长，这未免太过分了。"

蒙哥马利这才停了下来，十分勉强地任命拉姆斯登为第十军军长。

蒙哥马利的这一系列动作不但建立了一个无与伦比的指挥和参谋机构，也让第八集团军的官兵恢复了斗志。接着，蒙哥马利便开始着手制定战役计划了。

8月19日，丘吉尔从莫斯科访问归来，顺道视察了第八集团军。蒙哥马利陪他视察了前线，并借机向他汇报了自己的作战计划。丘吉尔对蒙哥马利的计划很满意，并希望第八集团军能趁机扭转北非的战局。

傍晚时分，蒙哥马利和丘吉尔一起来到了第八集团军设在海边的新司令部。望着蔚蓝色的地中海，丘吉尔突然童心大发，想去洗个澡。蒙哥马利便陪着他一起走到了海边。丘吉尔没有带泳衣，只好穿着衬衫走到了海里。一直跟在他们身后的新闻记者纷纷上前拍照。蒙哥马利站在海边，朗声道："警卫，警卫在哪里？任何人都不准拍照！"

警卫闻讯赶来，驱散了记者。蒙哥马利也穿着衬衣跳下了大海。突然，丘吉尔指着远处一群正在游泳的士兵说："看，多滑稽呀！他们怎么都穿白色的游泳裤呀？"

蒙哥马利放眼望去，那些士兵果然都"穿"着白色的游泳裤。突然，他笑了起来。丘吉尔疑惑地看了他一眼。蒙哥马利解释说："首相阁下，第八集团军是没有人穿游泳裤游泳的。在炎热的沙漠里，军人们整天穿短裤，有时候连上衣也不穿，他们的身体被太阳晒得黑黑的。只有被短裤遮起来的部分没有被太阳晒到。从远处看去，就像穿着白色游泳裤一样！实际上，那是他们白色的肌肤。"

丘吉尔闻言大笑起来。蒙哥马利却笑不出来。"白色游泳裤"正是士兵们生活艰苦的一个明证。如果不是这场该死的战争，这些年轻人本该穿着各色泳裤,在海滩上享受傍晚时的清风。

第八集团军的改变让丘吉尔惊喜不已。当晚,他给战时内阁的电文中说:"在前任司令的指挥下,我非常确定地认为,我们正在走上灾难之路。但现在的气氛已完全改变:所有的阵地都在加强,原来过于分散的部队已经被重新编组成坚利的团队……道路上是连绵不断的部队,坦克和炮兵也在向前沿地区运动。"

当晚,丘吉尔就住在蒙哥马利的司令部。两人在晚餐后兴致勃勃地聊了很长一段时间。两人聊天时,参谋人员送来了一份电报。丘吉尔和蒙哥马利看完之后,不约而同地对视了一下,便陷入了沉默。代号为"庆典"的登陆战失败了。加拿大第一军损失惨重!在短短的9个小时战斗里,阵亡军官56人,士兵851人,合计各类伤亡人数为3369人。作为原东南集团军司令,蒙哥马利感到十分痛心。如果佩吉特将军听从了他的建议,取消"庆典"计划的话,这一悲剧是完全可以避免的。

丘吉尔离开北非之后,蒙哥马利立即开始了战役部署。到8月底,蒙哥马利已经在阿拉曼防线集中了7个师的兵力,配置了480辆坦克、230辆装甲运输车、700门火炮,其中有400门是性能极高的反坦克炮。另外,英军在防线的后方还有4个师和几个独立旅的预备队。

隆美尔的非洲装甲集团军也得到了补充。新组建的第一六四步兵师已经开到了前线。意大利方面也向阿拉曼派出了援兵。到8月底,隆美尔的手中共有4个德军师、8个意大利师的兵力,其中包括意大利新组建的弗尔格尔伞兵师。除此之外,凯塞林元帅还给他配备了一个精锐的德国伞兵旅。在坦克的数量上,隆美尔的非洲装甲集团军略占优势,共有510辆。但这些坦克中有281辆是性能很差的意大利坦克,战斗力远比不上英军马尔蒂塔坦克和美制格兰特式坦克。

尽管两军在阿拉曼防线的兵力大致相当,但总体形势对英军十分有利。英军牢牢控制着地中海的制空权和制海权,时常出动远程轰炸机轰炸昔兰尼加各港口的德、意船只,骚扰德军后方的补给线。非洲装甲集团军的补给状况十分糟糕!隆美尔的参谋们曾向他提出了一个参考方案。他们建议隆美尔把所有的非机动部队都撤到利比亚,只把装甲师和摩托化师留在阿拉曼前线。英军擅长打阵地战，但在机动战方面却远不如德军。他们打算利用德军擅长机动作战的优势，不计一城一地之得失，长时间地阻止英军进入昔兰尼加。但天生喜欢冒险的隆美尔并没有采纳这一建议。他决定于8月30日主动向英军发动一轮大规模的攻势。

蒙哥马利也坚信隆美尔会主动向英军发动进攻。英军情报部门截获了隆美尔与德军最高统帅部联络的绝密电报，并成功地将其破译了。这些情报也表明非洲装甲集团军会在近期内向阿拉曼一线发功大规模的攻势。蒙哥马利根据这一情况对防线进行了调整，加强了防御。

五

阿拉姆哈勒法岭的胜利

初到北非,蒙哥马利便研究了隆美尔在北非的所有的战例。他发现,隆美尔确实是一名不可多得的机动战天才。他那孤军突进,从侧翼迂回包抄的冒险战术确实很难对付。不过,蒙哥马利发现,第一次世界大战时期使用的阵地战战法却能有效地消耗隆美尔的兵力,并遏制他的突袭。蒙哥马利的战役部署便是基于这一基本原则进行的。

8月底,情报人员再次截获了隆美尔与希特勒往来的电报,破译了他的战役计划。电报显示:德、意军队的进攻方向可能在战线的南端,然后向左迂回,调动装甲部队攻向阿拉姆哈勒法和鲁瓦伊萨特山地。蒙哥马利认为这一计划很符合隆美尔的战术思想,应该是真实的情报,便以此为基础调整了作战计划。

蒙哥马利以新西兰师箱形阵地的南翼侧为基础,在箱形阵地与阿拉姆哈勒法山之间的缺口内部署了第二十二装甲旅。蒙哥马利命令该旅不准主动出击,必须在隐蔽阵地上掘壕固守,最大限度地消耗隆美尔的兵力。刚从尼罗河三角洲调来的第四十四师被蒙哥马利配置在了阿拉姆哈勒法山脊上。第二十三装甲旅作为预备队配置在第二十二装甲旅的后方。第八装甲旅配置在哈勒法山脊以南一个靠后的阵地上。第七装甲师则配置在阿拉姆哈勒法山脊南面,向西保持一个宽大的正面。蒙哥马利命令第七装甲师,当敌人袭击时,马上撤退;当敌人袭击转向左面,逼向阿拉姆哈勒法山地时,就从东面和南面牵制其动作。

蒙哥马利的这一部署虽然过于谨慎了,但可以说是万无一失的。不管隆美尔采取何种战法,这一部署都能挡住他的进攻。如果他朝正东方向进攻,第八装甲旅定当迎头痛击,第二十二装甲旅和新西兰第四十四师的炮兵也会从其左侧猛击;如果他突破地雷场后向左侧出击,那他将面对配置在隐蔽阵地上的第二十二装甲旅,而在他的右面则是严阵以待的第八装甲旅。总之,不管隆美尔朝哪个方向运动,都将被困住。当隆美尔的非洲装甲集团军被困之时,英国空军便可以以密集的队形对其实施地毯式的轰炸了。各部队的炮兵部队也可以在无线电的指挥下集中进行轰击了。

在战役开始的前几天,蒙哥马利显得异常镇静,一副成竹在胸的样子。第八集团军的各级指挥官都被他的镇静与自信感染了。但在战场的对面,隆美尔却显得有些慌乱。两年多的沙漠作战经历严重地破坏了隆美尔的健康。他看上去疲劳不堪,随时有倒下去的可能。

蒙哥马利判断隆美尔可能在8月25日晚发动攻击,但隆美尔的非洲装甲集团军当夜并无任何行动。8月27日,蒙哥马利根据最新情报,判断德军的攻击将在两三天之后的深夜。隆美尔延迟进攻的时间帮了蒙哥马利很大的忙。第八集团军得到了充裕的战役准备时间,官兵们也进一步增强了必胜的信心。

8月30日早晨,医生来到隆美尔的卧车给他检查身体。隆美尔的心情十分低落,他忧郁地向医生透露说:"今天发起的进攻是我有生以来最难作出的一项决定。要么是我们设法到达苏伊士运河,要么……"

说到这里,隆美尔叹了一口气,做了一个失败的手势,钻出了卧车。医生看着隆美尔的背影,心头突然产生了一种莫名其妙的恐惧感。他崇拜的集团军总司令似乎在一夜间之间老了许多。

黄昏时分,英国皇家空军按照蒙哥马利的既定计划轰炸了隆美尔的装甲停车场。但隆美尔并没有从这件事情中嗅出失败的讯息,依然命令部队按照既定计划向英军阵地发起了攻击。

夜幕降临之时,蒙哥马利已经像往常一样,早早地上床睡觉去了。第八集团军参谋长德·甘冈轻轻地走进了蒙哥马利的卧室,把他叫醒了。蒙哥马利披衣坐了起来。甘冈说:"将军,德军的攻击开始了。"

蒙哥马利微笑着说:"好极了!"

甘冈还想说什么，但蒙哥马利又躺了下去，打起鼾来。甘冈微笑着摇了摇头，走了出去。他来到了作战指挥部，按照蒙哥马利的部署指挥部队沉着应战。

战斗完全向蒙哥马利预料的方向发展。可以说，在阿拉姆哈勒法岭战役的最初几个小时里，隆美尔就输给了蒙哥马利。战斗进行得很激烈，英军顽强地挡住了德、意部队的每一次进攻。德军非洲装甲集团军非洲军新任军长尼林将军与他的参谋长拜尔莱因同乘一辆指挥车，指挥装甲部队向阿拉姆哈勒法岭发起了冲击。当他们在地雷场奋力开辟通道的时候，他们发现蒙哥马利设置的地雷场比他们预计的要宽得多，也复杂得多。

8月31日凌晨4点30分，非洲军终于在地雷场开辟出了一条通道。但非洲军却为此付出了沉重的代价，第二十一装甲师师长俾斯麦将军阵亡了，第九十轻装师师长也负伤了。上午10点，非洲军终于开始东进了。但蒙哥马利早已布置好天罗地网等着他们了。英国空军和第八集团军的炮兵开始行动了。在地雷场上进展缓慢的德军坦克遭到了猛烈的打击。非洲军军长尼林将军被英军的炮火所伤，无法继续指挥！非洲军参谋长拜尔莱因只好接过了指挥权，继续指挥战斗。

夜幕降临时，隆美尔命令非洲军继续向东猛冲。英国空军和第八集团军的炮兵按照蒙哥马利的部署，立即对非洲军的装甲部队实施开火。非洲军的攻势受到了遏制。隆美尔终于明白了，他的非洲装甲集团军再也不可能取得惊人的战果了。非洲军的进军速度已经大大落后于原定计划，继续攻击下去，也只能徒耗兵力，但就这样放弃的话，他又有些不甘心。隆美尔问拜尔莱因："我们现在该考虑一下是否停止进攻？"

拜尔莱因回答说："敌人似乎对我们的位置了如指掌，现在似乎应变更一下进攻目标。"

隆美尔沉思了一会，决定继续进攻，但目标有所限制。他决定让非洲军主力比预定的早一点转向北方，直接进攻阿拉姆哈勒法岭的主高地。这样德军坦克就朝着英军第二十二装甲旅的阵地开了过去。按照蒙哥马利的部署，第二十二装甲旅的坦克全部隐藏在工事里。该旅旅长罗伯茨准将发现了德军的坦克,立即用无线电预先通知了各部队。他命令道:"在敌人的坦克进入1000米的距离以前不准开火。"

几分钟后,德国非洲军的坦克开到了第二十二装甲旅的阵地前沿。罗伯茨准将一声令下,所有的坦克一齐开了火。第二十二装甲旅装备有美制谢尔曼式和格兰特式坦克,炮火的穿透力十分强大。非洲军的坦克阵里立即燃起了熊熊烈火。

凶悍的德国人并没有停止进攻,他们依然慢慢地向前推进。第二十二装甲旅的阵地被撕开了一道缺口。罗伯茨准将立即调过来一个步兵团,将缺口堵上了。当德军的坦克逼近步兵阵地之时,第二十二装甲旅步兵团的反坦克炮响了起来。非洲军遭到了重创,终于被迫停了下来。

当非洲军在主阵地苦战之时,英军第七装甲师乘机从南面和东面出击,袭击了通过地雷场的德军运输补给部队。德军的运输补给部队损失惨重,数百辆卡车和无数补给物资在英军猛烈的炮火下化为了灰烬。

9月1日拂晓,隆美尔亲自驱车来到了前线。他被眼前的景象惊呆了。在狭窄的地雷场通道上,到处都是坦克残骸,许多坦克还在燃着熊熊的大火。由于运输补给部队遇袭,非洲军的燃料奇缺,新任非洲军军长瓦尔斯特将军向隆美尔报告了这一情况。

与此同时,英国空军还对托布鲁克港实施了轰炸。德军装载1200吨汽油的"撒达迪尔"号油船和载有1100吨汽油的"法斯西尔"号油船均被击沉。由于缺乏必要的补给,隆美尔不得不下令停止进攻。9月2日,隆美尔的非洲装甲集团军开始了第一阶段的撤退,并在3日加快了撤退速度。

蒙哥马利在北非的第一战取得了胜利!第十三军军长霍罗克斯主张乘胜追击,但被谨慎的蒙哥马利拒绝了。蒙哥马利不同意乘胜追击是有原因的。隆美尔严重缺乏油料,部队的兵员又得不到补充,他急切盼望英军能走出工事,与其一决高下。但蒙哥马利就是不给他这个机会!谨慎的蒙哥马利决心用阵地战将隆美尔和他的非洲装甲集团军拖死!蒙哥马利还说,要保留德军在阿拉曼阵地前沿的一个观察哨,以便他们能够看到英军准备下一个大战役时所采取的各种欺骗措施。到9月7日,非洲装甲集团军已在英军原来的地雷场及其后方站稳了脚跟！蒙哥马利随即下令停止进攻。阿拉姆哈勒法岭战役以蒙哥马利大获全胜而结束了。

阿拉姆哈勒法岭战役是英军在北非取得的第一个重大胜利，也是扭转战局的关键战役之一。在此之前，隆美尔的部队以风卷残云之势席卷了整个利比亚，大有迅速征服埃及之势。盟国许多政界人士大为震惊，他们反复端详地图，认为英军根本无法挡住隆美尔的攻势。不少悲观的人认为，如果让隆美尔征服了埃及，他势必会向东北推进，占领中东的大油田，再与苏联境内的德军会师于高加索。如果这个战略目的达到了，同盟国肯定会付出惨重的代价，第二次世界大战的结束之期也会推迟好几年。幸运的是，蒙哥马利的谨慎挡住了隆美尔的冒险。

在阿拉姆哈勒法岭之战中，德、意军阵亡570人，伤1800人，被俘570人，共计2940人；损失坦克50辆、卡车400辆，火炮50门。与此相比，英军的损失是微乎其微的。英军共伤亡1640人，损失坦克68辆、反坦克炮18门。从此之后，第八集团军便牢牢掌控了北非战场的主动权。

战役结束后，蒙哥马利写信给英国的友人说："我与隆美尔的初次交锋是饶有兴味的。我幸好还有时间收拾这个摊子，进行筹划，因而毫无困难地把他解决了。我感到我在这场球赛中赢得了第一轮，这一轮是他发的球。下次该轮到我发球了，现在的比分是一比零。"

·第六章·

指挥部队横扫北非战场

一

制定"捷足"战役计划

阿拉姆哈勒法岭战役的胜利不但极大地振奋了第八集团军的士气，也坚定了盟军继续抵抗的信心。当时，盟军在挪威、法国、希腊和亚洲战场接连受挫，几乎没有打过什么胜仗。蒙哥马利在北非的胜利让盟国看到了胜利的希望。美国罗斯福总统立即派特使温德尔·威尔基前去视察阿拉曼前线。蒙哥马利亲自陪同威尔基到前方地区视察。他的脸上始终挂着骄傲的笑容——能向美国总统的特使展示德军大撤退的景象确实是一件让人自豪的事情！

但蒙哥马利并没有被胜利冲昏头脑。战斗刚结束，他便组织参谋总结了阿拉姆哈勒法岭战役的经验教训。9月10日，蒙哥马利根据参谋人员总结出来的经验和教训向整个集团军发布了训练指示，并且亲自监督各部队的训练情况。

为了进一步打击德军，蒙哥马利于9月14日制定了代号为"捷足"的阿拉曼战役计划。蒙哥马利计划从战线正面偏右的地方对疲惫不堪的非洲装甲兵团实施突击。利斯将军指挥的第三十军在北面主攻，在德军防线与地雷带之间打开两条通道。拉姆斯登将军指挥的第十军则利用这两条通道推进到德军补给线的两侧，伺机消灭隆美尔的装甲部队。

霍罗克斯将军的第十三军在战线的南端发动突击，与第七装甲师联合行动，把隆美尔的装甲部队吸引过来，以减轻第十军的压力。但第十三军，尤其是第七装甲师不得恋战，以保存实力，在突击完成后进行机动作战。

"捷足"计划刚出炉就遭到了第八集团军参谋们的强烈反对。他们纷纷向参谋长德·甘冈施加压力，希望能迫使蒙哥马利改变主意。但蒙哥马利一旦打定了主意，更改的可能性就微乎其微了。中东总司令亚历山大了解蒙哥马利，也看出了"捷足"计划的妙处。因此，他不但没有提出反对意见，而且给了蒙哥马利很大的支持。

由于苏联方面一直要求美、英在欧洲开辟"第二战场"，丘吉尔不得不一再催促英军早日在阿拉曼一线发动进攻。9月17日，亚历山大带着丘吉尔的电报来到第八集团军司令部，开门见山地对蒙哥马利说："首相要求你一定在9月发动进攻。"

蒙哥马利瞧了瞧亚历山大，回答说："我不能在9月进攻。若让我在10月进攻，我一定会打胜仗！"

亚历山大想反驳，但蒙哥马利没等他开口就将其顶了回去。蒙哥马利说："在我到达时，我曾对第八集团军的官兵许了愿，在没有作好准备之前我不会发动进攻。"

亚历山大问："什么时候发动攻势比较合适？"

蒙哥马利解释说："从目前情况看，要到10月才能准备就绪。月圆期是10月24日，我认为应在10月23日夜间发动进攻。"

亚历山大点了点头，转身离开了第八集团军司令部。亚历山大把蒙哥马利的意见告诉了丘吉尔。丘吉尔顿时大发雷霆，在电报中措辞严厉地说："进攻必须在9月发起，以配合俄国人发动的攻势和盟军于11月初在北非海岸西端的登陆（'火炬'计划）。"

亚历山大拿着首相的电报，无力地坐在了椅子上。他知道，蒙哥马利的主张才是符合当前战局的。如果为了配合苏联红军的攻势和"火炬"计划而提前发动攻势的话，第八集团军很可能会因为准备不足而败北。因此，他选择继续支持蒙哥马利！他把自己的想法通过电话告诉了蒙哥马利。

蒙哥马利对此深表感谢。他说："我认为在9月动手简直是发疯！假如首相真的命令我在9月行动的话，那么就让他叫别人来干好了。"

亚历山大笑了。他知道，蒙哥马利是在威胁丘吉尔。阿拉姆哈勒法岭一战让蒙哥马利在英国声名鹊起，如果丘吉尔派人前来接管第八集团

沙漠跳鼠 shamotiaoshu 蒙哥马利 menggemali

军的话必定会遭到舆论的反对。聪明的亚历山大便按照蒙哥马利的想法答复了丘吉尔。丘吉尔无可奈何，只好同意了蒙哥马利的战役计划。

在蒙哥马利制定"捷足"计划之时，隆美尔却在等待着到德国去休养。他的身体状况越来越差了。医生在诊断报告中说："隆美尔元帅正在忍受着低血压的折磨，随时有晕倒的可能性。这种情况是由于长期的胃病和肠功能紊乱造成的。最近几星期体力和脑力的过度疲劳，尤其是不利气候的影响，致使他的病情更加严重了。"在诊断报告的最后，医生建议隆美尔回德国休养一段时间。

隆美尔把医生的诊断结果发给了德军最高统帅部，并向最高统帅部总司令凯特尔元帅提出申请，让坦克战专家古德里安来接替他的职务。古德里安在莫斯科战役结束之后被希特勒解除了第二装甲集团军总司令之职，转为了预备役。凯特尔在给隆美尔的回电中说，他无法让古德里安前往北非，担任非洲装甲集团军总司令之职。

9月19日，格奥尔格·施登姆将军奉命赶到了北非，接任了非洲装甲集团军总司令之职。冯·托马将军则接任非洲军军长之职，协助施登姆将军展开工作。施登姆将军是一位脾性温和的坦克专家。隆美尔向他详尽地介绍了战场上的情况。隆美尔估计，蒙哥马利很可能会命令英军从德军阵地的正面插入。所以，他设计了一个十分精巧的防御系统。

防御系统的主体是绵亘的地雷带。德军在阵地前沿埋下了249849颗反坦克地

北非战役时的蒙哥马利元帅

雷和14509颗杀伤地雷，再加上被德军占领的阿拉曼防线南端原由英军布的地雷，共有445000多颗地雷。地雷带的前沿由德军战斗前哨部队守卫。地雷带后面约2000米处是步兵防御阵地，再往后则是布局巧妙的大型反坦克炮。阵地的最后方是作为机动后备力量的装甲部队和摩托化步兵师。

9月23日，隆美尔正式交出了指挥权，离开了阿拉曼。对在阿拉姆哈勒法岭的失败，隆美尔十分不甘。他打算伺机反扑，给英国人一点颜色瞧瞧。他在动身回国之前，强烈要求施登姆将军做好反攻的准备。他信誓旦旦地向施登姆保证道："一旦战斗开始，我将放弃治疗，返回非洲。"

得到隆美尔离开北非的消息，蒙哥马利异常高兴，但也有些失落。高兴的是，隆美尔的离开可以让他更加从容地准备战役计划，并给德军造成更大的伤亡。失落的是，他失去了一个旗鼓相当的对手。

9月下旬之后，蒙哥马利加强了对第八集团军所属各部队的训练。鉴于德军防御工事的性质，蒙哥马利着重训练了一批专门负责扫雷的工兵。为了减少工兵的伤亡，蒙哥马利还命令士兵制造了大量新式扫雷工具，其中包括新式地雷探测器和20多辆由"马蒂尔达"式坦克改装的扫雷车。后来的事实证明，这些新装备不但有效地提高了扫雷的速度，也大大降低了工兵的伤亡。

鉴于形势的变化，蒙哥马利放弃了第一个"捷足"计划，又制定了一个代号同样为"捷足"的新战役计划。他打算先放过非洲集团军的装甲部队，让坦克屏护队向前推进，堵住敌地雷场通道的西部出口，有条不紊地消灭其防区内的步兵。蒙哥马利判断，施登姆将军不可能不顾步兵的死活。他定然会命令装甲部队实施反突击。如此一来，他们便会撞上第八集团军严阵以待的装甲部队。

这一计划的关键是及早组织坦克屏护队。为此，蒙哥马利在地雷场的通道清扫完毕之前，就命令第十军的各装甲师紧跟着第三十军的先头步兵师进入了通道。此外，他还命令，假如在总攻击日后一天，即10月24日，通道之敌尚未完全肃清时，各装甲师必须自行扫清道路，进入开阔地带。

　　拉姆斯登和他的师长们认为，按这个计划打，步兵很可能受阻，而坦克如执行命令在地雷场上打出一条通路则可能带来灾难。于是，他的3个师长向第三十军军长利斯将军报告说，他们都对坦克执行任务的能力缺乏信心。利斯把这报告给了蒙哥马利。蒙哥马利没有理会他，依然坚决要求各装甲师严格执行命令。后来事实证明，他的做法是正确的。

　　为了使敌人摸不清第八集团军发动进攻的时间和地点，达到进攻的突然性，蒙哥马利在进行战役准备的同时还实施了一场代号为"伯特伦"的欺骗计划。在战线的北端，他命令部队设置了大量的假卡车、假大炮，以迷惑德、意部队的侦察部队，让他们以为英军将在这里采取防御的态势。直到进攻发起前一夜，蒙哥马利才让士兵把这些道具撤了下来，换上了真家伙。在战线的南端，蒙哥马利则有意识地制造出了准备进攻的假象。他命令士兵在这里设置了大量的假油泵房、假输油管道等，以使德、意军队相信他们将在这里发动主攻。蒙哥马利的这些战术欺骗对英军取得阿拉曼战役的胜利起到了十分重要的作用。

二
如期打响了阿拉曼战役

阿拉姆哈勒法岭战役结束之后的一个多月里，双方都补充了大量的兵力，双方的力量均有所加强。不过，英军占有显著的优势。英军拥有8个步兵师和4个装甲师，共19.5万人；装备有1229辆坦克，其中500多辆是美制格兰特式和更新更高级的谢尔曼式坦克。德、意也有8个步兵师和4个装甲师，但各部队的人员缺额都很大，总兵力只有8.2万人，其中还有上万根本无法参加战斗的伤员和病号。非洲装甲集团军装备有550辆坦克，但其中有320辆是落后的意大利坦克。

除此之外，英军在海、空军方面也占有绝对优势。德、意方面在非洲有350架作战飞机，而英军的作战飞机多达1500多架。与此同时，英国海军的潜艇还与占有绝对优势的空军协同，有效破坏着德、意军队的海上补给线。

因此，蒙哥马利对阿拉曼战役的胜利充满信心。10月19日和20日，他分别召集了第十三、第三十和第十军所有中校以上的军官，对他们进行了集中训话。在训话中，蒙哥马利透露了他的详细计划，并指导各级指挥官如何将局部战斗与总体计划配合起来。在最后，他警告军官们说："这一战将是一场艰苦而持久的战斗！我们绝不可以为有了良好的坦克和强大的炮兵支援，就能取得胜利。你们要谨记，敌人是不会投降的，激战就在前头。"

离战役开始的日期越来越近了。从表面上看，蒙哥马利和他的第八集团军并没有什么变化，依然十分平静。不过，在表面的平静下面却涌动着一股狂潮。10月23日一早，蒙哥马利便向全体军官发了一份私人信件。他在信件中说道："我们马上要进行的战役将是决定性的一仗。它将是整个战争的转折点。全世界都在注视着我们，关心这一战役的进展……我们每一个人，不论是军官还是士兵，都必须下定决心投入战斗，以战斗和杀敌的实际行动把战争进行到底，取得最后胜利……在未受重伤尚能作战的情况下，我决不允许任何人投降。"

上午，蒙哥马利举行了一场记者招待会。他向战地记者们发表了一通热情洋溢的演说，并一再重申，他对未来的战斗充满了必胜的信心。他的话刚落音，记者们便开始窃窃私语起来。很明显，他们不相信蒙哥马利能打败隆美尔和他一手调教出来的非洲装甲集团军。因为在过去的两年多里，隆美尔和他的部队已经让英军吃了太多苦头！

下午，蒙哥马利和参谋长德·甘冈一起漫步走进了集团军指挥所。第三十军和第十三军的军部也设在附近。为了能随时访问军长们和部队，蒙哥马利还特地调来一辆"格兰特"式坦克备用。

前方的士兵们全都做好了战斗准备。他们一句话也不说，或端着枪趴在战壕里，或静静地望着天空发呆。更多的人则把日记本摊开放在膝盖上，认真地写着家信。不少随军牧师在战壕里穿梭，为士兵们作战前的最后一次布道。天地间的一切都被一种神秘而不可知的气氛笼罩。

晚上，第三十军军长利斯将军来到了蒙哥马利的指挥所。参谋长甘冈为他们准备了简单的晚餐。利斯将军说："将军阁下，我想去炮兵阵地看看。"

蒙哥马利抬头望了一下他，反问道："你能看到些什么，又能做些什么？"

利斯将军疑惑地看了看蒙哥马利。蒙哥马利提高声音说："现在，你做任何事都不足以影响战局。你能做的事就是早点上床睡觉，明天早晨以整洁的仪容出现，增加部队的信心……"

晚饭过后，蒙哥马利看了一会儿书，就像往常一样早早地上床睡觉了。实际上，除了睡觉之外，他也确实无事可做。作战命令已经下发到各部队了，他能做的事情只有静候部队发动攻势的消息而已。

英军1000多门大炮向德、意炮兵阵地倾泻了数十万发炮弹。德军炮兵仓皇应战，但为时已晚。刹那间，地动山摇，沙尘满天，德军的阵地被炮弹爆炸产生的气浪掀了个底朝天。20分钟后，英军炮兵司令又命令调转炮口，向德军前沿阵地发起了炮击。炮兵根本不吝惜炮弹。在战役开始之前，蒙哥马利已经命令军需官准备了充足的弹药。在阿拉曼战役的12天里，英军的炮火从来没有停歇过。1000多门火炮共发射了100万发炮弹，平均每门发射炮弹102发。德、意部队的弹药远远没有这么充足。英军炮兵的轰击开始20分钟后，德军还击的炮火便渐渐停歇了。难怪隆美尔在评述阿拉曼战役时说："这一仗在射击开始之前，就由军需官们打了，并且决定了胜负。"

随着炮火准备，第三十军和第十三军的进攻也随之开始了。数千盏探照灯和轻高射炮发射的数千发照明弹把整个前沿阵地照得如同白昼。英军士兵们一声怒吼，跳出战壕，冲进了令人窒息的烟幕中。

接替隆美尔担任非洲装甲集团军总司令的施登姆将军慌忙组织兵力防御。他根本没有想到英军会突然发起攻击。他在白天发给德军最高统帅部的电报中还说："一切平安！"

战斗进行得十分惨烈！英军凭借着强大的火力优势，紧紧相逼，不给德、意军队任何喘息之机。第三十军的4个步兵师在一个宽约10公里的正面上向3个主要目标猛冲过去。第十三军也在北端猛烈射击，以吸引德军的火力。由于德军的抵抗十分顽强，蒙哥马利原定的目标没能实现。部队向前推进的速度稍稍落后于既定计划。各部队均遭到了不同程度的伤亡，在地雷场开辟通道的步兵伤亡尤其大。

24日上午，第八集团军各部队依然在奋力苦战。蒙哥马利不断催促各部队加强攻势，务必要打通通过地雷场的通道，让装甲部队顺利通过，前去堵截德、意步兵。

英军的进攻虽然不甚顺利，但依然重创了非洲装甲集团军。上午，惊慌失措的施登姆将军驱车到前线去视察。路上，他遇到了英军猛烈的炮击。密集的炮弹在他汽车附近接二连三地爆炸了。惊慌失措的施登姆将军从车子里摔了出来，趴在地上再也起不来了。这位高个子将军竟然因为爆炸吓得心脏病突发而一命呜呼了。非洲装甲集团军一下子陷入了

沙漠跳鼠 ·shamotiaoshu· 蒙哥马利 ·menggemali·

群龙无首的尴尬境地。

不过，蒙哥马利并不知道他的炮兵吓死了非洲装甲集团军总司令。当天中午，他召开了一次紧急军事会议，严令盖特豪斯将军指挥的第十装甲师必须在第三十军全部炮兵的支援下，于当天晚上通过地雷带，进入开阔地带，以便为新西兰师的进攻提供保护。

蒙哥马利在北非战场

黄昏时分，蒙哥马利又给第十军军长拉姆斯登打了一个电话。他一再强调，无论付出多大的代价，一定要让第十装甲师进入预定地点。装甲部队的进攻不利让蒙哥马利十分不满，并由此开始迁怒拉姆斯登。实际上，他当初任命拉姆斯登为第十军军长本来就是迫于无奈。后来，他在《回忆录》中坦率地说："第十军军长在情况危急时没有魄力，也未当机立断；第十军的装甲师又普遍缺乏旺盛的进攻意志，可见这不是他们习惯打的仗。"

英国空军的表现倒是让蒙哥马利十分满意。在10月24日当天，空军出动了1000多架次飞机，给敌人造成了严重的破坏，有利地支援了第八集团军的战术行动。德军第十五装甲师和意大利第二十军的里雅斯特师等几个装甲部队均遭到了毁灭性的打击。

三

引起高层恐慌的"增压"计划

在阿拉曼战役进行得最激烈之时，蒙哥马利依然严格遵守着作息习惯。在10月24日的夜幕降临之时，他又早早地上床睡觉去了。凌晨3点30分，参谋长甘冈走进了他的卧室，把他叫醒了。蒙哥马利睁开眼睛，问道："出了什么状况？"

甘冈回答说："将军阁下，我们必须马上召开一次军事会议，讨论第三十军与第十军的协同问题。"

蒙哥马利急忙披衣起身，向地图室走去。他很快就弄明白了事情的来龙去脉。原来，第三十军按照蒙哥马利的命令为第十装甲师实施炮火准备之后，第十装甲师并没有如期发动进攻。第三十军军长利斯将军询问拉姆斯登发生了什么事情，拉姆斯登回答说："第十装甲师还没有准备好。"

拉姆斯登对这次行动的可行性持怀疑态度。他认为，因为山脊上地雷场的纵深比预计的要大，德军的炮轰较为猛烈，但英军的掩护炮火却无法覆盖整个地雷场。为了避免较大的伤亡，拉姆斯登认为应当把装甲部队分散开来。他手下的几名师级和旅级指挥官均持同一意见，第八装甲旅旅长甚至建议取消这次行动，把装甲部队撤回去。于是，拉姆斯登便把这个建议上报给了集团军参谋长德·甘冈。

甘冈听了大怒，立即命令利斯和拉姆斯登到集团军司令部参加紧急军事会议。蒙哥马利认为，任何迟疑或动摇都可能让整场战役毁之一旦。因此，他怒斥第十军的行为为"危机中的真正危机"，并要求拉姆斯登不折不扣地执行他的命令，决不允许装甲部队向后撤退。见拉姆斯登还有所迟疑，蒙哥马利厉声道："如果你，或第十装甲师师长盖特豪斯不赞成继续推进的话，我会找别人来代替你们的。"

拉姆斯登无奈，只好命令盖特豪斯将军继续向前推进。此时，第十装甲师第八装甲旅旅长卡斯坦斯准将已经率领两个坦克团成功地通过地雷场，并越过了山脊。第三个坦克团也正沿着第三十军撕开的通道跟了上去。

10月25日早晨7点，第八装甲旅的3个坦克团又退到了山脊下。因为，他们完全处于开阔地带，很容易被德军的反坦克炮逐个消灭。在第八装甲旅左翼的第九装甲旅和新西兰师的装甲部队由此陷入了困境。

8点，第十军的装甲部队终于全部出动了。在拉姆斯登的指挥下，第十军在开阔地带站稳了脚跟。尽管第十军付出了极其惨重的代价，但他们终于粉碎了敌人企图摧毁英军突出部的企图。德军阵地地雷场西部的通道也被英军的坦克屏蔽队挡住了。

蒙哥马利抓住这一有利战机，立即将所有的步兵部队都投入到了战场，对德、意部队实施"粉碎性"打击。战场上人头攒动，到处都是喊杀声。战场上空的飞机呼啸着投下一枚枚炸弹，两军的炮兵也尽其所能地向对方的阵地倾泻着炮弹。整个战场都被滚滚的沙尘遮住了。

新西兰师与德军的战斗异常激烈，损失也十分惨重。接到新西兰师师长的汇报后，蒙哥马利心急如焚。他立即决定让新西兰师掉头向北，与澳大利亚师协同粉碎北部战线之敌。新西兰师接到命令后立即行动，逐渐摆脱了与他们纠缠在一起的德军步兵，开始向北推进。南线战场由此出现了被动的局面。第十三军未能突破德军的地雷场，被迫转入了守势。

25日夜至26日黎明，澳大利亚师发动了一次猛烈的攻势，并取得了成功。不过，其他部队依然没有取得什么进展。整个第八集团军的进攻势头逐渐减弱了。蒙哥马利也离开了战场，回前线指挥所睡觉去了。蒙哥马利的这一作息习惯在一定程度上影响了第八集团军进攻的效果，让德、意部队趁势增强了反攻的势头。

从战役发起之时到26日拂晓这段时间里，第八集团军的攻势虽然取得了一定的成绩,但远远没有达到预定目标。更为严重的是,部队损失惨重。阵亡、受伤和失踪人数达到了 6140 人,被摧毁的坦克也达到了 300 辆。战斗陷入了僵局,要打破这一僵局必须改变战役策略。10 月 26 日早晨,蒙哥马利早早地从床上爬了起来。他走进地图室,目不转睛地盯着作战地图,苦苦思索着应对之策。

在蒙哥马利苦苦思索良策之时,战场对面的隆美尔早已焦头烂额。在蒙哥马利指挥部队发起"捷足"行动之时,他还在维也纳休养。直到 10 月 25 日深夜 11 点 25 分,他才赶到非洲装甲集团军的司令部,接管部队的指挥权。但英军在此时已经占领了德军阵地前沿的地雷场,要想扭转战局已经不大可能了。非洲装甲集团军被摧毁的坦克也已接近 200 辆,只剩下了 148 辆德国坦克和 221 辆性能极差的意大利坦克。更何况,非洲装甲集团军的修理设备和补给均不如英军便利。向托布鲁克港运输油料的船只几乎都被英国空军击沉了,非洲装甲集团军的油料供应已经出现了短缺的状况。隆美尔预感到,他已经无可避免地要输掉这场战役了。他在给希特勒的电报中绝望地说:"除非供应情况得到改善,否则我们将无可避免地输掉这场战役。"

由于兵力和补给的限制,隆美尔对战局已经束手无策了!不过,第八集团军的兵员相对充足,补给也正源源不断地运往前线。蒙哥马利认为,在这种情况下,暂时稳定战局,待部队得到休整之后再一举粉碎德、意主力要比一味猛攻好得多!拿定主意之后,蒙哥马利在 26 日中午果断地制定了代号为"增压"的战役计划。计划的第一步是:澳大利亚师继续向北推进,其他各部队均固守既得阵地,原地休整。他将借休整之机通过重新部署部队来建立一支强大的预备队,以实施猛烈的最后打击。

当晚,蒙哥马利在作战会议上又一进步完善了"增压"计划。他把尚未参加过激烈战斗的南非师和印度第四师从翼侧调到了北端战线,从而让损失惨重的新西兰师顺利撤到休整地域。然后,他向第七装甲师发出了预先号令,让其作好准备向北开进。在此期间,第十装甲师则应继续努力作战,以取得新的战果。

10 月 26 日夜至 27 日黎明,当其他部队都在休整之际,第十装甲师

沙漠跳鼠 蒙哥马利

丘吉尔与蒙哥马利等人研究北非战役方案

向德军的防御阵地发起了猛烈的攻击。经过一夜的战斗,第十装甲师并没有攻占德军装甲部队的防御阵地,但却再次重创了非洲装甲集团军。随后,第十装甲师停止了进攻。整个阿拉曼战场也随之出现了短暂的宁静。

10月28日,蒙哥马利已经把他的新计划准备停当了。早上8点,他命令第三十军和第十军在腰形山脊地区的部队转入防御,以便将第一装甲师撤出战斗,重新编组。中午时分,他又命令新西兰师师长弗莱伯格将军,经过休整的新西兰师必须在澳大利亚师所取得的战果的基础之上,继续向海岸推进。这项任务不是让新西兰师单独完成,蒙哥马利还命令几个步兵旅和第九装甲旅协同该师完成这一任务。与此同时,一直没有参战的第七装甲师也得到了向北进攻的任务。蒙哥马利命令第七装甲师带上第四十四师的第一三三步兵旅,将第四轻装甲旅留下来,以便他建立一支强大的预备队。

当天夜里,澳大利亚师按照蒙哥马利的部署采取了第一个步骤,向德军阵地突出部发起了猛攻。进攻进行得很顺利，澳大利亚师很快便插到了德军突出部的中间地段。但英国的政要们却不明白蒙哥马利的计划。部队的休整让他们误认为蒙哥马利怯战了，正在逐步撤退。

10月29日上午，丘吉尔质问总参谋长布鲁克："我的蒙蒂在干什么呀，是不是让战斗停下？近三天来，他什么事也没有干成，现在却要从前线撤走他的部队。如果他打算使一场战役半途而废的话，为什么他要告诉我们，他能在7天内突破敌人的防线呢？"

布鲁克不得不召开了参谋长委员会会议，向丘吉尔及其他内阁成员解释蒙哥马利的战役计划。但丘吉尔等人依然不能理解"增压"行动。直到会议快结束之时，丘吉尔等人才勉强接受了"增压"行动。实际上，布鲁克本人对蒙哥马利的计划也没有多大的信心。回到办公室之后，他一个人在房间里踱来踱去，苦苦思虑着。一种绝望的孤独感迅速涌上了他的心头。他不知道蒙哥马利的葫芦里到底卖的什么药。

在布鲁克为蒙哥马利辩解之时，驻开罗的国防部长亚历山大·凯西和中东英军参谋长麦克里少将来到了第八集团军指挥所。两位上司同时到来让蒙哥马利感到惴惴不安。他明白，丘吉尔等战时内阁成员肯定对他的计划产生了疑虑。凯西对蒙哥马利的行动也不大理解，他一到指挥所便问："要不要发一封电报给首相，让他在思想上对挫折有所准备。"

蒙哥马利看了他一眼，回答道："如果你发那样的电报，那你一定会被撵出政治舞台！"

凯西摊开双手，坦诚地说："那好吧！请你解释一下目前的局势。"

蒙哥马利马上站了起来，走到地图前，开始解释"增压"计划。随着解释的深入，凯西和麦克里少将的脸色逐渐好转，最后终于露出了满意的微笑。麦克里赶到中东司令部之后立即向亚历山大汇报了蒙哥马利的计划。随后，亚历山大便联合凯西，给丘吉尔发了一封电报，让他放心。

四

打垮了德、意部队的士气

先后得到了总参谋长布鲁克和中东总司令亚历山大等人的保证，丘吉尔终于对蒙哥马利的计划放了心。蒙哥马利也终于可以松一口气了。中午时分，蒙哥马利正在研究作战地图，英国空军总司令特德将军突然闯了进来。

蒙哥马利和他热情地打了招呼。特德对蒙哥马利说，他对当前的局势感到十分忧虑。如果既定的进攻发动得太迟的话，空军将无法夺取机场来救援正处于危机之中的马耳他海空基地。蒙哥马利让特德看了"增压"计划，并让他放心。但特德说："这个计划还不够大胆，还有许多值得商榷的地方。"

蒙哥马利回答说："这是一次猛烈的较量。"

特德只好耸耸肩膀说："好吧，这是你们的战役。"

随后，蒙哥马利邀请特德同他一起吃午餐。席间，第八集团军参谋长甘冈走近了蒙哥马利，递给他一份文件。蒙哥马利看了一眼，突然抬头对特德说："有一些关于隆美尔部署的新情报，这意味着一个变化。"

特德饶有兴趣地听蒙哥马利分析起来。原来，澳大利亚师向北推进的过程中发现，跟他们交战的居然是德军第九十轻装师一部。第九十轻装师是非洲装甲集团军的3个德国师之一，也是最精锐的部队之一。这说明，隆美尔已经把全部精锐部队都投入了北面作战地段，企图堵住英军沿海岸向西发动的攻势。蒙哥马利还判断，隆美尔的手中可能已经没有德军预备队了。实际上，隆美尔刚返回阿拉曼前线就把德军的精锐部队全都投入到了战线北端，连原本在南端的第二十一装甲师也被隆美尔调往了北端。非洲装甲集团军的南端只剩下了战斗力奇差的意大利部队。

在战役开始之前,蒙哥马利的情报处长威廉斯就向他指出,德国部队和意大利部队是交错地配置在一起的,如果能把它们分隔开,强行突破完全由意大利部队构成的正面就是轻而易举的事情了。现在,威廉斯所说的情况已经出现了。蒙哥马利说完,特德不禁微笑了起来。

蒙哥马利立即放下手中的刀叉,向部队下达了新的作战命令,把"增压"作战的出击线向南移动一些,以使新西兰师能够进攻德意部队的接合部。随后,他又向澳大利亚师发了一份新的作战命令,令该师在30日夜间至31日黎明前,以相当大的力量向海边发动第三次攻击,以迷惑隆美尔。等到30日夜间,"增压"作战的矛头应对准德、意部队的接合部,主要打击意大利部队。

澳大利亚师打得很出色。虽然遭到顽强抵抗,进展困难,该师未能推进到海边,但却夺取了公路和铁路沿线的许多阵地,俘获了500名德军,并挡住了隆美尔发动的多次反攻。至此,"增压"计划的准备工作已全部就绪。

就在此时,新西兰师师长弗莱伯格突然报告说:"步兵已经相当疲乏,并且需要对当面德军的阵地继续侦察。"

蒙哥马利是个谨慎的人,他不愿意冒一丁点儿风险。于是,他将发起总攻的时间推迟到了11月2日1点5分,以便新西兰师和划给弗莱伯格指挥的第一五一、第一五二步兵旅、第九装甲旅做好充分的战役准备。

11月1日这天,阿拉曼前线出现了令人窒息的平静。隆美尔抓住这个时机命令部队悄悄向新防线撤退。新防线在阿拉曼以西100公里的富卡。隆美尔计划首先将非机动部队撤到了富卡防线以西的马特鲁地区,机动部队殿后。隆美尔并没有将这一撤退计划上报给德、意两军的最高统帅部。

但他还没来得及行动,蒙哥马利的"增压"行动就开始了。200门大炮同时向德、意部队的接合部持续炮击3个小时,成群的重型轰炸机也潮水般涌向该地区,向目标倾泻了大量的炸弹。随后,新西兰师、第一五一、一五二步兵旅和第九装甲旅先后向预定目标发起了攻击。新西兰师、第一五一和一五二步兵旅的进展十分顺利，很快就攻占了既定目标。但第九装甲旅却再一次遭受了严重的打击。第九装甲旅的进攻目标是拉赫曼铁路线至泰勒阿卡基尔一带。德军在那里构筑了坚固的防坦克壕和工事。

弗莱伯格在进攻前召开的一次会上说："我们全都明白，用坦克去攻击一堵由火炮构成的墙壁，听起来真像是天方夜谭。这应当是步兵干的事，但我们再没有多余的步兵可供调遣，只好由装甲兵来干。"

第九装甲旅指挥官约翰·柯里说，他的旅这样打可能遭受50%的损失。

弗莱伯格回答说："损失可能比这要大得多。集团军司令说，他准备接受100%的损失。"

虽然柯里已经做好了接受重大损失的准备，但实际情况远比他想象得要糟糕。该旅新补充的坦克效能很差，向前开进时卷起的沙尘完全挡住了坦克手的视线。该旅94辆可用的坦克只能凭着坦克手的感觉向前推进。结果，一个分队在出发不到十分钟就迷失了方向，不得不掉过头来再往前赶。柯里请求弗莱伯格允许他将进攻时间推迟30分钟，以便重整队形。弗莱伯格答应了。

虽然柯里的要求和做法都是合乎情理的，但却带来了严重的后果，因为它使敌人赢得了30分钟的时间。等第九装甲旅冲向德军坚固的阵地时，德军的反坦克炮和坦克已经做好了一切战斗准备。一战下来，第九装甲旅94辆坦克中有74辆被击毁或击伤，伤亡官兵230人，而拉赫曼铁路线上的德军火炮防线仍未突破。

不过，第九装甲旅这种自杀性的进攻也收到了很大的成效。该旅摧毁了德军防线上的35门大炮、54辆坦克（被完全击毁的有14辆）。而且该旅幸存的坦克还坚持战斗了一段时间，有力地配合了步兵和其他装甲部队的行动。

第八集团军各部队苦战了一天，依然未能完成蒙哥马利制定的目标。不过，隆美尔在此时已经走到了穷途末路。他的第十五和第二十一装甲师减员达80%左右，已由9000多人锐减到2000人，坦克也由10月29

北非战场：英美联军总司令蒙哥马利

日的 90 辆锐减到 30 辆。意军的薄皮坦克更是损失惨重，几乎一辆也没有剩下。

非洲军新任军长冯·托马将军向他汇报说："战线只能勉强维持下来。如果英国人继续发动进攻的话，我们的防线将不可避免地被突破。"

战局的迅速恶化让曾经不可一世的隆美尔产生了悲观情绪。他向德军最高统帅部发了一封闪烁其辞的电报，声称：德军虽然暂时顽强地挡住了英军的进攻，但蒙哥马利正在组织更大规模的攻势。很显然，隆美尔在向最高统帅部暗示，他要下令全线撤军了。

11月2日晚，非洲军军长冯·托马将军打电话向隆美尔汇报了战况。冯·托马将军情绪低落地说："坦克只剩下了30辆，后备队也已全部出动了。"

隆美尔当即命令道："我的计划是要全军边打边撤，退到西线。步兵今天夜里开始行动。非洲军的任务是坚守到明天早晨，然后撤出战斗。但要尽量牵制住敌军，给步兵争取撤退的时间。"

冯·托马将军按照隆美尔的吩咐，将命令一级一级地传达了下去。截至晚上9点5分，非洲装甲集团军的所有部队都接到了这项命令。步兵部队开始率先向西撤退了。至此，蒙哥马利的"增压"计划已经在事实上取得了胜利。因为无论隆美尔，还是他属下的指挥官都已经出现了悲观情绪。他们在士气上已经败给了蒙哥马利。

五

阿拉曼战役的伟大胜利

如果隆美尔向富卡防线撤退的意图得以实现的话，蒙哥马利就必须提前结束他"精心布置的战役"，组织兵力，追击德、意溃军。但希特勒帮了蒙哥马利一个大忙，让隆美尔把正在撤退的步兵都掉头向东，与英军再次纠缠在了一起。11月2日晚，情绪极度悲观的隆美尔给德军最高统帅部发了一封电报。他在电报的最后一行写道："11月2日至3日夜间，步兵部队已经撤出了阵地。"

由于德军最高统帅部值班少校的疏忽，这封电报直到11月3日早上才被送到希特勒的手中。看完电报，希特勒人发雷霆，立即给隆美尔口授了一封电报。他在电报中说："我，你们的元首，和全体德国人民，怀着对你的领导能力和在你指挥下的德、意部队的英勇精神的坚定信念，注视着你们在埃及进行的英勇防御战。鉴于你现在所处的形势，毋庸置疑，只有坚守阵地，绝不能后退一步。你必须把每一条步枪和每一名士兵都投入战斗！除此之外，你别无出路。大批空援将在未来几天里到达南线总司令凯塞林那里。领袖（指墨索里尼）和意军最高统帅部必将竭尽全力积极增援，以保证你能继续战斗。敌人虽占有优势，但已是强弩之末。意志的力量是能够战胜强大的敌人，这在历史上已屡见不鲜。你可向你的部下指明，不胜利，毋宁死，别无其他道路。"

接到希特勒这份措辞严厉的电报，隆美尔异常气愤，这简直就是一道要部队去送死的荒唐命令！非洲装甲集团军作战处长威斯特法尔上校就将这份命令称为"非洲装甲集团军的死亡许可证"！无论如何，隆美尔是一个军人，军人的天职乃是服从命令。他把希特勒的电报转发给了非洲军军长冯·托马将军。

冯·托马愤怒地声称，他不可能"决不后退一步"。因为，第八集团军的装甲部队已突入德军的南端防线。夜间，第八集团军的印度师和高地师又实施了两次猛烈的冲击，并于次日凌晨突破了德、意军队的阵地。紧接着，成百上千辆坦克和装甲车通过突破口，进入开阔地带，向西面和北面猛冲而去。

尽管隆美尔命令部队坚守每一寸土地，但非洲装甲集团军已开始溃退。在保命与执行命令之间，大部分士兵都选择了保命。后来，隆美尔悲哀地写道："我们曾竭尽全力加以避免的事情终于出现了：我们的战线崩溃了，全部摩托化的敌军已经拥进了我们的后方。上级长官的命令再也不能算数了。我们必须挽救还可以挽救的东西。"

11月4日上午9点15分，蒙哥马利发布文告说："目前的战役已持续了12天，在此期间全体官兵英勇作战，使敌人遭到了重大损失。现在敌人的防线已经开始崩溃，他们正企图撤退。皇家空军正在袭击沿主要的海岸公路向西撤退的敌军部队。敌人已在我们的控制之下，崩溃在即。我号召全体官兵继续对敌施加压力，不得有片刻松懈。我们有可能擒获敌人整个装甲集团军！我们一定要做到这一点。我为已经取得的成就向全体官兵表示祝贺。彻底胜利已经在望。我已代表你们向皇家空军发去一份贺电，感谢他们对我们的巨大支持。"

隆美尔把这一情况向德军南线总司令凯塞林元帅作了汇报。凯塞林劝隆美尔立即给希特勒发报，告诉他，非洲装甲集团军已经"不可能守住防线了，在非洲立足的唯一机会完全系于此次撤退战。"凯塞林甚至帮隆美尔拟好了电报。实际上，隆美尔正盼望着希特勒撤销命令呢！他把电报发出去之后，便焦急地等待着回音。

英军仍在步步紧逼，非洲装甲集团军，尤其是意大利步兵师已经开始出现大规模的溃逃现象了。隆美尔命令意大利的指挥官强迫部队调头，继续战斗。非洲军军长冯·托马将军谴责希特勒的坚守命令是"发疯"。他挂上自己所有的勋章，乘坦克到战斗最激烈的地方去了。

非洲军参谋长拜尔莱因看到瘦削的冯·托马将军在战斗最激烈的时候钻出了坦克，伫立在一辆燃烧的坦克旁。几名英国步兵冲了上去，冯·托马将军高举手中一个帆布包，投降了。很显然，冯·托马将军已经彻底失去了抵抗意志，是有意向英国人投降的。当拜尔莱因向隆美尔报告这一消息之时，隆美尔气得半天说不出话来。隆美尔认识到，他的战线已无可挽回地崩溃了，于是只好不顾希特勒的命令，于下午3点30分发出了全面撤退的命令。

晚上，蒙哥马利命令部下将被俘非洲军军长冯·托马将军请到他的指挥部。他像一个真正的绅士一样接待了自己的俘虏。两人面对面地坐在餐桌边上，一边吃着丰盛的晚餐，一边谈论着9月间的战斗和当时正在进行的战事。实际上，蒙哥马利平时的晚餐十分简单，那晚为了向冯·托马显示英军充足的补给，才特意准备一顿丰盛的晚餐。

晚餐刚一结束，蒙哥马利便令人收拾餐桌，然后拿出一幅埃及沙漠地图，摊在桌上。他指着地图对冯·托马说："我的部队今晚将接近富卡，你有何想法？说说看，如果你仍在指挥部队的话，将如何应对，冯·托马？"

冯·托马瞅着地图，面无表情地说："非常严重，确实非常严重。"

实际上，第八集团军向西推进的距离连那一半都还不到。谨慎的蒙哥马利担心中了隆美尔的埋伏，并没有命令部队在夜间追击。

11月5日上午，蒙哥马利命令拉姆斯登率领第十军担任先头部队开始向西追击；利斯将军第三十军则留在出击地带以西进行整编；霍罗克斯将军的第十三军负责打扫战场和收集遗落在战场上的战略物资。

蒙哥马利的谨慎让隆美尔获得了喘息之机。11月5日凌晨，隆美尔本人就到达了富卡防线，并在那里建立了司令部。上午，非洲装甲集团军的部队陆续赶到了富卡。隆美尔损失了大部分步兵和摩托化步兵，意军阿雷艾特装甲师和的里雅斯特装甲师已名存实亡，只有非洲军的第十五、第二十一装甲师，第九十轻装师和第一六四步兵师的部分部队得以逃脱了被全歼的恶运。

隆美尔原打算让装甲部队在富卡停留一段时间，以便为步兵赢得撤退的时间。由于他坚决执行了希特勒那道错误的固守命令,致使部队遭到了毁灭性的打击,非洲装甲集团军已经无力在富卡站稳脚跟了。隆美尔决定继续向西撤退,向更西方向的马特鲁港撤退。撤退途中,德军的装甲部队拥挤到了一堆,遭到了英国空军的猛烈轰炸。尽管英空军对德军造成的实际破坏远不如蒙哥马利预期的那么大,但其昼夜不停的空袭重挫了非洲装甲集团军的士气。

战局正朝着蒙哥马利预料的方向发展。新西兰师奋力向富卡防线冲去,第一和第七装甲师则绕过富卡,直接向马特鲁方向分进合击。眼看着就要追上正在溃退的非洲装甲集团军了,天空中却下起了暴雨。

沙漠中的暴雨来势十分凶猛,几分钟之内就将原本干旱的沙漠变成了一片泽国。坦克和卡车无法通行,蒙哥马利只好在11月7日命令各部队停止追击。这场大雨给隆美尔争取了24个小时的喘息时间。疾病缠身的隆美尔无暇休息,仅在马特鲁对部队进行了一番休整,便命令部队取道锡迪—白拉尼、哈勒法亚隘口,撤往利、埃边境。由于指挥得力,非洲装甲集团军的撤退行动并没有演变成大逃亡。长达50余公里的汽车长龙有序地通过了哈勒法亚隘口,退到了利、埃边境地区。

11月8日,蒙哥马利进入马特鲁港时,隆美尔已经离开了。第十装甲师师长盖特豪斯请求蒙哥马利允许第十装甲师向萨卢姆和托布鲁克推进。蒙哥马利思索了一阵,拒绝了盖特豪斯的请求。虽然隆美尔遭到了重创,但其仍可能作困兽之斗,创造另一个奇迹,把英军赶回去。在过去的两年多时间里,这样的事情已经发生过多次。蒙哥马利在日记中写道:"正像一位军官对我说的那样,'我们过去常到班加西度圣诞节,然后回埃及过新年。'我决心不让这种事情再发生。"

蒙哥马利太过谨慎了。此时的隆美尔根本没有能力向英军发起反攻了。整个非洲装甲集团军可以作战的德军已经不足4000人了,坦克仅余11辆坦克,野战炮和反坦克炮也少得可怜。盟军在法属北非的登陆也彻底粉碎了非洲装甲集团军发动反攻的可能性。11月8日,以美军将领艾森豪威尔为总司令的盟军在卡萨布兰卡、阿尔及尔和奥兰成功登陆了。维希法国的部队在进行了一阵象征性的抵抗之后,便缴械投降了。盟军在法属北非的成功登陆让非洲装甲集团军陷入了被东西夹击的危险之中，也使北非的局势空前复杂化了。盟军的成功登陆对蒙哥马利来说是一件喜事，也是他升迁的预兆。3天之后，陆军部便颁布了命令，将蒙哥马利的军衔升为了上将，同时授予他巴斯骑士勋章！

隆美尔敏锐地意识到，由于盟军的成功登陆，他的非洲装甲集团军已不可能再在北非建立一个稳固的战线了。他所能做的是，只有尽快撤出非洲，保存有生力量。尽管希特勒和墨索里尼都严令他在尽可能靠东的地方建立一条新战线，但在现实面前，隆美尔只得命令部队撤到了班加西，接连放弃了哈勒法亚隘口和托布鲁克要塞。隆美尔的撤退引起了意大利人的不安。他们开始担心隆美尔会连布雷加也放弃的。

11月12日，蒙哥马利指挥第八集团军把非洲装甲集团军所有的部队都赶出了埃及。他向第八集团军发布文告说："今天，11月12日，在埃及土地上，除了俘虏外，再也没有德国和意大利士兵了……我们击溃了德国和意大利军队，追击了约450公里，到达并越过了边界，把残敌逐出了埃及……但北非还有残敌。至于再往西，在利比亚，我们还大有可为，而我们的先头部队现在已准备在利比亚动手。我们此次到班加西及其更远的地方，将不再回来了。"

在丘吉尔和世界媒体记者的关注下，蒙哥马利指挥第八集团军一路高歌猛进，于11月20日占领了班加西。隆美尔的非洲装甲集团军则一路向西溃退，直到11月23日才在布雷加港和阿盖拉地区站稳脚跟。蒙哥马利用少量部队予以阻止，自己则停下来思考战场上出现的新局面。这是阿拉曼战役以来，蒙哥马利首次命令部队长时间地停止战斗。

至此，阿拉曼战役基本结束了。在一个月的时间里，蒙哥马利指挥部队突破了德军的阿拉曼防线，击溃了隆美尔部队，连续追击了1500公里。在阿拉曼战役中，尽管蒙哥马利缺乏明确的追击计划，没有抓住最佳追击时机，并且有时用兵过于谨慎，但他的指挥却是非常成功的，部队的伤亡也比预想的要小得多！

蒙哥马利和第八集团军在阿拉曼所取得的辉煌胜利，扭转了北非的战局，成为了第二次世界大战的一个重要转折点。英国首相丘吉尔曾说："阿拉曼战役之后，我们再没有打过一次败仗。"在英国人民欢庆阿拉曼大捷之时，蒙哥马利的名字就像是长了翅膀一样，很快便飞遍了世界。第八集团军司令蒙哥马利上将成了欧、美家喻户晓的英雄人物！

· 第七章 ·

"沙漠跳鼠"的辉煌胜利

一

在阿盖拉防线发动新攻势

到达阿盖拉新防线后,隆美尔立即对防线的地形进行了视察。阿盖拉防线长达185公里,比阿拉曼战线还要长几十公里。防线的背后是450公里长的大沙漠,前方是蒙哥马利强大的第八集团军。非洲装甲集团军一没有汽油,二没有机动部队可以抵挡英军的迂回包抄,在如此长的防线上建立稳固的防御几乎是不可能的。因此,隆美尔坚持继续撤退。

作为德、意联军的指挥官,隆美尔的行动并不自由。此时,德、意两军最高统帅部都已经加强了对北非战场的直接干预,隆美尔的行动受到了很大的限制。意大利最高统帅部强烈要求隆美尔接受意军北非战区最高指挥官巴斯蒂柯元帅的指挥。墨索里尼和希特勒更多地从政治层面来考虑北非的战局,而不是从军事层面来考虑的。他们认为非洲装甲集团军不能再后退了,布雷加港也不能再丢失了。意军最高统帅部想尽了一切理由来说服隆美尔和自己,非洲装甲集团军可以守住阿盖拉防线。

隆美尔不同意这些政治家和战略家的意见。在一次军事会议上,他质问南线总司令凯塞林、意军总参谋长卡瓦利诺和意军北非战区最高指挥官巴斯蒂柯说:"我军仅有35辆坦克和57门反坦克炮,而蒙哥马利手中却拥有420辆坦克和300辆装甲车。假如敌人在一两天里推进到这条战线,然后以强大的兵力迂回夹击的话,我该怎么办?"

凯塞林等4人无言以对,但他们依然认为必须执行希特勒和墨索里尼的命令,坚守阿盖拉防线。巴斯蒂柯甚至在11月26日给隆美尔发了一封电报,告诉他:墨索里尼希望非洲装甲集团军能向英军的先头部队发动有限的反攻。

隆美尔再也忍受不了了，他将巴斯蒂柯的电报扔在桌子上，摔门而出。两天之后，他带着怒气飞到了东普鲁士的德军大本营。焦头烂额的希特勒一见到隆美尔，便厉声喝问道："没有我的允许，你竟敢擅离职守！"

隆美尔感觉十分委屈。他向希特勒抱怨说，非洲装甲集团军根本无力守住阿盖拉防线。希特勒不耐烦地打断了他："你手头还有多少人？"

隆美尔回答说："大约六七万。"

希特勒瞟了他一眼，又问道："英军进攻时你有多少人？"

隆美尔回答说："82000余人。"

希特勒盯着隆美尔的眼睛，阴阳怪气地说："看起来，你并没有遭到什么损失嘛！"

隆美尔委屈地说："可我们的武器几乎都丧失了。成千上万的士兵甚至连支步枪都没有。非洲已无法固守，我们唯一能做的事就是尽量地撤出非洲。"

希特勒一把抓起桌子上的文件，重重地扔了下去。他已经完全被隆美尔激怒了。隆美尔惊呆了，他还从来没有见过元首如此失态。过了一会，希特勒突然冲着隆美尔咆哮道："假如我们丢掉了北非，意大利就会产生极其严重的反响。放弃的黎波里塔尼亚是绝对提不到议事日程上来的。"

隆美尔隐隐感觉到，希特勒根本不愿意接受目前的实际形势。他肯定知道北非已经守不住了，只是在感情上不能接受罢了。看来，希特勒根本没有把隆美尔和非洲装甲集团军数万官兵的性命放在心上。想到这里，隆美尔的心凉了半截。

离开德军大本营之前，希特勒命令隆美尔与帝国元帅戈林一同前往罗马会见墨索里尼，商讨应对北非战局的对策。隆美尔奉命与满身珠光宝气的戈林一同晋见了墨索里尼。经过讨价还价，双方终于在12月1日达成了妥协。墨索里尼决定，只有在蒙哥马利即将进攻布雷加的情况下，才允许隆美尔撤到的黎波里以东370公里的布厄艾特一线。

12月2日凌晨，隆美尔飞回了阿盖拉防线。疲惫不堪的隆美尔心情十分抑郁。一方面，他无法接受一路溃败的现实；另一方面，他又期待着蒙哥马利早点发起进攻，好让他可以名正言顺地领着弟兄们撤到布厄艾特防线。

在隆美尔被自己人整得焦头烂额之时，手握优势兵力和战略主动权的蒙哥马利过得也不轻松。第八集团军迫近德军的阿盖拉防线时，蒙哥马利发现官兵们有一种莫名其妙的焦虑感。经过询问，他才了解到，大家都担心隆美尔再把他们赶回埃及。因为他们在过去的两年中已经两度抵达该地，最后都因隆美尔作了准备，把部队潜出至开阔地带而将英军赶了回去。为了不影响士气，蒙哥马利决定一鼓作气地攻下阿盖拉。

当时，第三十军已接替第十军担任先头部队。蒙哥马利与第三十军军长利斯将军一起视察了阿盖拉的阵地后，决定于12月15日发动进攻。从表面上看，阿盖拉防线很难攻破。但蒙哥马利发现这一防线的南翼是隆美尔的致命弱点。那里虽然难以通行，但防守的兵力却十分薄弱。当然，隆美尔对此是十分清楚的。只不过，由于严重缺乏汽油，他无法调动机动部队向南翼开进去迎击英军。

蒙哥马利计划由弗莱伯格将军率领新西兰师迁回到敌人的南侧，奔赴马腊达北面的阵地，再从那里袭击隆美尔部队的后方。与此同时，高地师和第七装甲师则从阿盖拉正面发起进攻。定下总体方案之后，蒙哥马利便把制订具体攻击计划的任务交给了第三十军军长利斯将军，自己则飞到开罗度周末去了。自从阿拉曼战役以来，他已经很长时间没有见到亚历山大了。他想去看看亚历山大，顺道再购置一些冬季的衣服。

两天之后，蒙哥马利返回了第八集团军设在班加西以东的司令部。情报人员向他汇报说，从12月6日晚上起，非洲装甲集团军的非摩托化部队已经开始悄悄向后撤退了。蒙哥马利"嗖"地站起来，快步走到地图前。情况已经十分明了了，隆美尔要跑。蒙哥马利当即决定，提前发动攻势，趁德军不备之际消灭其主力。

12月11日，第五十一高地师开始向阿盖拉主阵地猛烈攻击。隆美尔立即意识到，英军的进攻开始了。为了保存实力，他已经不愿意与蒙哥马利正面接触了。他急忙把残余部队从阵地上撤了出来，向暂时还安全的埃尔穆格达的防坦克壕开去。德、意士兵都十分惊慌，他们深信"世界末日"到来了。

12月14日，第八集团军向阿盖拉防线发动了全面进攻。当时，一切都取决于新西兰师的进展情况。新西兰师的驻地距离英军前线较远，它受领的任务是从埃尔哈塞特进行一次300公里远的包围运动。按照既定计划，该师应于12月15日夜间到达迈拉代一线，在第四轻装甲旅的配合下，在阿盖拉防线的后方发动攻势。

由于一路突进，英军的战线已经拉长到了接近2000公里，物资补给也出现了一定的困难。第八集团军各部队均出现了不同程度的物资短缺，其中以油料短缺最为严重。新西兰师面临的主要问题便是油料短缺。尽管师长弗莱伯格将军命令部队昼夜兼程，但仍不得不时常停下来等运输队送来汽油。

12月15日傍晚，弗莱伯格将军终于把新西兰师的两个步兵旅调到了海岸公路区域。但遗憾的是，两个旅之间仍有约10公里的间隔。狡猾的隆美尔很快就利用这一缺口将包括坦克在内的小股军队撤出了战斗。等到新西兰师的两个旅彼此靠拢之时，非洲装甲集团军的步兵已经完全撤出了防线，只剩下机动性较强的装甲部队仍在顽强抵抗。经过一昼夜的战斗，隆美尔的装甲部队在付出了惨重的代价之后终于突出了英军的包围，向西撤去。在此战中，英军以轻微的代价，俘获敌军450名，大炮25门，坦克18辆。

二

率部攻陷的黎波里塔尼亚

阿盖拉之战结束后,蒙哥马利命令新西兰师开到了安全地带进行休整,由轻装甲部队追踪隆美尔的部队。与此同时,他也把第八集团军的前方作战指挥所移往靠近迈尔杜马机场的大理石拱门,紧靠第三十军司令部,以及时与利斯将军讨论战局。

第八集团军已经连续作战一个多月了,追击敌人近2000公里。英军已经深入的黎波里塔尼亚,隆美尔再也没有翻身的机会了。为了让部队做好最后进攻利比亚首都的黎波里的准备,蒙哥马利决定让第八集团军就地休息,过一个愉快的圣诞节。

尽管蒙哥马利自己对节日没有什么要求,但他依然命令各级指挥官尽其所能地为士兵们准备过节物资。沙漠里的天气已经变得十分寒冷,火鸡、葡萄干布丁、啤酒等物资严重匮乏,只有到埃及才能采购到。蒙哥马利便让参谋人员停下了手头的工作,到埃及去订购这些东西。圣诞节前夕,所有的东西都运到了。士兵们高兴极了!12月25日,蒙哥马利向第八集团军全体官兵发布了圣诞贺词,祝大家圣诞快乐。士兵们和国内的民众也纷纷给蒙哥马利写来了贺信,表达了他们的崇敬之情。蒙哥马利还特地挑选了一个士兵的信,一直珍藏着。

圣诞节之后,蒙哥马利的先头突击部队于12月29日逼近了隆美尔在布厄艾特设置的新防线。布厄艾特防线和阿盖拉防线一样,根本无法坚守。防线的南部地带很容易被英军的装甲部队突破,从而危及整个防线。更为严重的是,非洲装甲集团军几乎已经陷入了弹尽粮绝的境地。部队的重型装备几乎全部丢失了,一半以上的士兵手中仅持有步枪或机枪，而且子弹也严重不足。考虑到这些因素，隆美尔主张把部队继续撤往利比亚与突尼斯接壤的马里斯防线。

隆美尔的主张立即遭到了罗马方面的坚决反对。墨索里尼亲自给隆美尔发来电报，命令他说："我再次重申，抵抗到底！在布厄艾特防线的德、意装甲集团军的所有部队必须抵抗到底。"

意大利最高统帅部甚至越过了非洲装甲集团军司令部，直接向该集团军所属的意大利步兵部队下达了明确的命令，要求"在隆美尔统帅下的 3 万意大利步兵"必须抵抗到底。墨索里尼和意大利最高统帅部对战场的干预在一定程度上加深了非洲装甲集团军的危机，也进一步加深了隆美尔的悲观情绪。

尽管墨索里尼和意大利最高统帅部严令部队坚守布厄艾特一线，但非洲装甲集团军的意大利将领们却一致支持隆美尔的主张。他们认为，在当前的局势下将 45000 名非机械化的德、意步兵向更远的西部撤退尚不算晚。一旦错过了这次机会，整个装甲集团军很可能会陷入英军第八集团军的包围之中，被整个吃掉。隆美尔的一意孤行引起了意大利军政界高层的不安。意军总参谋长卡瓦利诺第一次谈到了把隆美尔调回国的设想，让非洲装甲集团军统归一名意大利将军指挥。

面对危局，隆美尔的病情加深了，精神也已经濒于崩溃的边缘了。他甚至悄悄萌生了投降之念。他甚至让露西给他寄一本英文词典，以备不时之需。12 月 21 日，隆美尔在给露西的密信中迫切地敦促她说："你怎么还没有把那部英文词典送来给我？"

罗马方面的意见正中蒙哥马利的下怀。蒙哥马利在他的《回忆录》中写道："我不要敌人撤退，我要敌人坚持在原地打。假如敌人这样做，他多半会被我消灭……当我袭击布厄艾特防线时，我的计划必须是：我军能长驱直入的黎波里，不能让敌人延迟或阻止我军行动。"

不过，蒙哥马利高兴得太早了！罗马方面很快就意识到了形势的严峻性。12 月 31 日，墨索里尼终于向隆美尔妥协了。他在给隆美尔的新命令中说："一旦装甲集团军在布厄艾特受到威胁，并面临毁灭的时刻，允许边打边撤，后退到的黎波里以东的霍姆斯山口。"

沙漠跳鼠 蒙哥马利

病中的蒙哥马利仍有乐观向上的精神

隆美尔抓住这一机会，将非摩托化的意大利步兵部队撤到了远在240公里外、离的黎波里较近的霍姆斯防线，只留下机动性较强的机械化部队防守布厄艾特防线。就在这时，隆美尔又获得了一个撤军的大好机会。1943年1月上旬，为了确保性命攸关的突尼斯，卡瓦利诺要求隆美尔向加贝斯隘道派回一个德国师，以消除美军的潜在威胁。得到这个消息，隆美尔十分兴奋，立即应允了。意大利最高统帅部命令他调遣第一六四步兵师前往突尼斯，但隆美尔却擅自决定，将非洲军的第二十一装甲师派到了那里。

隆美尔的撤退再次激起了蒙哥马利的斗志。他决定，无论如何要在非洲装甲集团军全部撤离布厄艾特防线之前发动攻势。在当前看来，突破布厄艾特防线最需要的是速度，而进军的黎波里则要有完善的后勤服务。从班加西港到的黎波里约1100公里，从布厄艾特到的黎波里约为370公里。如果没有充足的物资供应的话，英军的进攻将很难持久。于是，蒙哥马利便命令部队尽快备足供10天战斗用的汽油、弹药和其他物资。参谋长甘冈告诉他，必要的军需品的集结可望在1月14日前准备就绪。于是，蒙哥马利决定于1月15日凌晨发动攻势。

蒙哥马利计划由第三十军发动进攻，第五十和第五十一师沿海岸进攻；第七装甲师和新西兰师迂回隆美尔防御阵地开放的右翼侧，然后径直向的黎波里推进。为了加强攻势，蒙哥马利还把第一装甲师的坦克全部调到了前线，拨给各师使用。他命令部队通过10天的连续猛攻，拿下的黎波里，结束整个战役。

不幸的是，1943年1月4日，地中海狂风大作，严重地破坏了班加西港。拖船、驳船与码头均受损严重。港口的吞吐量立即从每天3000吨下降至1000吨。但狂风依然没有停止的迹象。到1月12日，班加西港的吞吐量已经减少到了每天400吨。这为蒙哥马利的进攻带来了巨大的困难。

中东总司令担心班加西港的破坏会影响第八集团军的物资供应，便建议蒙哥马利推迟行动日期。蒙哥马利回答说："现在需要的是速度！如果推迟进攻的话，敌人会溜光的。"

蒙哥马利命令不参加此次行动的第十军交出全部卡车，并让第十三军军长霍罗克斯将军负责从托布鲁克和班加西向前线运送作战物资。

1月15日，蒙哥马利指挥英军第八集团军对布厄艾特防线发动了强大的攻势。隆美尔早有防备，在总攻开始前及时地将部队撤出了阵地。撤退时，他命令第十五装甲师以部分坦克断后。第十五装甲师配合地雷场，成功地拖住了英军第八集团军两天的时间，并击毁了英军50辆坦克。利用这宝贵的时间，隆美尔将机械化部队撤到了霍姆斯防线，与步兵会合了。由于担心英军从侧翼迂回到的黎波里，隆美尔一到霍姆斯防线便命令意大利步兵撤回的黎波里。

霍姆斯是的黎波里前面的最后一道防线了。如果英军攻克这道防线，整个的黎波里便会落入英军之手。蒙哥马利已经看出了这一点，所以在攻克布厄艾特防线后，便命令部队全速推进到了霍姆斯防线的前沿。1月19日，英军朝霍姆斯防线发起了猛攻。经过4天的战斗，第八集团军的先头部队攻入了城区。

隆美尔立即命令非摩托化的意大利部队撤出的黎波里，并尽量转移堆在港口的物资。第二天晚上，他干脆把剩余的部队全部撤出了战斗，退到了突尼斯边境。利比亚的首都的黎波里，连同未能及时销毁或运走的成千吨军用物资一起落入了蒙哥马利的手中。的黎波里落入英军之手后，意大利便失去了他们在北非和东非的所有殖民地。1月23日中午，蒙哥马利在的黎波里接受了意大利副总督的投降书。第八集团军已经牢牢地控制了利比亚。

攻占的黎波里之后，蒙哥马利担心士兵会沉湎于大都市的物质生活而腐化变质，便禁止部队使用宅邸、大楼等作为指挥部和营房，所有人员必须像往常一样住在沙漠或田野里，以使部队保持坚韧不拔的战斗力。他不但要求士兵们这样做，他自己也是这样做的。在的黎波里停留的一个多月里，他始终住在指挥所的帐篷里，从来没有进城去享受过大城市的物质生活。

三

调兵遣将迎接新战役

非洲装甲集团军在撤离的黎波里之前进行了大量的破坏工作，港口的设施完全被破坏了，港湾口也被爆炸产生的废墟堵塞了。第八集团军和英国海军都付出了极大的努力，终于在2月初疏通了港口。第一艘为第八集团军运输战略物资的船只在2月3日顺利抵达了的黎波里港。第八集团军所需的物资终于可以不再单纯地依靠班加西或托布鲁克两个千里之外的港口了。

蒙哥马利的下一个目标是德军的新防线——马雷特防线。马雷特防线是由法国人建造的。第二次世界大战爆发之后，法国军队为了抵御意大利军队从的黎波里塔尼亚入侵突尼斯，便在突尼斯南部边界修建了这一防线。防线全长35公里，东北紧靠大海，西南毗邻克劳尔山脉。克劳尔山脉高约800米，地面崎岖不平，机械化部队很难从此通过。不过，马特马塔山循西北方向至哈马倒是有一条铁路支线可供装甲部队运输重型装备之用。防线的前面是干枯的齐格扎乌河河床，两岸的岩石经过河水数千年的冲刷已经被削成了峭壁。德军在此修筑了大量的混凝土发射点，以配合峭壁掩护整个防线。

可以说，马雷特防线固若金汤，英军几乎无法从正面突破。要迂回这一阵地，则必须经沙漠深处出击。不过，蒙哥马利想做到这一点已经不像过去那么容易了。2月初，德军已经在马雷特防线站稳了脚跟。隆美尔率非洲装甲集团军一路后退的过程中，已在各个补给港口得到了大量补给。部队的弹药等作战物资已经十分充足了。重型装备也有所恢复，德军中约三分之一的部队配备有坦克，四分之一部队有反坦克炮，六分之一的部队拥有其他火炮。在 130 多辆坦克中，有半数能够作战。伤病员也已经恢复了健康，部队可以作战的人数已同阿拉曼战役爆发时大体相当了。非洲装甲集团军计有德军 3 万名，意军约 4.8 万名。

由于隆美尔违令后撤，使得德、意两国统帅部对其极为不满。非洲装甲集团军刚在马雷特防线站稳脚跟，意大利最高统帅部就以隆美尔的健康状况不佳为由，解除了他非洲装甲集团军司令官的职务，把非洲装甲集团军更名为意大利第一集团军，并由意大利将领乔沃尼·梅塞将军担任司令官。这一命令让隆美尔如释重负，但也激起了他强烈的不满。他认为至少应该由一名德国将军来接替自己，而不应该让意大利人担此重任！

从理论上讲，意大利第一集团军和驻守突尼斯的第五装甲集团军都应服从意大利最高统帅部的指挥。但实际情况并不是这样，德国的影响在这两个集团军中仍然占主导地位。因为人数占优势的意军战斗力却十分低下，德军是这两个集团军的主要突击力量。

向隆美尔下达撤换命令的是意大利最高统帅部，德军最高统帅部和希特勒本人并没有明确作出决定。所以，当梅塞将军前来接任总司令之职的时候，隆美尔并没有告病回国。他的理由是他必须等德军最高统帅部的命令。狡猾的希特勒为了加强对北非作战部队的影响，同时为了不激怒墨索里尼，他既没有让隆美尔回国，也没有让他不回国，似乎一切都听凭隆美尔自己决定。

隆美尔赖在意大利第一集团军司令部不走的原因是多方面的。希特勒曾建议将第五装甲集团军和意大利第一集团军编成一个装甲集团军群，由德军南线总司令凯塞林统一指挥。但意大利人不同意。后来，德、意双方经过磋商，内定由第五装甲集团军司令阿尼姆大将统一负责这两个集团军，但并没有明确阿尼姆大将的身份。意大利第一集团军和第五装甲集团军的最后指挥权仍在德军南线总司令凯塞林的手中。

阿尼姆大将出身贵族，比隆美尔大 3 岁，但军衔比隆美尔低。隆美尔对此似乎颇为不满，并将这种不满转嫁到了阿尼姆大将的身上。隆美尔赖着不走很可能与这件事情有很大的关系。

此外，隆美尔是一个十分看重荣誉的人。他敏锐地看到了德、意军队在战略上的暂时优势，他想利用这个机会打一个翻身仗。他曾对副官伯尔恩德上尉说："要是我早早确定离职的日子，之后要是事情出了差错的话，人们会谴责我事前没有准备，骂我乘平安无事的时候溜走了。"

不过，现在隆美尔既要受意大利最高统帅部的指挥，又要听命于凯塞林，他对意大利第一集团军的自主指挥权已经被大大削弱了。南线总司令凯塞林现在指挥着德国空军第二航空队和两个装甲集团军，其权力扩大了。

与德、意部队紊乱的指挥系统相比，盟军的指挥体制要简单明了得多。美国总统罗斯福与英国首相丘吉尔曾在1943年1月召开的卡萨布兰卡会议上决定，由美军将领艾森豪威尔任北非盟军司令，此前担任英军驻中东总司令的亚历山大任副总司令，全权指挥盟军驻北非的全部地面部队。英军将领特德将军则任地中海战区空军总司令，全面指挥地中海战区的空军。北非盟军所辖的英军第一集团军和第八集团军已开始协同作战了。

但意大利第一集团军所处的位置十分优越。它处于英军第一集团军和第八集团军之间的中心位置，完全可以在一股英军救援另一股之前，攻击其中的一股。位于意军第一集团军正面的英军第八集团军尚未对马雷特防线构成实际的威胁，而位于英军第一集团军右翼的美军部队却在威胁着轴心国部队的交通线。

隆美尔认为，美军虽然装备优良，但初上战场，缺乏实战经验，想要击溃英军第一集团军右翼的美军第二军并不是一件困难的事情。美军第二军的战线长达160多公里，散布通往海边的3条山地公路上，其先头部队分守在加夫萨、弗德和丰杜克附近的山口。这些山口通道非常狭窄，易守难攻。美军将领以为德、意部队冲不过来，戒备十分松散。隆美尔决心利用美军第二军的防御的弱点，先将其击溃，而后再腾出双手对付蒙哥马利的第八集团军。

2月20日，隆美尔发起卡塞林战役，在卡塞林隘口大败美军。卡塞林之战，是隆美尔的一大杰作，他领着一支看起来已兵败如山倒的残兵剩卒，取得了一次辉煌的胜利。虽然，他没有达成把英美盟军赶出北非的战略目的，但他以极小的代价重创了美军第二军，使其伤亡5000余人，损失坦克近200辆。艾森豪威尔被迫撤换了第二军的指挥官，任命乔治·巴顿将军为第二军军长。如此一来，本来看上去已明朗的北非战局再次变得模糊起来。隆美尔也因这次出色的指挥被任命为非洲装甲集团军群司令，统一指挥在突尼斯的所有德、意部队。

卡塞林战役打响的当天，盟军副总司令亚历山大将军急忙给蒙哥马利发了一封急电，请他在马雷特一线发动攻势，以减轻敌军对美军的压力。此时，第七装甲师和第五十一师的一个旅已经到达了本加尔丹。从理论上讲，这两支部队可以随时对德军的防线发动进攻，迫使隆美尔挥军回援。

不过，谨慎的蒙哥马利担心隆美尔会像对待美军第二军一样，对第八集团军也来一次大突袭。因此，他一方面依然不紧不慢地为进攻马雷特防线做准备工作；一方面命令部队对马雷特防线发动了一次佯攻，以分散隆美尔的注意力。

实际上，隆美尔确实想对第八集团军实施一次"卡塞林之战"。他绞尽脑汁，提出了一个大胆的作战计划。这一计划一改他过去惯用的从一侧迂回弯击的战术，决定以两面夹击的战术进攻英军第八集团军的主阵地梅德宁。他计划以第十和第二十一装甲师两个师的兵力从海岸附近的北线出击；第十五装甲师和第一六四轻装师一部从南线穿插出山。

意大利第一集团军司令梅塞将军不同意隆美尔的计划。部队从北线出击势必要事先炸掉他们自己埋设的雷场。如此一来，蒙哥马利肯定会有所准备，从而使战役失去突然性。隆美尔与梅塞陷入了激烈的争论之中。两人争吵了很久才达成了妥协意见，拟定了代号为"卡普里"的作战计划。根据这个计划，德军的3个装甲师和半个轻装师将兵分三路，从南线出击梅德宁。不过，德军的这3个装甲师和半个轻装师的兵力十分有限，仅有160辆坦克，比一个满员装甲师本应拥有的还要少一些！另外，此次进攻行动只能得到200门大炮和10000名步兵的支持。

隆美尔从盟军第一集团军的正面撤走后，蒙哥马利就估计到他会转过身来向第八集团军发起攻击。在 2 月 28 日至 3 月 3 日这段时间，蒙哥马利感到十分焦虑。3 月 4 日，英军的情报部门截获并破译了隆美尔与罗马和柏林方面之间往来的电报，蒙哥马利完全掌握了德军这次进攻的方向和确切时间。

蒙哥马利的忧虑消除了，又恢复了自信。第八集团军参谋长德·甘冈如是写道："我们兴奋地工作着，以便做好一切准备……隆美尔丧失了他的机会，我们现在又可以自由呼吸了。"

蒙哥马利决定用阿拉姆哈勒法山战役的战法对付隆美尔。他把新西兰师从的黎波里调来，负责保卫梅德宁地区。第七装甲师则布署在该师的右翼。第二〇一近卫步兵旅暂时置于第七装甲师的指挥之下，占领了一座叫做塔杰拉基尔的小山，来填补第七装甲师与新西兰师之间的缺口。很快，他就集结了近 4 个师的兵力、400 辆坦克、350 门大炮和 470 门反坦克炮于梅德宁附近，建立了一道严密的防线。

四

出师不利的马雷特战役

1943年3月5日的黄昏时分,蒙哥马利像往常一样坐在地图室里,静静思考着战局。春天的黄昏显得异常宁静,除了偶尔从窗口飘进来几声虫鸣之外,大地一片死寂。根据截获的情报判断,隆美尔的进攻马上就要开始了。他立即命令各部队严阵以待,做好一切战斗准备。

3月6日清晨,隆美尔的进攻如期开始了。两群德军坦克在清晨的薄雾中从马雷特防线内陆一端的群山中开出来了,沿着梅德宁与图坚之间的公路摸索前进。第八集团军第五十一高地师立即发现了这一情况。

等到德、意部队进入到梅德宁山脊前时,英军的野战炮和中型炮一齐开了火。德、意部队的进攻队形被打乱了。不过,仍有一部分坦克企图向前推进。等到这些坦克靠近阵地之时,英军的反坦克炮也开了火。德、意部队被压了下去。英军发现,敌人的坦克和步兵之间的协同很差,非洲军团已丧失了它往常所具有的冲劲。

到中午时分,德、意部队就向后撤退重新编组了,但重新编组并没有给敌人带来什么好处。德军第九十轻装甲师和意军斯皮齐亚师步兵的攻击。接着,又发现一支敌装甲部队(第十装甲师)从哈卢夫隘口向梅德宁冲来。

中午时分,非洲军新任军长汉斯·克拉默将军前来向隆美尔报告说:"这次进攻显然正中敌人下怀!地上遍布地雷,而在西南方的正面也有一道火炮防御屏障。"

隆美尔意识到,蒙哥马利很可能已经知道了他的整个战役计划。英军俘虏和侦察营缴获的文件证实了他的推测,蒙哥马利对"卡普里"计划的每一个细节了如指掌。在隆美尔看来,这又是意大利高级官员出卖了情报。下午5点,隆美尔无可奈何地取消了"卡普里"计划。经此一战,他的160辆坦克损失了50辆,但却没有取得任何战果。

与打阿拉姆哈勒法战役一样,蒙哥马利只在自己选定的地点迎敌,而拒绝在既定的地点以外应战。隆美尔撤退时,他也不追击,以便战斗一结束就继续筹划马雷特战役。正如阿拉姆哈勒法战役有助于阿拉曼战役一样,梅德宁战斗也必将有利于马雷特战役。

梅德宁战斗结束后,隆美尔立即宣布,他将回国疗养。当天下午,他向他的将军们一一告别。可接替隆美尔任非洲集团军群司令的阿尼姆此时并不在司令部,他瞒着隆美尔飞到了罗马,跟凯塞林商议北非的战局去了。阿尼姆赶回来后,恳求隆美尔利用他的影响力来挽救两个装甲集团军的命运。他说:"我们经受不起第二个斯大林格勒式的打击。还要等些时候意大利海军才能把我们救出此地。"

隆美尔举起元帅权杖,对阿尼姆保证说:"我将竭尽全力做到这一点。如果最坏的情况发生,我会回来的。"

3月9日,隆美尔乘坐飞机取道罗马飞回了柏林。隆美尔的离去并没有让蒙哥马利产生丝毫的懈怠。面对坚固的马雷特防线,蒙哥马利计划在迈特马泰山以西的地区作包围运动,同时进行有限度的正面攻击。要实现这一意图,就必须找到一条通过沙漠向马雷特防线后方迂回的道路。早在1942年12月,蒙哥马利就派遣了一个"沙漠远程侦察组"侦察了这一地区的地形。1943年1月下旬,沙漠远程侦察组报告说,他们在沙海找到了一个可以实施翼侧包围运动的隘口,即怀尔德隘口。通过怀尔德隘口,可以到达沙海那一边的泰拜盖隘口。通过泰拜盖隘口,可以到达哈迈平原、加贝斯和大海。

蒙哥马利的马雷特战役计划正是根据这一重大发现制定的。蒙哥马利的计划非常明晰:第三十军以3个师的兵力进攻东翼,其目的是把敌军预备兵力吸引到防线的东翼上去;抽调其他部队,组建新西兰军,从西翼迂回,打入迈特马泰山后方,攻取泰拜盖隘口,尔后直扑哈迈平原;保留第十军作为预备力量,伺机投入最有利的一翼,扩大战果;整个作战行动需要空中攻击部队给以集中而持续的支持。这一计划的优势在于万无一失。如果东翼的猛攻没有奏效的话，他便可以迅速转移兵力，在西翼进行猛烈的、决定性的打击。

新组建的新西兰军共计25000余人，150余辆坦克，依然由弗莱伯格将军指挥。3月11日深夜至12日黎明前，新西兰军开始在位于梅德宁与怀尔德隘口中途的富姆泰塔温集结，准备攻取泰拜盖隘口，尔后直扑哈迈平原。

3月14日，亚历山大下达了一项命令，要求美国第二军向米克纳西和加贝斯发起攻击，以威胁德军的交通线。与此同时，第八集团军应夺取马雷特防线。蒙哥马利立即命令第三十军和新西兰军做好战役动员，准备战斗。

3月19日，新西兰军到达了泰拜盖隘口的西面，并于次日一早做好了突破隘口、向哈迈和斯法克斯进击的准备。3月20日上午，蒙哥马利第八集团军发布文告，号召全军将士："向突尼斯前进！把敌人赶到大海中去！"

当晚10点30分，战役终于打响了。第二十军率先向马雷特防线东翼发起了猛攻。该军的第五十一高地师扼守战线，第五十师和第二十三装甲旅担任主攻任务。第五十师的第一五一旅顺利地渡过了济格扎奥干河，并夺取了两个桥头堡。但当轮到坦克强渡时，事情却搞得一团糟！参加那天夜里攻击的是第五十皇家坦克团。坦克部队在出发时携带了大量的柴捆前进，以便把柴捆扔在干河里，连成一条简易道路。然而，坦克排出的废气把许多柴捆点燃了！领头的那辆坦克又在此时陷入了几十厘米深的水里。坦克渡河的道路被堵塞了。工兵们只好在一旁修了一条小道，终于使三辆坦克到达了对岸。但这条小道很快也被堵住了。折腾了一整天，该团只有4辆坦克渡过了河。

东翼的进攻不顺，西翼的情况也不容乐观。3月20日黎明前夕，德军第一六四师便发现了隐蔽在泰拜盖隘口西南面的新西兰师，开始撤离其山中阵地，向泰拜盖隘口开拔了。蒙哥马利立即命令新西兰军不必再隐蔽了，而应拼命北进，以完成任务。不幸的是，新西兰军的行军速度虽然很快，但在接近敌人之时并没有立即发起进攻。蒙哥马利多次催促弗莱伯格尽快到达哈迈，然后再向加贝斯地区和马雷斯防线后方推进，但弗莱伯格却没有表现出任何紧迫感。

3月20日夜间，东翼的第一五一旅在得到加强之后又进行了一次强渡。这次有42辆坦克渡过干河到达对岸，与前一天渡过去的4辆坦克会合。但坦克部队在渡河时再一次破坏了道路，以致任何运输工具和任何反坦克炮都不能随同过河。结果，第一五一旅遭到了德军凶猛的反冲击，在损失了30辆坦克后撤到了干河的边缘。3月22日凌晨2点，蒙哥马利看出这次攻击已经失败，就命令幸存的部队撤下来，及时地终止了部队的伤亡。

与此同时，西翼的新西兰军依然固守在己方阵地上，并没有发起进攻。在此期间，第八装甲旅和新西兰第六旅的旅长都想尝试一下突破泰拜盖隘口，但没有得到弗莱伯格将军的支持。弗莱伯格担心部队暴露之后会遭到敌人的猛烈反击，以致造成重大伤亡。所以，他不敢轻举妄动。要知道，对人力资源有限的新西兰来说，任何一个生命都是宝贵的。

蒙哥马利很了解弗莱伯格，知道怎样掌握他。在阿拉曼战役中，为了保证他全力进行"增压"作战行动，蒙哥马利曾额外地多给了他几个步兵旅。这次，蒙哥马利也觉得有必要给弗莱伯格必要的"鼓舞"。于是，他决定将第一装甲师连同霍罗克斯将军的第十军（原军长拉姆斯登在部队休整时被蒙哥马利撤了职）司令部派往增援弗莱伯格，并让他于24日下午在空军的掩护下发动攻击。

3月23日，蒙哥马利把这一命令下达给了弗莱伯格。但为时已晚，德军已经缓过劲来！他们必然会紧急向泰拜盖隘口派出增援部队。新西兰军根本没有足够的兵力来对付德军的增援部队。

另一方面，霍罗克斯军长也不大乐意听从另外一名军长的指挥。他向第八集团军参谋长德·甘冈建议，一切电报和命令都应当同时发送给两位军长。德·甘冈同意了这个意见，后来发给他们的信件或电报均以"亲爱的将军们"开头。

五

结束北非战场的战事

得到蒙哥马利的命令之后,霍罗克斯率领第十军军部和第一装甲师于3月23日向西翼出发了。24日下午,霍罗克斯赶上了弗莱伯格的新西兰军。两个军长一见面就火药味十足,但总算没有公开发生冲突。两人讨论了蒙哥马利命令的可行性。两人很快得出了结论,得到加强的新西兰军无法在当天对德军发动攻势,即使有空军的掩护也无法进行。

下午3点30分,霍罗克斯和弗莱伯格联名向蒙哥马利发了一封电报,明确指出他的计划不宜执行,并提出了他们的3种方案。蒙哥马利认为两位军长的意见很中肯,便取消了原先的计划。他仔细研究了霍罗克斯和弗莱伯格提出的3种方案,又结合自己的想法,制定了新的作战计划。蒙哥马利把这次进攻也取名为"增压"计划。很显然,他想在马雷特防线再现阿拉曼大捷时的辉煌。新的作战计划规定:新西兰军应在3月26日率先突入德军阵地,布里格斯将军指挥的第一装甲师在夜间跟进,并实施突破。

那一天,突尼斯的沙漠和往日并没有什么不同。耀眼的太阳早早地挂在了天空,直射德军阵地。德军士兵们被太阳晒得晕头转向,视线模糊,根本无法看清对面的目标。与德军相比,英军要幸运得多!他们进攻的方向是北方,太阳刚好在他们的背后。下午,沙漠上刮起了南风。大风卷着沙砾向北方狂扫而去。处在上风头的英军占尽了优势。德军士兵们只能把头埋在双臂中间,以躲避风沙。

下午4点,风渐渐停息了。沙漠的上空突然出现数百架战斗机、轰炸机和反坦克飞机。它们呼啸着飞向德军的阵地,把其阵地上的每一辆车辆，所有的可见和移动目标，都炸成了碎片。由于当时的进攻正面很窄，英国空军的这种"低空闪电攻击"收到了极佳的效果。

轰炸还没有结束，弗莱伯格便指挥新西兰军冲了上去。德军阵地立即出现了一阵骚乱，他们根本没有做好应战准备。因为德军将领们根本不相信英军会在白天发起攻击。新西兰军很快就向前推进了大约4公里的距离。

布里格斯将军随即指挥第一装甲师跟进，开到了新西兰军后方约3公里的地方等待天黑。深夜11点，一弯月牙升了起来，照亮了沙漠。布里格斯将军立即命令部队向哈迈方向推进。在途中，第一装甲师发现另外一支装甲部队也在全力向哈迈方向开进。布里格斯将军判断，那支装甲部队可能是赶往哈迈方向增援的德军，便命令部队加速前进，超过德军。布里格斯将军的判断没错，那支全力向前推进的装甲部队是德军第二十一装甲师。德军第二十一装甲师的单兵素质显然要优于英军第一装甲师。英军付出了全力，也没能超过他们。

驻防在哈迈一线的是德军第一六四师。新西兰军发动进攻的时候，第一六四师的阵地便出现了崩溃的迹象，大量的士兵开始向北方撤退。第一六四师师长冯·利本斯泰因将军费了很大劲才把一些野战炮和反坦克炮集合起来，组成一条薄弱的防线，使逃跑的军队在哈迈村以南几公里的地方停了下来。但此时做什么都无法挽救德军溃退的命运了。英军第一装甲师赶到之后，德军便开始在第二十一装甲师的掩护下逐渐向后撤退了。

3月29日，梅塞将军指挥意大利第一集团军退到了加贝斯隘口以北约30公里处的阿卡里特干河防线。新西兰军和第五十一高地师立即齐头并进，向加贝斯开进。隆美尔一直希望把他的军队撤到他所谓的"加贝斯隘口"以北的阿卡里特干河的防线。这里是一个真正的隘道。防线的一侧依托大海，另一侧位于离海18公里的内陆，是根本不能通行的杰里德盐沼泽和盐湖。在离海约8公里的地方，有一个高约150米、长1600米的鞍状山脊。该山脊叫做"鲁马纳"，十分险峻，大有一夫当关，万夫莫开的气势。可惜的是，隆美尔已经离开了北非，再也没有时间和机会来加固这道防线了。

霍罗克斯将军立即命令第一装甲师和新西兰军派出侦察部队，对阿卡里特干河防线进行侦察。霍罗克斯建议蒙哥马利再发动一次闪电攻击，彻底摧毁意大利第一集团军。蒙哥马利认为在当前情况下无法达成战役的突然性，断然拒绝了霍罗克斯的建议。为了保存实力，霍罗克斯便命令部队暂时停了下来，与对面的意大利第一集团军形成了对峙之势。

3月30日晚，德军第二十一装甲师离开了阿卡里特干河防线，去同德军第十装甲师等部队会合，以阻止美军第二军从其背后发起的攻势。尽管意大利第一集团军的实力由于第二十一装甲师的离去受到了很大的削弱，但新西兰军的兵力依然不足以一举将其歼灭。

3月30日一早，蒙哥马利终于下定了决心，先用第三十军的步兵进行常规攻击，然后由第十军的装甲部队来扩张战果，进攻发起的时间定在4月4日深夜至5日黎明前。他计划以第五十一高地师在右翼进攻，打开一个突破口让第十军来扩大战果；印度第四师将在左翼进攻，并向前推进到法特纳萨高地下较低的地带。几天之后，蒙哥马利发现，即使第五十一高地师夺取了鲁马纳，法特纳萨高地上的敌人仍能居高临下地威胁整个战场。于是，他便命令印度第四师夺取法特纳萨。由于德军的力量比预想的要强大得多，英军第五十师也被派往印度第四师的右翼展开进攻。

4月6日凌晨4点，英军的进攻开始了。意大利第一集团军立即陷入了一片混乱之中。梅塞将军对英军的进攻毫无防备，因为他估计蒙哥马利至少要等10天后月圆时才会发起进攻。梅塞将军判断失误了。经过一夜顽强的战斗，印度第四师占领了法特纳萨高地。印度第四师右翼的第五十师和第五十一高地师也在付出了惨重的代价后占领了预定目标！

尽管德军第十五装甲师和九十轻装师的战斗依然像往常一样凶猛，但其指挥官已经丧失了信心。4月7日上午，意大利第一集团军的战线被突破了。梅塞将军急忙命令部队向西退却。

4月10日，第八集团军占领了斯法克斯。盟军总司令艾森豪威尔将军的参谋长比德尔·史密斯曾跟蒙哥马利打赌说，如果蒙哥马利能在4

月 15 日前到达斯法克斯的话，艾森豪威尔将满足他提出的任何要求。蒙哥马利说他一定能做到这一点，并希望能得到一架归他个人使用的"空中堡垒"式飞机。史密斯同意了这一要求。进入斯法克斯后，蒙哥马利给艾森豪威尔发去电报说："今晨 8 点 30 分进入斯法克斯。请派'空中堡垒'来。"

艾森豪威尔被蒙哥马利的电报弄糊涂了。他立即询问史密斯。当史密斯告诉他，这是他与蒙哥马利打的赌时，艾森豪威尔大发雷霆，但也很大方地调了一架"空中堡垒"连同一个美国空勤组给蒙哥马利。后来，英军总参谋长布鲁克曾因此批评了蒙哥马利，说他不应该因为史密斯的一句玩笑话而当真。蒙哥马利却不以为然，他认为那架"空中堡垒"是他应得的奖品。

意大利第一集团军向西撤退之后，第八集团军很快就推进到了突尼斯的大山脚下。英军第一集团军和美军第二军也从北向南发动了攻势，与蒙哥马利的第八集团军顺利会师了。此时，第八集团军在北非的战斗便基本结束了。作为牵制力量，把冯·阿尼姆的部队尽可能多地牵制在德、意部队最后的设防区——昂菲达维尔成了它的主要任务。

第一集团军对突尼斯的突破作战并不成功。在 20 余天的战斗里，第一集团军付出了惨重的代价，但所取得的战果却十分有限。4 月 26 日，蒙哥马利请求亚历山大来见他，一起商量如何迅速结束在突尼斯的战争，并为即将开始西西里战役做好准备。

从理论上说，蒙哥马利应该主动去见亚历山大的。但他在 4 月末患了严重的感冒，扁桃体也发炎了，不得不违背常理地邀请上司来见自己。4 月 30 日，亚历山大来到了第八集团军司令部。蒙哥马利对他说："有必要整编第一和第八集团军，这样才能在最合适的地带使用最大的力量来进攻突尼斯。"

亚历山大正在为胶着的战局而发愁，听到蒙哥马利这样说，便立即兴致勃勃地询问蒙哥马利是否已经有了初步的整编方案。蒙哥马利笑了一下，立即滔滔不绝地谈论了起来。他建议，由霍罗克斯带领印度第四师、第七装甲师、第二〇一近卫步兵旅和若干炮兵部队前往第一集团军的战线，并接管那里的第九军，负责突破突尼斯的作战。

亚历山大表示完全同意。于是，蒙哥马利和亚历山大一起召见了霍罗克斯，并指示说："你要突进到突尼斯，结束在北非的这场战争。"

霍罗克斯立即率部赶往第一集团军，并于5月6日率军从迈贾兹巴卜北面发动强大的闪电攻击，沿着迈杰尔达河谷一直冲进了突尼斯。5月12日，敌军有组织的抵抗结束，大约有24.8万敌军被俘。5月13日，继隆美尔负责整个指挥的意军总司令梅塞陆军元帅向第八集团军投降。至此，北非的战事便全部结束了。

蒙哥马利和他的第八集团军对结束北非的战事起到了非常重要的作用。他们在6个月的时间里，奔袭了大约3200公里，一路把隆美尔和德、意部队赶出了埃及、昔兰尼加、的黎波里，然后又协同第一集团军将他们全歼在突尼斯。

· 第八章 ·

两栖登陆战击溃意大利

一

争论不休的"赫斯基"计划

突尼斯战役结束后,代号为"赫斯基"的西西里作战计划便被盟军提上了日程。1943年1月,在卡萨布兰卡会议上,美英首脑罗斯福和丘吉尔便决定在突尼斯战役结束后,立即实施西西里岛登陆战。1月23日,美英联席参谋长会议任命艾森豪威尔为"赫斯基"作战行动的总司令,全权负责这次战役的计划与指挥;亚历山大为副总司令,全面指挥地面作战部队;海军上将坎宁安为海军司令,负责指挥海军的行动,特德将军为空军司令,负责指挥空军部队。

2月11日,艾森豪威尔又任命了他属下的几个指挥官:蒙哥马利领导东部特遣部队,最初称为五四五特遣部队,实际上是第八集团军;巴顿领导西部特遣部队,即三四三特遣部队,即美国第二军(该军最后升级为美国第七集团军)。这两支特遣部队将在亚历山大的司令部指挥下作战,后来为方便起见,干脆把他们合起来称为第十五集团军群。

西西里岛位于意大利南部的地中海中,是地中海中最大的岛屿。西西里岛的战略位置非常重要,北与意大利本土隔墨西拿海峡相望,最窄处相距仅3公里;南与北非的突尼斯相望,距离约150公里。它扼地中海交通要冲,实际上将地中海分割为两大部分,自古以来便是兵家必争之地。

西西里岛的地形复杂,大部分为山地和丘陵,平均海拔400米,东北部的埃特纳火山海拔达3200米,是全岛的最高点。岛上的交通极为不便,大多数海岸山崖陡峭,只有东海岸的锡拉库扎和西北海岸的巴勒莫等港口可以登陆。在突尼斯失陷后的战役后期,德、意军队的将领们已经意识到，他们失去突尼斯已经是必然的了。于是，意大利方面急忙调兵遣将，加强了西西里岛的防御力量。在这种情况下，盟军想要登上西西里岛就变成了一件极为困难的事情。

在这种背景下，不少盟军高层的内部对"赫斯基"行动的可行性产生了怀疑。卡萨布兰卡会议之后，"赫斯基"行动计划的制订工作便在伦敦开始了，但进度缓慢。1943年2月，艾森豪威尔亲自接过了该计划的制定工作，被命名为"一四一"的计划工作小组也转到了北非。"一四一"小组先后拟定了7个登陆方案，但最后都被美英参谋长联席会议否决了。

3月13日，艾森豪威尔原则上批准了"赫斯基8号"方案。"赫斯基8号"方案规定，由蒙哥马利的第八集团军攻占东面的锡腊库扎，由巴顿的第七集团军攻占西北的巴勒莫。这个方案的优点是，锡腊库扎和巴勒莫都处于盟军轰炸机飞行半径之内，供船靠岸的海岸线也比较长，意大利军队的防御相对较弱。而且，盟军得手后，可以东西对进，夹击墨西拿。但是这个方案也有一个致命的缺点，那就是盟军在漫长的海岸线上登陆会造成兵力过于分散，无力突破德、意部队的防线。

蒙哥马利认为这一方案根本无法实施，便没有在文件上签字。作为"赫斯基"计划的主要指挥官之一，蒙哥马利不批准的话，任何方案都是无法实施的。他给亚历山大发了一封电报，陈述道："我认为伦敦制定的这个计划背离了实际作战的一切常识性规则，完全是理论性的。它没有任何成功的希望，应当重新制定。"

蒙哥马利始终认为，西西里战役的关键问题是适当地集中兵力，成功地夺取包括卡塔尼亚、锡拉库萨和奥古斯塔等港口在内的西西里岛的东南角。根据这一指导思想，蒙哥马利开始着手制定新的战役计划。此后，盟军将领之间就战役计划展开了长期的争论，一直没有结果。

为了尽快结束无谓的争论，盟军总司令艾森豪威尔在5月2日召开了一次盟军最高级军事会议。在会议上，蒙哥马利提出了一个全新的计划。根据这个计划，美国人要放弃在战役初期夺取巴勒莫的主张，改为在南部的杰拉一带海岸登陆。而第八集团军则仍在他原来建议的锡腊库扎登陆。

　　蒙哥马利认为，这可能是进攻西西里的最好计划了。因此，他拒绝作出任何让步。善于妥协的艾森豪威尔最终接受了这一方案。虽然蒙哥马利的计划是正确的，但这一计划却在战役初期就把已经在战争中成长起来的美军降低为一个次要角色。巴顿不是一个甘居次要地位的人。因此，这必然会伤害他的感情。不过，巴顿是一个典型的军人，会无条件地执行命令。"赫斯基"行动地面部队总指挥亚历山大向巴顿传达命令之时，小心翼翼地问："乔治，你能对我谈谈你对新计划的意见吗？"

　　巴顿强压住心头的怒火，脚后跟一碰，向亚历山大行了美式军礼，大声回答道："将军阁下，我不搞计划，只服从命令！"

　　蒙哥马利在计划通过后，深有感触地说："为制订作战计划的大事而斗争比打败德国人还难。我不明白德国人在制订他们的军事行动计划时是否也这样。"

　　为了加强美、英两军的协同动作，蒙哥马利建议由一位集团军司令和一个联合参谋部从整体上来控制两军的行动。蒙哥马利向亚历山大提了这一看法，亚历山大表示赞同，于是向艾森豪威尔提出，但艾森豪威尔未表示同意。很显然，痴迷权力的蒙哥马利想把美国第七集团军的指挥权也纳入自己的麾下。从纯军事的角度来看，蒙哥马利的建议是正确的。但从政治角度看，他的建议显得十分幼稚。如果按照蒙哥马利的建议去做的话，美国或英国势必会有一方要交出对部队的直接指挥权。这样做的结果只能导致盟国之间在政治上出现裂隙。因此，从更大的战略层面来考虑战争的艾森豪威尔并没有同意蒙哥马利的建议，他要求英、美两军在组织上必须分开，但归亚历山大统一指挥。

　　进攻西西里的作战计划的制定者和其他人都专心地考虑在何处登陆，却没有人研究西西里战役应该怎样展开。蒙哥马利认为，为了快速占领西西里岛，防止驻岛敌军逃回意大利，应该制定一个总体计划。因此，他向亚历山大提议："两支军队并肩在南岸登陆后，应该迅猛地向北挺进，把这个岛屿切成两半。接着组织一个西向的防御翼侧。两支军队集结起来迅速驰往墨西拿，以防止敌军渡越海峡逃跑。海、空军也必须紧密合作，不使任何敌军由海上逃跑。"

可以说，蒙哥马利的这项建议是非常完美的。亚历山大对蒙哥马利的建议也十分赞赏。不过，由于蒙哥马利与巴顿之间，或者说英军与美军之间对荣誉的争夺，后来的仗并没有按照蒙哥马利的设想打下去。

北非的战事完全平息之后，蒙哥马利决定利用西西里战役开始之前的短暂时间回国去度假。5月16日，他乘"空中堡垒"离开了北非，并于次日到达了英国。除前往了解将直接开赴西西里滩头参加登陆的加拿大第一师以外，他几乎把所有的时间都用来陪儿子戴维了。他已经有半年多的时间没有见到戴维了。15岁的戴维已经长得和他差不多高了。父子两人在一起度过了短暂而又愉快的时光。

二

与巴顿将军之间的竞争

1943年6月2日，蒙哥马利返回了第八集团军司令部，开始全身心地投入到了战役准备之中。与此同时，盟军司令部和其他各部队也在努力地进行着战役准备。在进攻西西里岛之前，艾森豪威尔主张先攻占位于突尼斯和西西里之间的班泰雷利岛。这座岛屿有意大利的重兵把守，海岸都是岩石，没有沙滩，唯一的通道是一个狭窄的海港。如若要在西西里岛登陆，必须要有一个稳固的前沿阵地，以便飞机起降。将这个小岛作为盟军的机场和前进基地最合适不过了。

6月初，艾森豪威尔命令英国空军上将特德组织力量，对班泰雷利岛实施了轰炸。盟国空军连续6昼夜不间断地实施了轰炸，将上万吨炸弹倾泻在了该岛东部的狭小地区。岛上的意大利守军溃不成军，士气低落到了极点。6月7日晨，艾森豪威尔和海军司令坎宁安乘坐英国皇家海军"曙光号"，驶往班泰雷利岛。艾森豪威尔令水手将军舰一直开到海岸附近，然后又向岸上开了几炮。艾森豪威尔的预料一点也没有错，岛上的意军几乎没有还击，只有两门意大利突击炮胡乱地向大海中开了几炮。艾森豪威尔兴奋地对坎宁安说："如果有一艘小艇，我们两个人就能占领这个地方。"

回到阿尔及尔之后，艾森豪威尔立即命令部队，按计划发动攻击。果不其然，岛上的意大利守军几乎没有组织有效的炮火还击，他们与盟军一接触，便溃不成军，缴械投降了。此次战斗，盟军以一伤一亡的微小代价攻占了班泰雷利岛，并俘虏了11000名意大利士兵。有意思的是，盟军这名受伤的士兵还不是在战场上受的伤，而是被骡子咬伤的。

初战告捷，军威大振，盟军立即投入下一阶段战役的准备工作。空军部队迅速进入班泰雷利亚岛，抓紧时间修整和扩建空军基地。与此同时，为了转移敌人视线，确保西西里登陆行动达成突然性，英军还实施了一项代号为"肉馅"的诱骗行动。

英军的情报机构将一具尸体装扮成了英国军官的摸样，投入到了西班牙附近的水域。纳粹的间谍在西班牙海滩上发现这具尸体的时候，还发现了不少文件副本，其中有一份英军参谋部副参谋长阿奇博尔德·奈中将寄给亚历山大元帅的私人信件。信中模仿阿奇博尔德中将的口吻，声称盟军即将进攻希腊和撒丁岛，并对西西里采取佯攻。

德军最高统帅部信以为真，迅速将德国第一装甲师从法国开赴希腊，将新成立的第九十装甲步兵师调往撒丁岛，增强那里的防御力量。但德军南线总司令凯塞林元帅对间谍人员提供的情报却持怀疑态度，他认为这很可能是盟军的一次欺骗行动，他们真正进攻的目标极有可能就是西西里岛。于是，凯塞林元帅便将德军戈林装甲师和第十五装甲步兵师调往西西里岛，归意大利第六集团军指挥，增强西西里的防御力量。如此一来，意大利将领古佐尼中将指挥的第六集团军编制内便有了 9 个意大利师和两个德国装甲师，总兵力达 40.5 万人，其中意大利部队为 36.5 万人，德军 4 万人。

盟军统帅亚历山大元帅指挥的第十五集团军群辖第八和第七集团军，总兵力与防守西西里岛的轴心国军队相当，约 47.8 万人。盟军的战斗力远较意大利部队要好，但比德军要弱一些。也就是说，4 万德军将成为盟军在西西里岛的强硬对手。

下午，海面上突然刮起了 7 级西北风，海上波涛汹涌。驻守在西西里岛上意大利士兵判断，在如此恶劣的天气之下，盟军是不会登陆的。因此，一到晚上，他们就像平时一样，躺到了床上，并得意地说："谢天谢地，今天夜里他们无论如何也来不了。"

由于海浪太大，参谋人员建议艾森豪威尔推迟进攻的时间，但艾森豪威尔拒绝了这一建议。他说，正因为天气恶劣，岛上的德意联军才不会加强防备。另一方面，坎宁安将军的气象专家向他说，这场大风很快就会停止。实际上，艾森豪威尔在此时也拿不定主意，如果海风一直如此强劲的话，登陆只能推迟。当马歇尔发来电报，询问战役进程之时，艾森豪威尔含糊地搪塞了过去。他回电说："但愿我能知道！"

风力逐渐减弱了，但却下起了雨。艾森豪威尔决定继续进行。命令发出之后，艾森豪威尔和海军司令坎宁安爬上了马耳他的制高点，注视着英军第一空降师冒雨飞往西西里。深夜，盟军16万士兵在蒙哥马利和巴顿将军的率领下，乘坐3200艘军舰和运输船只向西西里岛东南部发动了总攻。在1000余架飞机的掩护下，登陆战进行得很顺利。第八集团军第五师的皇家苏格兰燧发枪团于10日傍晚占领了锡拉库萨；在诺托湾登陆的第三十军也取得了胜利。英军第一天就攻占了宽100公里，纵深10～15公里的登陆场。美军的作战要艰难些。他们在南部海岸的登陆受到了风和海浪的很大影响，而且岸上敌人的抵抗也更积极些，还遭到了几次骚扰性空袭。尽管如此，到这一天结束时，美军3个师的突击部队还是上了岸，进占了杰拉和利卡塔，夺占了3处各宽12～15公里、纵深3～5公里的登陆场。

但是，胜利里也包含了一些悲剧。由于空降技术在当时还不过关，英国第一空降旅在实施空降作战时，有250人降落在海中被淹死，其他大部分也未降到指定作战地域，只有87人投到了目标区。在杰拉内陆空降的美第八十二空降师也遭遇了同样的不幸。这一教训是惨痛的，但也为后来诺曼底登陆提供了经验。

盟军登陆之后，德、意军队才反应过来，并组织了防御火力，其中德军的抵抗尤为顽强。德第十五装甲师从岛上西部调到了东岸，以阻止蒙哥马利的英第八集团军向北面的奥古斯塔推进；德军的戈林装甲师和意大利的2个摩托化步兵师则向巴顿的美第七集团军发起反击。

成功登陆后，蒙哥马利便把矛头直指西西里岛西北端的墨西拿，以便为登陆意大利本土做好准备。墨西拿与意大利本土仅隔一条狭窄的墨西拿海峡，西西里守敌的补给全部来自该港口。一旦占领墨西拿，盟军就可以扼住敌人的咽喉，使之陷入绝境。对蒙哥马利和巴顿来说，谁能率先攻占墨西拿，谁就会获得最大的荣誉。两人为了两军和个人的荣誉，暗暗地展开了竞争。

7月12日，蒙哥马利给亚历山大发了一封电报。他在电报中说："我的作战情况非常好……我建议让我的集团军向北进攻，以便把该岛截成两半。"这样做，需要把左翼的美第七集团军降为他的掩护部队。亚历山大对这一点是很清楚的，但作为盟军副总司令，他不能只考虑英军的荣誉，他还需要考虑美、英两军之间的团结与协同。因此，他并没有强行命令巴顿停止进攻。

7月13日，亚历山大来到了巴顿的第七集团军。亚历山大告诉巴顿，允许他的第七集团军有限地向前推进。但与蒙哥马利一样渴望荣誉的巴顿比蒙哥马利的野心更大，他此时已经将目光锁定在了西西里岛的首府——巴勒莫。

傍晚时分，亚历山大刚回到他的集团军群司令部就接到蒙哥马利的电报。蒙哥马利在电报中说，在地形复杂的西西里岛作战必须拥有良好交通线，而当时只有两条良好的公路可供部队使用。按照战前的部署，经过埃特纳火山的东翼侧大致向北延伸的114号公路划归第八集团军使用，向西北方向延伸的124号公路则被划归巴顿的第七集团军使用。蒙哥马利不但准备让他的第十三军使用114号公路，还想把124号公路也抢过来。因为通过这条公路可以迂回到卡塔尼亚平原德军的后方。

但是，巴顿和第二军军长布莱德雷也打算利用124号公路迂回到德军的后方。蒙哥马利已经意识到了这一点，所以他决定先下手为强，在没有通知艾森豪威尔和亚历山大的情况下，擅自让第五十一高地师抢占了124号公路。他给亚历山大发电报通告此事的时候，美第二军已经在124号公路上发现了该师的踪迹。

鉴于蒙哥马利抢占124号公路已经成为了既定的事实，亚历山大便于13日午夜时分向美第二军下达了一个绝对命令，指示布莱德雷将这条公路移交给蒙哥马利。如此一来，巴顿与蒙哥马利之间的矛盾便加深了，或者说是美、英两军之间的裂隙被拉大了。由于蒙哥马利的鼓吹导致了"赫斯基"计划的修改，从而降低了美第七集团军的作用。现在，在亚历山大的纵容下，蒙哥马利又从他们手中抢走一条宝贵的公路，以便他得意洋洋地进入墨西拿。想到这些事情，巴顿便气愤万分！

但他很快就释然了，因为他的脑海在暗暗盘算着一件和蒙哥马利一样疯狂的念头。他想，既然向北的通道丢失了，那么他就可以把主攻方向转向西线，这将有可能实现他攻占西西里首府巴勒莫的愿望。想到这里，巴顿一声不响地点上了一支大雪茄，胸有成竹地抽了起来。

巴顿来到了特拉斯科特的第三师，暗示他向西线的抵抗中枢阿格里琴托进军。第三师师长特拉斯科特将军立即心领神会，他对巴顿说："你不同意，我们就无法发动重大攻击，而且根据集团军群的指令，显然你不能答应。但我可以——对不起，我可以自己作主——发动一次'火力侦察'。在这次火力侦察中，不明的情况就是阿格里琴托。你说呢？"

巴顿狡黠地一笑，回答说："我什么也不说，卢西恩。没有什么好说的。"

三

在行军竞赛中败给巴顿

在蒙哥马利与巴顿暗暗较劲之时，希特勒迅速调整了西西里岛的防御部署。他不但紧急调了两个德国师外加一个由赫布将军领导的军司令部到西西里岛，还命令德军南线总司令凯塞林加强了墨西拿防线的防御力量。在凯塞林的影响下，古佐尼将军领导下的意大利部队也重新燃起了斗志。

形势变得对蒙哥马利越来越不利了。从 7 月 13 日起，蒙哥马利的第八集团军就被阻止在了奥古斯特以北地区。英军多次试图向卡塔尼亚推进，但均告失败。亚历山大将军清醒地意识到，如果德军继续加强在西西里岛东部的防御，蒙哥马利将很难在美军之前夺取墨西拿。因此，他在 13 日向英军参谋总长布鲁克报告说，他打算用第十三军经由卡塔尼亚向墨西拿进攻，并派埃特纳火山西面的第三十军先到圣斯特凡诺海岸，然后再转回来向墨西拿进攻。布鲁克批准了这一建议。

7 月 16 日，亚历山大以集团军群司令的身份向各集团军下发了这一指令。他想通过这一计划来对蒙哥马利施加压力，要其抢在德军从意大利本土调来增援力量之前拿下墨西拿。但他却没有想到，这个指令严重地伤害了美军的感情。因为这一指令再次降低了美军在战役中的作用。巴顿的第七集团军完全成为了蒙哥马利的助攻部队，其任务是保护第八集团军侧翼和后方的安全。美第二军军长布莱德雷愤怒地写道："它（指亚历山大的指令）证实了我早先的疑虑，只有蒙哥马利才被允许会进攻墨西拿。"

巴顿本来打算利用第八集团军行动迟缓的大好时机，赶在蒙哥马利的前头攻占阿格里琴托、巴勒莫，甚至墨西拿。亚历山大的这一指令让他的美梦破灭了。看完电报，巴顿立即火冒三丈，据理力争地向亚历山大元帅争取更多的主攻权。

为了缓和紧张的局势，亚历山大最终决定，允许巴顿夺取阿格里琴托和恩佩多克莱港。与此同时，他还在命令中含糊其辞地说，如果巴顿用有限的力量做到了这一点，仍可考虑让美国人承担更多的进攻任务。接到新的命令，巴顿才高兴起来。这正是他想要的结果！

然而，从战局的发展和地形来看，第八集团军仍然是主要的打击力量。所以，亚历山大仍然希望该集团军所属各师能够通过卡塔尼亚和恩纳两条进攻轴线到达墨西拿海峡。实际上，蒙哥马利也想达成这一战略目的。7月16日当晚，在给亚历山大的电报中，他便乐观地宣称："今晚就到达卡塔尼亚。"

然而，第八集团军在东线再次遭到了德、意军队的顽强阻击，第十三和第三十军均徘徊不前。但巴顿率领的西线部队却进展神速，很快就攻占了阿格里琴托和恩佩多克莱港。如此一来，整个战局就发生了戏剧性的变化。第七集团军的作用已经由助攻转变为了主攻。

7月17日，巴顿亲自飞往北非，觐见了第十五集团军群司令亚历山大元帅。他以坚定而又略带强硬的语气对亚历山大说："元帅阁下，鉴于当前形势的发展，我请求你把命令改成这样：第七集团军迅速向西北和北面挺进，攻占巴勒莫，并割裂敌军。"

亚历山大对战局已经有了正确的了解。他明白，由于第八集团军一再受阻，英军已经失去了最佳的战机。亚历山大不得不把全部的希望都寄托在了巴顿的身上，希望他能够使盟军夺回主动权。于是，他便同意了巴顿的请求。

兴奋异常的巴顿立即赶回了西西里，进行了新的战斗部署。他把第三师，第八十二空降师和第二装甲师组成一个暂编军，由凯斯将军指挥，全力向巴勒莫推进。与此同时，他又命令布莱德雷第二军编制内的第四十五师在西侧向北推进，切断海岸公路，以便与蒙哥马利的左翼部队保持同步。

命令下达之后，第七集团军便以旋风式的速度向前推进。暂编军于

7月21日占领了卡斯特尔维特拉诺，于7月22日抵达了巴勒莫城下。犹如神兵天降的暂编军使得巴勒莫的守军惊慌失措，根本没有组织有效的抵抗便缴械投降了。巴顿在当天便随第二装甲师以胜利者的姿态进入西西里的首府，在西西里王国的王宫中建立了司令部。

翌日凌晨，当巴顿站在王宫的阳台上凭栏怀古之时，亚历山大的贺电送到了。亚历山大在电报中说："这是一个伟大的胜利，干得漂亮。向你和你的全体优秀官兵致以最衷心的祝贺！"

攻占巴勒莫是一个典型的机动战役。在巴顿的指挥下，美军冒着酷暑和敌人密集的火力，在4天内向前推进了近350公里，伤亡仅300人，给敌人以重创，俘虏敌军5.3万人，击落敌机190架，缴获大炮67门。攻占巴勒莫具有重大的战略意义，这一胜利在国际上产生了巨大反响，极大地鼓舞了同盟国的士气。

盟军攻占巴勒莫的消息传到罗马之后，疯狂的墨索里尼便走到了穷途末路。为了扭转局势，他决定动员100万人，强迫14岁到70岁的男子参加军队，14岁到60岁的妇女为国家服役。但人民厌倦了，军队士气涣散，反战情绪普遍增长。意大利国内掀起了一股反对墨索里尼的运动，人们纷纷要求墨索里尼下台。

7月24日下午5点，意大利法西斯最高委员会开会。这是一次与墨索里尼摊牌的会议。该党的元老、前外交部长和驻英大使迪诺·格兰迪提出了一项决议案，内容包括要恢复宪制，国王应掌握更大的权力，指挥军队；墨索里尼只是党的领袖，不应再主持国务等。25日凌晨2点30分，最高委员会以19票赞成，8票反对，1票弃权的结果通过了这项决议。墨索里尼愤怒地说："你们挑起了政权的危机。简直糟糕透了！"

让墨索里尼没有想到的是，这场会议结束了他在意大利长达21年的独裁统治。当天下午5点，意大利国王埃曼努尔在萨沃伊宫接见了墨索里尼，宣布废黜他的一切军政职务，由巴多格利奥组织新政府。国王说："事情再不能这样继续下去了。军队反对你，阿尔卑斯山轻步兵在唱一支歌，歌中说他们不再以墨索里尼的名义去打仗。"

墨索里尼政府垮台后，原来就不愿积极抵抗的意军更是成批地走出战壕，纷纷向盟军缴械投降。如此一来，德军在西西里岛也就独力难支了！德军剩下的任务就是如何尽可能安全地撤出西西里岛了。7月27日，德军南线总司令凯塞林向各部队下达了撤退的命令。

盟军趁机调整了部署，决定让第七和第八集团军分别从南北两个方向对墨西拿发动进攻。对蒙哥马利来说，这一部署对他是不利的。巴顿的第七集团军在其左翼正以旋风式的速度向前推进，而他至今未能突破德军设置在埃特纳火山一线的防御。

8月4日，蒙哥马利命令部队对德军防御进行突破。经过长时间的航空火力和炮火准备之后，英军对当面的德军发起了猛烈的攻势。第二天，第十三军推进到埃特纳火山与海之间的狭长地带，第三十军也推进到了火山另一侧的丘陵地带。8月6日，第十三军占领了卡塔尼亚。

但是，蒙哥马利前面的道路依然十分坎坷。西西里岛东部的守军全部是抵抗顽强的德国部队。他每前进一步都要付出很大的代价。为了加强兵力，他甚至把已经抽出来准备进入意大利本土的第五师又调回了前线。在西西里岛北部海岸一路向东推进的巴顿要幸运得多！第七集团军在沿途只遇到一些退却的意大利部队，根本没有遇到坚决的抵抗。因此，第七集团军距离墨西拿的距离虽远，但其向前推进的速度却要远远高于第八集团军。等到第八集团军的突击队于8月16日傍晚进入了墨西拿之时，迎接他们的不是敌人，而是友军美军第三师。

这样的结局是蒙哥马利不愿意看到的，但无论如何，事实已经无法改变。他在行军竞赛中败给了巴顿。当时的一些评论家纷纷说，墨西拿本来是蒙哥马利的"盘中餐"，却变成了巴顿的"杯中奶"。

为期38天的"赫斯基"行动结束了，德意军队全部退出了西西里岛。盟军以伤亡3.1万人的代价毙伤敌军3.3万人，俘虏13.2万人，解放了整个西西里岛。毫无疑问，西西里战役是一次胜利的战役，但胜利中也隐藏着失败！盟军没能尽可能地消灭德、意部队的有生力量。据德军最高统帅部统计，德军从西西里岛上撤走了60万人，意军撤走了75万人。此外，德军还撤走了9605辆车辆、47辆坦克、97门大炮和1.7万吨弹药。

四

率部向意大利本土挺进

西西里战役结束后,盟军的下一步行动,便是向意大利本土进军,痛击"欧洲的软下腹"。但这一次战役的组织和实施,比"赫斯基"计划还要差。这种状况主要是由英、美两军之间在战略上的分歧导致。

以马歇尔为首的美国派主张把横渡英吉利海峡进攻欧陆放在第一位,以尽快开辟第二战场,结束第二次世界大战。美国方面这样做的另外一个原因是,他们不希望美国卷入地中海地区的政治纠纷。以丘吉尔和布鲁克为首的英国派则按照英国的传统方式谋求通过"打垮支持者"来摧毁德国,并且趁机遏制苏联在巴尔干半岛的发展。

1943年初,苏联红军取得了斯大林格勒保卫战的胜利,击毙、俘虏德军约150万人,摧毁、缴获了德军3500辆坦克和强击火炮、12000门火炮和迫击炮、约3000架飞机及大量的其他技术兵器。这些兵力和兵器的损失对德国的战略地位产生了极大的影响并彻底动摇了其战争机器。从此之后,红军便转入了全面反攻,掌握了战略主动权。在盟军实施"赫斯基"计划的同时,苏联红军又发动了库尔斯克战役。在这次战役中,德军的主力被消灭了。德军总计损失50多万人、1500辆坦克、3000门火炮和3700多架飞机。

苏联红军的巨大胜利让丘吉尔惊慌不已!他担心强大的苏联会趁战争之机控制巴尔干半岛,甚至整个中欧。从英国的利益来出发,一向视共产主义为洪水猛兽的丘吉尔当然不希望苏联在欧洲大陆独大。因此,他主张从意大利打到巴尔干,进而切断红军向柏林进军的路线,不让苏联红军进入奥地利、罗马尼亚和匈牙利,以防苏联在战后插手中欧的事务，成为英国最强大的敌人。

美、英在战略上的分歧直接导致了意大利战役计划的"难产"。后来，蒙哥马利在他的《回忆录》中愤怒地写道："我们曾经提出向欧陆进军，但一旦打到那里之后，战斗该怎么展开，大家的心里都没有数。直到西西里战役结束那天，即8月17日，我们才把要在意大利登陆的地点大致上决定下来。就第八集团军来说，我必须于8月30日把军队渡过墨西拿海峡，但是目标却不明。"

为了解决重大的战略分歧，美国总统罗斯福与英国首相丘吉尔于8月14日到24日在加拿大的魁北克举行了一次会议。这就是历史上著名的第一次魁北克会议。会议代号为"四分仪"，联合参谋长委员会的全体成员都参加了这次会议。中国政府的外交部长宋子文也以观察员身份参加了会议。讨论"霸王"作战计划是第一次魁北克会议的主要内容。此时，美英参谋长联席会议已经对"围捕"行动作了修正，改称"霸王"行动了。

丘吉尔坚持优先进军意大利和巴尔干，企图拖延"霸王"计划，罗斯福则力主应横渡英吉利海峡进攻欧洲大陆，在欧洲开辟第二战场，以缓解苏联红军的压力。经过激烈的争论，丘吉尔最终向罗斯福做出了妥协，同意"霸王"计划应比地中海计划占有优先地位。第一次魁北克会议还决定，在德国无条件投降一年之内击败日本。

美、英两国的高层虽然达成了妥协协议，但两军高级将领之间依然存在着诸多分歧。直到9月初，盟军总司令艾森豪威尔才勉强批准了"雪崩"和"贝镇"两项作战计划。"雪崩"是马克·克拉克将军的第五集团军9月9日在萨莱诺突击登陆的代号，以那不勒斯港为作战目标。但在实施该计划之前应先实施"贝镇"计划。"贝镇"计划则由蒙哥马利的第八集团军负责实施。亚历山大将军在一张纸上亲笔写下了蒙哥马利的任务："你的任务是在意大利半岛的趾部地带获得一个桥头堡，以便我海军部队通过墨西拿海峡作战。如果敌军从意大利南部，即趾部地带撤退，你得全力追击。记住，你愈能把意大利南端之敌拖住，那么你对'雪崩'军事行动的贡献就愈大。"

在准备战役计划的同时，盟军将领们也在竭力争取意大利新政府。墨索里尼政府垮台之后，巴多格利奥接管了意大利，并发表声明说："战争在继续进行。意大利将信守它的诺言。"

巴多格利奥所说的战争是为谁而战呢？是站在盟军的一方，还是继续站在希特勒一方呢？盟军艾森豪威尔从意大利的这次政变中看到了希望，他决定利用"意大利的背叛"，将巴多格利奥争取到自己一方。他想急于利用这一机会进行谈判，但是罗斯福和丘吉尔则表示，意大利除了无条件投降之外，别无出路。也就是说，他们不愿意跟巴多格利奥谈判。直到9月3日，英美两国与巴多格利奥的秘密谈判才取得了实质性的进展，双方秘密签订了停战协定。

当天凌晨4点30分，第三十军的炮兵开始猛烈轰击墨西拿海峡对岸。由于巴顿的第七集团军暂时没有作战任务，便借了80门中型炮和48门重型炮给第三十军。所以，这次炮击的火力格外猛烈。与此同时，15艘战舰轰击了海峡南端的敌防御部队，驻在内陆的重型轰炸机也赶来助威。

在蒙哥马利的指挥下，已经在军舰中等候多时的第十三军第五师和加拿大第一师向对岸驶去。他们基本上没有遇到像样的抵抗，便在对岸站稳了脚跟。上岸以后，他们迅速占领了勒佐加拉勃利亚，并沿着狭窄山路开始向北挺进。

蒙哥马利的成功登陆让艾森豪威尔有了与巴多格利奥谈判的筹码。3天之后，艾森豪威尔决定派第八十二空降师司令泰勒少将秘密前往罗马，同巴多格利奥作最后安排。泰勒抵达罗马之后，立即给艾森豪威尔发来了电报。意大利军队惊慌失措，认为派来罗马的盟军力量太小，抵挡不住德军的进攻。更为严重的是，巴多格利奥拒绝给盟军第八十二空降师提供机场，也不愿公开发表与盟军合作的声明。

9月8日，泰勒将军的电报转到了艾森豪威尔的手上。看完电报之后，艾森豪威尔满脸通红，两眼闪光，全身肌肉收紧，抓起一支铅笔，用力折为两截，扔在了地上。他瞅了瞅电报，又抓起一支铅笔，折断了扔在地上。艾森豪威尔气愤不已地咒骂巴多格利奥，但随即又冷静了下

沙漠跳鼠 蒙哥马利

二战时期的蒙哥马利元帅

来。他开始口述对巴多格利奥的答复:"我要按原定时间广播停战协定。如果你不能按原先同意的那样合作,我要向世界公布这件事情的全部记录。你们不执行已签署的协议所规定的全部任务,将对你们的国家造成最严重的后果。你们今后的任何行动都不能恢复对你们的信任,因而结果将是你们的政府和国家的解体。"

根据停战协定,盟军与意大利应该在9月8日晚上6点30分向全世界公布意大利无条件投降的消息。艾森豪威尔给巴多格利奥发这封电报的时候,距离发表公开声明的时间已经不到12个小时了。

当晚6点30分,艾森豪威尔按计划在阿尔及尔的无线电台上发表了广播演说。他说:"我是盟军总司令德怀特·戴维·艾森豪威尔将军。意大利政府已经使它的武装部队无条件投降。我以盟军总司令的身份,已批准军事停战协定。"

艾森豪威尔发表了演说之后,就在静静地等待罗马方面的消息。十几分钟之后,巴多格利奥仍然没有发表公开声明。艾森豪威尔便将巴多格利奥声明的全文通过阿尔及尔电台广播了出去。这份声明命令意大利武装部队停止一切对盟军的敌对行动,敦促他们去同德国作战。直到一个小时之后,巴多格利奥才被迫在罗马电台广播了同一内容的声明。艾森豪威尔虽然不满,但总算是赢了。意大利无条件投降了,轴心国已经在实际上解体了。

9月10日，蒙哥马利的部队抵达了卡坦扎罗一线。第八集团军到达得很及时，因为当时在萨莱诺登陆的第五集团军处境相当危险。当天下午，亚历山大给蒙哥马利发来紧急电报，要求他对德军保持压力，以便救援"雪崩"行动。

但蒙哥马利面对的情形也不容乐观。由于道路损毁情况严重，第八集团军对从西西里运来的物资也没有优先使用权，蒙哥马利的部队出现了严重的补给危机。但他还是尽了最大的努力，缓解了美第五集团军的压力。

不过，一向谨慎的蒙哥马利不敢轻兵冒进，他命令部队步步为营，稳步向前推进。结果，他再次遭到美军将领陈词滥调的批评："蒙哥马利的行动太慢了！"有些美军士兵甚至在私下里挖苦说："蒙哥马利是爬行着来救我们的。"

蒙哥马利不理会那些闲言碎语，领着他的部队有条不紊地继续向前推进。10月初，德军被迫向特里尼奥河一线撤退，第八集团军则紧追不舍。到这时，第八集团军在意大利战场与德军的真正决斗才正式开始。特里尼奥河北岸就是德军伯恩哈特防线的亚得里亚海一端，在其北面约30公里的地方则是古斯塔夫防线。在它们后面，德军还建立了其他一些防线，其中以大哥特防线最为险要，它是德军在阿尔卑斯山前的最后一个防御堡垒。这些防线构成了一个纵深防御体系，极难突破。恰在此时，地中海的雨季来临了。本来就十分糟糕的道路几乎全都变成了沼泽。蒙哥马利领着部队，在泥泞的道路上跋涉着，还要时不时地停下来与坚壁清野的德军作战。

不过，蒙哥马利和他的第八集团军总算不负众望，终于在11月19日突破了特里尼奥河防线，并占领了桑格罗河南岸。横在蒙哥马利面前的是德军的下一道防线——古斯塔夫防线！他打算马不停蹄地发起下一次进攻战役，一举突破桑格罗河。但谁也没有想到，常胜将军蒙哥马利却在这次战役中败下阵来。

五

挥泪告别第八集团军

1943年11月20日,蒙哥马利动用了5个师的兵力向德军的古斯塔夫防线发动了强大的攻势。但是,这场战役在一开始就注定要失败了。谨慎的蒙哥马利在战前进行了一系列的战役准备,并实施了战役欺骗计划。但德军却利用这段时间加强了古斯塔夫的防御。德军南线总司令凯塞林在5公里稍微平坦的地段上只留下了少量的部队,将主力摆在了里科里山脊上,从海岸一直延伸到内陆约60公里的地段。4个强大的德国师占尽了地利。

经过几个月的连续作战,第八集团军已疲惫不堪,人员缺额也很大。不少步兵师的兵员几乎已经换了一轮。在此次进攻中担负主要任务的第七十八师在过去的6个月里伤亡近万人,但得到的补充却甚少。德军以逸待劳,以养精蓄锐之师对付已成强弩之末的英军,自然是稳操胜券。

这还不是最致命的,最可怕的依然是持续恶化的天气。意大利的天气似乎特意在跟蒙哥马利过不去似的。暴雨常常一下就是两三天,接着又是一两天的毛毛细雨或雾,而山里则在下雪。整个意大利都湿漉漉的,路面更是泥泞不堪。在寒冷的雨季里,士兵们只能蜷缩在雨衣里,凄苦万分地等待着太阳。不少士兵在梦里都嘀嘀咕咕地说:"该死,又下雨了!"

尽管条件十分艰苦,但各师依然在蒙哥马利的统一指挥下浴血奋战着!11月23日,新西兰师、印度师和第七十八师分别在桑格罗河架起了浮桥,准备强渡。结果,一场山洪把他们的努力统统化为乌有。已经前出到桑格罗河对岸的一个印度旅被后面涨起来的洪水截断了,成为了一支孤军。

蒙哥马利清楚地意识到，要想攻下桑格罗河北岸的阵地绝非一件易事！但战争必须进行下去。11月29日，古斯塔夫防线的中段——莫扎格罗纳被第八集团军攻克了。僵局终于被打破了。次日，第八集团军的第五军（调整后的第八集团军下辖第五军和第十三军）于次日牢牢控制住了里科里山脊。蒙哥马利对部队进行了短暂的休整，以便让疲惫不堪的第七十八师休息一下。

不过，加拿大师和新西兰师并没有停止他们的进攻。蒙哥马利将目标锁定在了离海岸线更远一些的奥托纳和奥尔索尼亚。12月20日，加拿大师向奥托纳发起了进攻。奥托纳的守敌是德军第一伞兵师第三伞兵团。该团团长是一名巷战高手。加拿大师用了整整一个星期的时间才最终占领了这个地方。由于所花时间太长，德军在后方又形成了新的坚固防线。进攻奥尔索尼亚的新西兰部队也遇到了很大的麻烦。尽管该师在坦克上对敌占有绝对优势，但是仍无法突破德军坚固的防线。

为了避免不必要的伤亡，蒙哥马利只好命令部队暂停进攻，固守既得阵地，与德军对峙起来。视荣誉为生命的蒙哥马利在事实上承认了失败。桑格罗河战役表明，在地形和气候条件复杂的意大利，发动任何规模较小的行动，甚至是集团军一级的行动，都可能最后被敌人堵住。

之所以会出现这种状况，主要是因为意大利战役本来就缺乏统一的计划；美、英两军在作战中也各自为政，没能很好的配合；盟军总司令部也没有很好地保障第七集团军的物资补给。当然，蒙哥马利对此也要负一定的责任，他谨慎有余而刚猛不足，以至于经常在进行周密的准备之时贻误了战机。

面对如此奇耻大辱，蒙哥马利一方面感到颜面无光，另一方面也对盟军总司令部深为不满。他曾毫不留情地批评意大利战役说："既没有开辟新战场的宏伟设想，又没有总体计划，作战行动也未能掌握，而行政后勤工作也是地地道道的一团糟。"

不过，桑格罗河战役虽然在战术上失败了，但在战略上却取得了重大胜利。战术上的失败让盟军司令部认识到，必须加强英第八集团军与美第五集团军之间的协同动作，才能取得意大利战役的最后胜利。1944年春，盟军发动的"王冠"战役正是以两个集团军的协同作战，在"霸王"计划实施之前攻占了罗马，结束了意大利战役。

不过，蒙哥马利已经无法等到春天了。桑格罗河战役给他在意大利的战斗划上了句号。12月24日一早，蒙哥马利刚刚睡醒，副官就把陆军部的电报送来了。电报命令他迅速返回英国接替佩吉特将军，指挥为开辟欧洲第二战场而组建的第二十一集团军群。这个消息使蒙哥马利产生了一种解脱感，也让他十分兴奋。令他感到解脱的是，他终于可以离开让人生厌的意大利战场了；让他兴奋的是，能被承担更大的职责是他能力的肯定，更是一种荣誉！更何况，他一直认为，只有横渡英吉利海峡，向欧洲大陆大举进攻，才能真正洗雪敦刻尔克之耻。

12月27日，蒙哥马利飞往阿尔及尔，去看望已经被任命为"霸王"计划总司令的艾森豪威尔。艾森豪威尔告诉蒙哥马利，他打算把战役初期的地面行动权交由蒙哥马利负责，驻英格兰的几个美国军团也将由他指挥。此外，他们还讨论了如何加强美、英两军的合作等问题。与艾森豪威尔的讨论让蒙哥马利的内心重新燃起了熊熊的烈火！他已经做好了一切思想准备，打算在诺曼底大干一场！

12月28日，蒙哥马利乘飞机返回了他在意大利的作战指挥所。告别是一件痛苦的事，尤其是告别曾经与自己朝夕相处，并给自己带来巨大荣誉的军队。在飞机上，蒙哥马利精心准备了一篇情意切切的告别演说稿。

他在演说稿中写道："我很难把我的离别之情准确地向你们表达出来。我就要离开你们了——曾经和我一起战斗的战友。在艰苦作战与赢得胜利的岁月中，你们忠于职守的勇敢与献身精神，永远值得我钦佩！在这支伟大的军队中，我自认为我与许多人都成了朋友。我不知道你们是否会想念我，但我对你们的思念，特别是回忆起那些与你们在私下里的接触，以及路上相遇时愉快致意的情景，实在不是苍白的语言所能表达出来的。"

12月30日，蒙哥马利在瓦斯托城里的歌剧院举行了盛大的告别会，向第八集团军司令部的全体官兵告别。当他和德·甘冈赶到剧院时，弗莱伯格等一大批老部下已经在那里等候他了。蒙哥马利缓步走向演讲台，官兵们的目光也随着他的脚步而缓缓移动着。站定之后，蒙哥马利用坚定的目光扫视了一圈，嘶哑着声音说："在这里讲话很易激动，但我当努力控制自己。如果说不下去时，请你们谅解。"

官兵们都很激动，有些人在鼓掌，有些人在偷偷地抹眼泪，更多的人则默默地注视着蒙哥马利，仿佛要把他装进自己的眼睛里似的。时间一分一秒地过去了，蒙哥马利终于结束了他的演讲。官兵们立即爆发出一阵热烈的欢呼声。蒙哥马利又看了一眼他们，缓步走下演讲台，向门外走去。

接替蒙哥马利担任第八集团军司令的是第三十军军长利斯将军。利斯将军跟随蒙哥马利多年，对第八集团军的情况也十分熟悉。因此，两人并不需要很多时间来进行交接。当天夜里，蒙哥马利简单地交待了一下，便把指挥权移交给了利斯将军。

12月31日上午，蒙哥马利乘机飞往马拉喀什。蒙哥马利本来打算把参谋长德·甘冈、后勤部长格雷厄姆、情报处长威廉斯、坦克部队顾问理查兹和随军总牧师休斯5人都带到第二十一集团军群任职的。结果，陆军部只允许他带甘冈、威廉斯和理查兹3人。不过，在飞机起飞时，蒙哥马利还是自作主张地把格雷厄姆也带上了。他冷冷地对众人说："我倒要试试伦敦方面是否会发脾气。"此时，他已经在心里暗暗打定了主意，一有机会，就把其他几位心腹爱将都挖到第二十一集团军群去。

· 第九章 ·

第二十一集团军群司令

一

第二十一集团军群司令

蒙哥马利飞到马拉喀什时,丘吉尔和艾森豪威尔已经在那里等候他了。首相的身体不大好,正在那里休假。艾森豪威尔则打算在就任"霸王"行动的总司令之前回国向罗斯福和马歇尔汇报情况,途经马拉喀什。

除夕晚宴之前,丘吉尔把"霸王"计划的草案交递给了蒙哥马利。首相嘴里叼着雪茄,含混不清地说:"蒙蒂,看完后说说你的看法。"

蒙哥马利接过档案袋,认真地瞅了瞅。艾森豪威尔在一旁说:"我也只知道这个计划的大概,看来不怎么好。请蒙蒂在我回国期间作为我在伦敦的代表,完善一下这个计划。等我回来时,我们再一起商量。"

晚宴很热闹,但蒙哥马利对这种喧哗的活动一点兴趣也没有。他见丘吉尔坐在主位上不停地抽着雪茄,似乎要等到新年的钟声敲响才肯离去。晚宴刚一结束,早已不耐烦的蒙哥马利便走上前去,借口要读"霸王"计划,便告别首相,回自己的房间去了。

回到房间,蒙哥马利从档案袋里抽出"霸王"计划的草案,认真地看了起来。看着看着,他的眉头紧锁起来。这份行动方案已经得到了美英联席参谋长会议的批准。丘吉尔也大力支持这一计划。根据"霸王"行动的方案,盟军应于5月在法国南部的诺曼底实施两栖登陆作战。根据历次登陆作战的经验教训,登陆地点要具备3个条件。首先,要在从英国机场起飞的战斗机半径内;其次,航渡距离要尽可能短;最后,登陆地附近要有大型的港口。

根据这3个条件来看,从荷兰符利辛根到法国瑟堡长达480公里的海岸线上,有3处地区比较合适,即康坦丁半岛、加莱和诺曼底。再进

一步比较，康坦丁半岛地形狭窄，不便于部队的展开，最先被否决。加莱和诺曼底各有利弊，加莱的优点是距英国最近，仅33公里，而且靠近德国本土；缺点是此处的德军防御力量非常强，守军是精锐部队，工事完备坚固，并且附近没有大港口，也缺乏内陆交通线，不利于部队在登陆后向纵深发展。

蒙哥马利

诺曼底虽然距离英国较远，但优势十分明显，一是德军防御较弱，二是地形开阔，可同时展开30个师，三是距法国北部最大港口瑟堡仅80公里。综合考虑之后，盟军将登陆地点选在了诺曼底。

这份方案计划以3个师在卡朗坦至卡昂之间32公里宽的3个滩头登陆，同时空降2个旅。第二梯队为8个师，将在两周内占领瑟堡。在第三周，盟军的兵力将增加到24个师之多。这一计划有两个明显的缺陷：其一突击正面太窄，在登陆初期容易造成登陆部队的拥堵问题；其二，在最初攻击中缺乏足够的突击力量。

蒙哥马利敏锐地意识到了这些问题。凌晨时分，他铺开稿纸，提笔写道："最初登陆的正面太窄，局限于过分狭窄的地带。从大举进攻欧陆开始之日算起，12天内总计有16个师在最初登陆的滩头上登陆。这会在滩头上引起可怕的混乱，地面战斗即便可以开展，也会极其严重地影响其顺利进行。此后，将有更多的师不断向同一些滩头涌来。到大举进攻欧陆开始日后的第24天，在同一些滩头登陆的兵力将达24个师之多。到那时,要保持这些登陆滩头的秩序将非常困难。混乱状况不仅不会得到改善,反而会日益恶化。我的初步印象是:这个计划行不通。"

第二天早晨,丘吉尔还没有起床,蒙哥马利便拿着一份打印的报告来到了他的卧室。蒙哥马利简明扼要地陈述了"霸王"行动方案的缺陷,并把报告递给了丘吉尔。丘吉尔对蒙哥马利所提的意见很感兴趣。他说:"我总认为拟议的作战计划有些问题,但三军参谋长都表示赞同,我也没有办法。现在好了,有你这位实战经验丰富的指挥官为我作了分析,让我对情况有了新的了解。"

蒙哥马利笑了起来,能得到首相由衷的赞扬对他来说是最高荣誉。不过,蒙哥马利还不愿在上任之前就同伦敦的作战计划者闹矛盾。因此,丘吉尔刚刚看完他的报告,他便要求首相退还他的意见书。丘吉尔不肯,但他答应绝不公开这份报告,只把它作为背景材料供他个人使用。蒙哥马利这才罢休。

1944年第一天的上午,蒙哥马利陪着丘吉尔夫妇去野外午餐。一路上,蒙哥马利与丘吉尔继续谈论着"霸王"作战计划。蒙哥马利郑重地对首相说,他在战争中学得的教训之一是,必须让有实战经验的指挥官尽早参加作战计划的制定工作,如果太晚了,军事行动的布局就可能无法改变了。丘吉尔对此深表赞同,并决心给蒙哥马利更多的主动权,让他在"霸王"行动中发挥更大的作用。

晚餐之后,蒙哥马利命令飞行员在他的双引擎座机上装满了橘子,然后径直飞往英国去了。他自己则悄悄地在马拉喀什的旅馆里呆了几个小时,然后才乘坐美国制造的四引擎的 C-54 型飞机向英国飞去。这是艾森豪威尔要求他做的。这位盟军总司令向来十分关心部下的安全,他可不想"霸王"行动还没有开始,一个集团军群的司令便被德国飞行员"报销"掉了。

1月2日,蒙哥马利抵达了伦敦。他的集团军群司令部设在圣保罗学校里,他的办公室就是原来的校长办公室。圣保罗学校是蒙哥马利的母校,当年他也算是学校里的一个风云人物,但从来没有踏进过校长办公室。当他第一次踏进这个房间的时候居然已经身为第二十一集团军群的总司令了。

第二十一集团军群司令部是由英国本部队统帅部组成的。司令部的大部分成员都没有去过海外，也没有什么实战经验。他们整天只会对着地图，墨守成规而又死气沉沉地制定各种不切合实际的作战方案。蒙哥马利一到任便决定立即给司令部注入新鲜血液，补充有战斗经验的高级参谋人员。于是，他便让德·甘冈接任了参谋长一职，并让他从意大利带来的其他高级军官接管了一些重要部门。随后，蒙哥马利又调整了各部队的指挥官，将一批富有作战经验的军官调到了那些还没有参加过战斗的新兵部队，以传播作战经验。这是一项棘手但却十分有意义的工作。

1月13日，蒙哥马利把他属下的几个集团军的将军们召到圣保罗学校开会，向他们介绍他的作战原则以及他指挥作战的方法。在讨论中有人提出，为了更好地实施"霸王"行动，蒙哥马利决定对各师的结构进行一些必要调整。这件事虽然过去已向陆军部报告过，但陆军部未采取任何行动。于是，蒙哥马利便越过了陆军部，直接向各部队下达了调整命令。参加会议的陆军部代表们立即把蒙哥马利的这一越权行为告诉了陆军大臣詹姆斯·格里格。

格里格对蒙哥马利的行为十分不满，认为他根本就没有把陆军部放在眼里。为此，蒙哥马利十分烦恼，因为没有陆军部的支持，他便无法让部队做好备战工作。蒙哥马利只好向总参谋长布鲁克将军汇报了此事。布鲁克建议他邀请格里格共进午餐。午餐时，蒙哥马利向格里格解释说，要办的事很多，而时间又非常紧迫，请他原谅他操之过急。格里格见蒙哥马利主动向自己认错，便放下了身段，积极支持蒙哥马利进行战备工作。从此之后，蒙哥马利便与格里格建立了深厚的友谊，并将这种友谊保持了一生。

二
主持制定"霸王"计划

蒙哥马利在整顿第二十一集团军群司令部和调整各作战部队的同时,也在加紧调查和分析"霸王"计划。在他就任第二十一集团军群司令不久,盟军最高司令部参谋长摩根就向他提交了一份新的计划。尽管摩根花了很多时间和精力来思考关于登陆的各种问题,但蒙哥马利仍对该计划十分不满。他对摩根选择塞纳湾为登陆目标没有异议,但认为进攻正面太窄,突击力量太弱,指挥安排不妥。因此,他下令进一步研究在布列塔尼以及科唐坦半岛两侧登陆的可能性。研究结果表明,塞纳湾更为可取。从此以后,将塞纳湾作为登陆地点就被最后确定下来了。

蒙哥马利建议扩大登陆面积,由两个集团军并肩发动攻势。与此同时,美国第八十二空降师和第一〇一空降师在奥恩河的另一边实施空降作战。蒙哥马利还建议,所有登陆部队均由一个军司令部或特遣部队司令部控制。如此一来,盟军初期登陆的突击力量便得到了明显的加强,指挥结构也更加简单明了了。

1月中旬,艾森豪威尔从华盛顿返回了伦敦,正式就任"霸王"行动的总司令。1月21日,蒙哥马利把修改后的计划纲要呈送给他。艾森豪威尔认真地研究了这一方案。他认为蒙哥马利的方案比原来的方案要有力得多,也清晰得多!他提笔在方案的最后签了名,并将其转呈给了联席参谋长会议。很快,联席参谋长会议也批准了该计划。就这样,"霸王"行动由设想逐渐转化为行动。

由于增强了突击力量,新"霸王"计划对登陆艇的需求也大大增加了。按照原定计划,"霸王"行动需要3323艘登陆艇,其中美国方面提供 1024 艘，其余全部由英国提供。为了赶造登陆艇，英国的各大造船厂一直在加班加点地工作。战时内阁甚至颁布了特别命令，把建造 1 艘航空母舰、4 艘驱逐舰和 14 艘快速舰的任务往后推迟了 3 个月，以打造额外需要的 75 艘坦克登陆艇。蒙哥马利扩大了正面进攻，海军还需要约 150 艘扫雷艇、24 艘战舰和 1000 艘登陆艇，才能把登陆部队和装备送到英吉利海峡对岸。但英国各大造船厂的生产潜能已经发挥到了极限，根本不可能再生产这么多船只了。

蒙哥马利清醒地意识到，此时唯有把代号为"铁砧"的登陆计划降为仅起恫吓作用的行动，从而将节省下来的登陆舰艇用于"霸王"行动。"铁砧"是盟军拟在法国南部的土伦以东地区的登陆行动。美国方面打算将在意大利作战的美、法部队调往该地，从法国南部向巴黎方向推进，以牵制部署在法国南部的德军。法国人也十分支持这一行动，因为他们都盼望着一支由法国总司令统率的法军解放法国领土。斯大林也喜欢这个行动，因为这一计划一旦实施的话，苏联红军便可抢在西方盟军之前攻占维也纳了。

英国人对"铁砧"行动却不以为然。蒙哥马利和丘吉尔尤其不喜欢这一行动，甚至主张完全放弃它。他们的理由有两点：其一，"铁砧"行动会占用大量的登陆艇；其二，这一行动会削弱盟军在意大利战场的兵力，给苏联红军创造抢先到达维也纳的良好时机。

为了解决登陆舰艇严重短缺的问题，艾森豪威尔不得不向联席参谋长会议建议，将"霸王"行动推迟一个月，并将"铁砧"行动降为仅起恫吓作用的军事行动。经过激烈的争论和慎重的推演，联席参谋长会议最终批准了艾森豪威尔的建议。"霸王"行动登陆艇短缺的问题终于解决了，蒙哥马利也松了一口气。

随后，蒙哥马利又开始考虑登陆后的战役行动了。他计划，盟军在诺曼底站稳以后，就要在东翼作出向内陆突进的威胁姿态，以牵制德军的主要后援，尤其是装甲师。然后，盟军便从西翼出击，向南推进，切断德军沿海岸阵地与内陆部队的联系。最后，盟军再笔直向东，向环绕巴黎的塞纳河前进，解放巴黎，乃至整个法国。

1943年，摩根少将和蒙哥马利元帅在一起

4月7日，蒙哥马利在伦敦召集了4个野战集团军的全体将领，详细地介绍了他的计划。海、空军总司令也参加了这次会议，并提出了他们的计划纲要。此时，整个"霸王"计划已经全部装在了蒙哥马利的脑子里。在会上，他向众人解释说，塞纳湾区域将被分成5个独立的登陆点，每个登陆点都用一个代号加以区分，并分配给一个不同的部队。按从西向东的顺序，这几个登陆区域是："犹他"，分配给美第四步兵师使用；"奥马哈"，分配给美第一步兵师使用；"戈尔德"，分配给英第五十步兵师使用；"朱诺"，分配给加拿大第三师使用；"斯沃德"，分配给英第三步兵师使用。

蒙哥马利还向各级将领介绍说，海军方面已经组织了两支海军特遣部队，一支用来保障美军的登陆，一支用来保障英军的登陆。在登陆当日，空军也将采取大规模和多样的形式来支援登陆部队的行动。在这一天，各类飞机的总数，英军达到5510架，美军达到6080架，总计11590架。

三军高级指挥官就计划纲要达成了一致的意见之后，蒙哥马利便命集团军群参谋长德·甘冈和他的参谋班子去制定计划的细节。他要集中精力去解决另外一个重要问题——巩固民众对军队的信任,增强士兵们必胜的信念。

1944年的春季,蒙哥马利乘坐国内武装力量总司令曾经使用过的"轻剑"号专列,开始周游英国,访问将要参加"霸王"行动的每一支部队。他每天要检阅部队两三次,每次检阅上万人或更多些。每次检阅,他都走得很慢,很坚定。他知道,要增强士兵们必胜的信念,不但要让他们看见自己的高级指挥官,更要让他们看见高级指挥官的信心!与其说他在检阅部队,不如说他是在向士兵们展现自己高昂的斗志和必胜的信念!

至5月中旬,蒙哥马利已经视察了准备参加"霸王"计划的各个部队。几乎所有将参加诺曼底作战的官兵都见到了他,并听了他的演讲。100多万英国人、加拿大人、美国人、比利时人、波兰人、自由法国人与荷兰人对他们的指挥官信心十足。后来的事实证明,这与蒙哥马利的努力是分不开的。"霸王"行动开始时,大批战士异口同声地把蒙哥马利将军当作英雄来崇拜。他们一致认为,除了他友好、真挚的感情和朴实的作风吸引着全体官兵外,最使他们感动的是,将军看望了部队的每个战士,告诉他们说,他比谁都急于早日结束战争,让大家回家团聚。

除了检阅军队之外,蒙哥马利还受政

英国的蒙哥马利将军

府各部门的邀请到各地去做宣传，增强民众对军队的信任。蒙哥马利知道，长期的战争已经把大部分民众折磨得精疲力尽了。他们每一个人都讨厌战争，甚至在长期的压抑中变得有些麻木不仁、淡漠无情！但战争需要他们重新燃起热情！前线需要弹药，需要坦克，需要登陆艇，需要食物，需要药品，需要……而这一切都要依靠工人们加班加点地赶制。

在军需部和陆军部的邀请下，蒙哥马利访问了许多工厂，特别是那些加班加点生产"霸王"行动所急需的装备的工厂。每到一处，他都要向工人们发表演讲，同工人们亲切地握手。他所讲的内容大体相同："不论是在前线作战的士兵，还是国内生产战线上的工人，我们都属于一支伟大的军队。我们的共同任务是把工人与士兵连成一个整体，决心摧毁德国统治欧洲和世界的野心。"

蒙哥马利的这些活动在一定程度上鼓舞了民众的热情，进而推动了"霸王"计划的实施。不过，他这种"竞选式"旅行演讲却引起了一些政界人士的忧虑。那些政界人士误以为这位将军是在收买人心，想在战后登上首相的宝座。疑虑重重的人们在背地里交头接耳地议论这件事。一些与蒙哥马利交好的人暗示他应停止这种参观访问。但蒙哥马利不予理睬，他这样做纯粹是为了军事目的，他从来没有想过要登上政坛！更何况，他是应英国政府各部门的邀请才这样做的。

三

实施"保镖"欺骗计划

无论是从防守一方，还是从进攻一方来讲，横渡英吉利海峡的登陆作战，最佳选择只有两处，一是"霸王"作战所选定的诺曼底，另一个是加莱。加莱比诺曼底的吸引力更大，因为从该处登陆不仅航程短，而且港口条件优越。因此，德军在此配备了最强的力量。蒙哥马利当然欢迎对方这么干，但是，他很担心隆美尔会识破盟军的计划，为此，他精心实施了两项欺骗计划。

第一项欺骗计划的代号为"保镖"，其目的是让德军深信盟军的主要进攻将在7月的第三个星期，而非6月初；让隆美尔深信盟军的登陆地点在法国南部，而非诺曼底。为了实现这一目的，英国情报部门在1944年春季找到了一位名叫克里夫顿·詹姆斯的中尉。詹姆斯中尉的相貌和身材酷似蒙哥马利，原先当过演员。情报部门决定让他作为蒙哥马利的替身，成为一场混淆视听的欺骗活动的主角。

詹姆斯被秘密送到了蒙哥马利的司令部。蒙哥马利看了看詹姆斯，立即兴奋起来。他和自己长得实在太相像了。向詹姆斯介绍完了他的任务之后，蒙哥马利鼓励他说："你要承担的是项重大的使命，相信你能干好。"

为了达到以假乱真的效果，蒙哥马利让詹姆斯跟自己在一起生活一个星期。在那一个星期里，他们吃、住都在一起。细心的詹姆斯很快就掌握了蒙哥马利的特点，如走路时背着双手，不时用手指捏一下左颊，紧紧盯着人看，头部挺得笔直，跟人交谈时不时伸出一只手来强调他的论点等。他模仿得惟妙惟肖，几可乱真。连蒙哥马利看了，都以为站在

沙漠跳鼠 蒙哥马利

自己对面的"蒙哥马利"就是自己呢！

就这样，"蒙哥马利"便开始大肆活动了。他身着将军服，头戴缀有双徽的黑色贝雷帽，乘着飞机直飞直布罗陀。在机场上，他大摇大摆地走下飞机，参加当地官员为他举行的欢迎仪式。然后，他坐上汽车，在直布罗陀招摇过市。谁也没有看出这位"蒙哥马利"居然是一个冒牌货。直布罗陀总督伊斯特伍德将军也被蒙骗了，他以极其隆重的规格设宴招待了"蒙哥马利。"

第二天，"蒙哥马利"又乘机飞往阿尔及尔。英国的情报部门已预先散布了谣言，说蒙哥马利将军要来这里执行一项特殊使命，可能是要在此集结一支强大的英美联军。德国间谍将"蒙哥马利"的行踪毫不遗漏地汇报给了德军最高统帅部。希特勒据此认为，盟军将在7月的第三个星期在法国南部的加莱地区登陆，在诺曼底的进攻不过是佯攻而已。而此时，真的蒙哥马利正在英国调兵遣将，准备在诺曼底登陆了。任务完成之后，"蒙哥马利"便走进了英军总部，从此之后也再也没有露面。

在实施"保镖"计划的同时，盟军还实施了一个代号为"坚毅"的欺骗行动。"坚毅"行动的目的也是让希特勒相信盟军的登陆地点在加莱地区，"霸王"行动只不过是佯攻而已。艾森豪威尔便在英国东南部虚设了美军第一集团军群司令部，摆开进攻加莱的阵势。让谁来当这个虚设的集团军群司令呢？当时，无论是在盟军之中的影响力，还是对德军的威慑力，巴顿都是最合适的人选。

就这样，巴顿便以美军第一集团军群司令的身份出现在了英国东南部的纳兹福德。为了使得欺骗行

蒙哥马利元帅那著名的军官毛衣和两个帽徽的贝雷帽

动更具真实性，巴顿命令部下请来了很多电影道具师，用纸板、木板和橡皮搭建了许多师一级的司令部，伪造了大量的飞机、坦克和登陆艇等，形象十分逼真。与此同时，巴顿还设立了电台，密集地接发电报。

巴顿还在英国四处招摇，处处把自己的名字挂在嘴上，但每次说完之后，他又要神秘兮兮地提醒对方说："我在这里是个秘密，请不要提我的名字。"德军发现了这些，并据该地接发电报的频率判断，那里确实驻扎着一个集团军群的司令部。

盟军的航空部队也加强了这种欺骗效果。作为欺骗计划的一部分，皇家空军和美国陆军航空队每打击诺曼底的一个目标，就同时轰炸加莱的一个目标。选择打击的铁路目标时，空军特意选择了那些在登陆区域之外的目标。

蒙哥马利和艾森豪威尔部署的种种欺骗计划起到了作用。德军最高统帅部和B集团军群司令隆美尔都认为，盟军将在加莱登陆，而所谓的"霸王"行动只不过是一次佯攻而已。所以，他们便加强了加莱地区的防御，在那里足足布置了一个精锐的集团军——德军第十五集团军。

在实施欺骗计划的同时，蒙哥马利也在积极为登陆作战积蓄力量。到5月中旬，盟军已经集结了多达288万人的部队。业已部署到位的陆军共36个师，其中23个步兵师，10个装甲师，3个空降师，约153万人。海军投入作战的军舰约5300艘，其中战斗舰只包括13艘战列舰，47艘巡洋舰，134艘驱逐舰在内约1200艘，登陆舰艇4126艘，还有5000余艘运输船。空军作战飞机13700架，其中轰炸机5800架，战斗机4900架，运输机滑翔机3000架。除此之外，还有四五十个师正从美国乘船赶往英国，准备参加战斗。

由于集结部队需要时间，盟军司令部再次推迟了行动的时间，决定在6月初实施这一计划。但在具体的日期和时间上却很难统一。这是一个复杂的协同问题，各军兵种根据自己的需要提出不同要求，陆军要求在高潮上陆，以减少部队暴露在海滩上的时间；海军要求在低潮时上陆，以便尽量减少登陆艇遭到障碍物的破坏；空军要求有月光，便于空降部队识别地面目标。最后经认真考虑，科学拟定符合各军种的方案，在高

沙漠跳鼠·shamotiaoshu·

蒙哥马利·menggemali·

1944年6月,蒙哥马利与戴高乐在一起

潮与低潮间登陆,由于5个滩头的潮汐不尽相同,所以规定5个不同的登陆时刻,登陆日则安排在满月的日子,空降时间为凌晨1点,符合上述条件的登陆日期,在1944年6月中只有两组连续三天的日子,6月5日至7日,6月18日至20日,最后选用第一组的第一天,即6月5日。

战役目的是横渡英吉利海峡,在法国北部夺取一个战略性登陆场,为开辟欧洲第二战场,最终击败德国创造条件。战役企图是在诺曼底登陆,夺取登陆场,在登陆的第12天,把登陆场扩展到宽100公里,纵深100公里。计划在登陆场右翼空降2个美国伞兵师,切断德军从瑟堡出发的增援,并协同登陆部队夺取"犹他"滩头;在左翼空降1个英国伞兵师,夺取康恩运河的渡河点;然后首批8个加强营在5个滩头登陆,建立登陆场。在巩固和扩大登陆场后,后续部队上岸,右翼先攻占瑟堡,左翼向康恩河至圣罗一线发展,掩护右翼部队的攻击;第二阶段攻占冈城、贝叶、伊济尼、卡朗坦,第三阶段攻占布勒塔尼,向塞纳河推进,直取巴黎。

四

实施诺曼底两栖登陆作战

随着登陆日期的临近，第二十一集团军群司令部的气氛越来越紧张了。5月15日，参加"霸王"行动的各级指挥官在圣保罗学校召开了战前动员大会。艾森豪威尔以盟国远征军最高司令的身份向英国军政要员发出了精致的请帖。出席会议的有英王、首相、元帅等。艾森豪威尔致简短的欢迎词。接着，艾森豪威尔请出了蒙哥马利，让他主持会议。

蒙哥马利向大家介绍了阵前敌军的情况。1944年5月，德军在西线的法国、比利时、荷兰，只有归西线总司令陆军元帅冯·伦斯德指挥的58个师，其中33个海防师，15个步兵师，8个装甲师，2个伞兵师。即使再加上由希特勒亲自指挥的战略预备队2个装甲师，总共才60个师，约76万人。

西线司令部所属的58个师，编为两个集团军群，共4个集团军。B集团军群由陆军元帅隆美尔指挥，驻守法国北部，共39个师，是西线德军的主力。下辖第十五集团军，司令是萨尔穆特上将，驻加莱，拥有包括14个海防师，4个步兵师，5个装甲师在内共23个师；第七集团军，司令是多尔曼上将，驻布列塔尼半岛，拥有包括8个海防师，5个步兵师，1个装甲师在内共14个师。

G集团军群，由布拉斯科维兹上将指挥，驻守法国卢瓦河以西地区，共19个师。下辖第一集团军，司令为谢瓦莱里中将，驻比利时，共10个师；第19集团军，司令为松德施泰因中将，驻法国南部，共9个师。

西线德军装甲部队总共有10个装甲师和3个重型坦克营，其中6个装甲师是由希特勒亲自指挥的，而且德军统帅部认为坦克不适宜于在海滩使用，所以部署在海滩附近地区的装甲部队仅有驻卡昂的第二十一装甲师，只有127辆4号坦克和40辆自行坦克突击炮。

海军兵力为驱逐舰5艘，潜艇49艘，远洋扫雷舰6艘，巡逻舰116艘，扫雷艇309艘，鱼雷艇34艘，炮艇42艘，总共才561艘中小军舰，实力非常弱小。空军为第三航空队，作战飞机约450架，其中战斗机160架。与盟军作战飞机数目相比，处于1∶30的绝对劣势。

在诺曼底地区守军为第七集团军所属的6个师外加3个团，其中3个海防师，战斗力较弱；2个步兵师，一个装甲师，战斗力稍强；3个团是2个独立步兵团和一个伞兵团，总兵力约9万人。

防御工事也比较薄弱，只构筑了若干钢筋混凝土的独立支撑点，大部分工事都是野战工事，纵深也只设置了少量防空降障碍物。1942年7月20日，希特勒下令从挪威北部至西班牙海岸构筑由1.5万个坚固支撑点组成的防线，也就是所谓的大西洋壁垒，希特勒要求在1943年5月1日之前完成，但直到1944年5月，除加莱地区外，在960公里广阔海岸线上，只修筑了少数相距遥远的零星支撑点，在塞纳—马恩省河以东地区完成了68%，塞纳—马恩省河以西地区仅完成了18%。

海岸炮兵方面，德军部署在法国西部沿海地区的大口径火炮主要有：格里角地区有4门280毫米和3门381毫米岸炮、维梅纳地区有3门305毫米岸炮、桑卡特西部地区有3门406毫米岸炮。而由于盟军情报机关的卓越努力，使德军最高统帅部认为挪威将是盟军优先夺取的地区，反而投入大量人力物力，在挪威沿海修建了350座可部署88毫米到381毫米火炮的炮台。此外，德国还有一项优先建设的工程是海峡群岛设防工程，至1944年共建成11座配备38门210毫米至305毫米火炮的炮台，这一工程在战略上毫无意义，只是浪费了大量宝贵的人力物力。

因此被德国宣传部门大肆渲染的"大西洋壁垒"，实际只是徒有虚名而已。倒是隆美尔元帅在1943年11月就任B集团军群司令后，非常重视对沿海地区的防御建设，亲自率领特派代表团实地视察了从丹麦、荷兰、法国的沿海防御情况，并特别要求前沿防御要前推至海中，从高

蒙哥马利，英国陆军元帅，战略家，第二次世界大战中盟军杰出的指挥官之一。著名的阿拉曼战役、诺曼底登陆为其军事生涯的两大杰作。

潮线开始，在深海中布设水雷，在浅海中设置障碍物，这些斜插入海的木桩被盟军称为"隆美尔芦笋"。海滩上是锯齿状的混凝土角锥、坦克陷阱，其间还布设大量地雷，在能俯视海滩的制高点构筑隐蔽火力点，海滩后面的开阔地区，则布设了大量防机降的木桩。布置这些爆炸物和障碍物，工程浩大，需要耗费巨大的人力和物力。直到盟军登陆时，隆美尔布置的障碍物仅仅完成了一部分，但依然给盟军登陆造成了不小损失。

对隆美尔这位老对手，蒙哥马利心存敬畏。他介绍完德军的部署情况之后，补充说："隆美尔已于2月间就任荷兰与卢瓦尔之间海岸地区的指挥官。现在很清楚，他的意图是不让我们实现任何突破，要把'霸王'行动击败于海滩上……我们必须打到岸上，然后抢在敌人能够调来足够的预备队把我们赶走以前，在那里建立一个牢固的滩头占领区……"

蒙哥马利讲话后，英王和首相分别作了简短的讲话。这次会议进一步鼓起了将士们的勇气，驱散了丘吉尔长期以来的疑虑。直到1944年5月初，丘吉尔还怀疑横渡海峡的进攻是否明智。但蒙哥马利的部署消除了他的疑虑。

5月底，盟国空军对法西斯德国最重要的交通线中心进行了密集轰炸，炸毁了82个具有战略意义的铁路枢纽。如此一来，德国人就无法迅速调配后备队和向告急的地区派出增援部队了。与此同时，蒙哥马利对登陆事宜做了最后的安排。盟军在普利茅斯、波特兰、朴次茅斯，以及英国的许多其他大小港口开始准备登陆艇。为了保证登陆成功，一切准备工作都得考虑周详。

不过，有一个因素却不是考虑周详便可以解决的。这个无法控制的因素便是天气。6月初，海峡上的天气状况糟糕透了。一种让人焦虑的低气压笼罩着整个不列颠，实施空中行动的条件突然恶化。天空中阴云密布，海上的大风更是在海峡上掀起了数米高的巨浪。这种天气对登陆作战是极其不利的。飞机无法正常起飞，巨浪也会让登陆士兵们头晕脑胀以致无法正常作战。

6月4日傍晚，风暴变得更加猛烈了！当晚，盟军的高级军官都聚集在艾森豪威尔的别墅餐厅里，安静地坐在椅子上喝着咖啡。餐厅的墙上挂着一张巨大的军事地图，地图上满是大头针、箭头和标出盟军和德军位置的其他符号。

所有的人都和艾森豪威尔一样，在静静地等待着气象专家斯泰格上校关于天气的最新汇报。9点30分，斯泰格上校终于带着最新的天气预报走了进来。他说对众人："天气出现转机！"

盟军的高级军官们听到这个消息居然像孩子一样，兴高采烈地欢呼起来。斯泰格上校继续汇报说，大雨将在两三个小时以内停止，接着是36小时好转的天气，风力中等。虽然受到云层的妨碍，但轰炸机和战斗机可以在6月5日至6日间的晚上出动。

听完这个消息之后，艾森豪威尔背着手，低着头，不停地踱来踱去。所有人的目光都注视在他的身上。天气预报的不准确性很可能毁掉整个战役行动。如果"霸王"行动失败了，盟军将不得不再花几个月的时间来准备一次相同规模的战役。显然，这要消耗盟军更多的人力和物力，而且打垮德国法西斯的时间也很可能要向后延迟一年。

想到这里，艾森豪威尔抬头看了看参谋长史密斯。大家在一起共事两年之久，参谋长史密斯对艾森豪威尔的心思了如指掌。他迎着艾森豪威尔的目光，神情凝重地说："这是一场赌博！不过，这可能是一场最好的赌博。"

艾森豪威尔点了点头，将目光移向了地面部队总司令蒙哥马利，问道:"星期二（6月5日）不进行,你认为怎样?"

蒙哥马利挺直了身子,盯着艾森豪威尔的眼睛,毫不犹豫地答道:"不,我要干下去!"

空军司令特德再次表达了自己的意见,他不同意这样做。艾森豪威尔收住脚步,环视了一下众人,问道:"问题是,你们还能把这一战役在树梢上挂多长时间?"

窗外风雨交加,艾森豪威尔充耳不闻。他陷入了沉思,在冷静地衡量各个方案的可行性。9点45分,艾森豪威尔抬头看了看大家,坚定地说:"我确信必须下达命令。好,让我们干!"

随即,艾森豪威尔便以盟国远征军最高统帅部的名义,向全军下达了进攻的命令。就这样,历史上规模最大的一次两栖登陆作战开始了。

五

亲临战场指挥部队作战

1944年6月6日凌晨，盟军为大规模登陆实施了猛烈的炮火准备，对德军前沿阵地进行了一番梳理。随后，大批的盟军开始登陆了。由于盟军成功实施了欺骗计划，防守海岸的德军没有丝毫准备。防守塞纳湾海岸的德第八十四军军司令部在6月5日夜间还在庆祝军长马尔克斯将军的生日。宴会一直延续到后半夜，直到盟军空降兵开始着陆才中断。防守诺曼底海岸的德第七集团军，到6月6日凌晨2点15分才发出战斗警报。这时，盟军空降兵业已着陆，登陆部队着陆的航空火力准备已在进行。此时，B集团军群司令隆美尔也不在他的指挥部，而在家里为妻子举行生日宴会。

盟军的登陆行动进行得十分顺利。经过一天的激战，从海上登陆的英国和加拿大部队已达到75215人。他们在宽约40公里的正面向纵深突入了6~10公里。成功登陆的美国部队也达到了57500人。虽然他们"奥马哈"滩头的登陆行动不大顺利，付出了3000余人伤亡的代价，但在"犹他"却站稳了脚跟。与此同时，两个空降师也正在巩固阵地。战局正朝着蒙哥马利预料的方向发展，盟军掌握着制空权和制海权，德军的坦克则被牢牢地吸在了卡昂。

6月7日早上，蒙哥马利搭乘英国军舰"福尔克诺"号到达登陆滩头附近海面。在上岸之前，他来到了时任美国第一集团军司令布莱德雷的指挥舰上。两人就当前的战局交换了意见。随后，蒙哥马利回到英军地区，同其他一些高级指挥官讨论了战况。当天下午，艾森豪威尔乘坐拉姆齐海军上将的旗舰来到英军地区，蒙哥马利当即赶过去，同艾森豪威尔和拉姆齐会晤。蒙哥马利向艾森豪威尔汇报说,战况对盟军较为有利,部队正在稳步向前推进。德军虽然仍在顽强抵抗,但由于盟军的空军破坏了重要的桥梁和铁路,德军无法对诺曼底进行快速增援。艾森豪威尔对这一状况十分满意。

6月8日上午7点,蒙哥马利登上了海滩。自从敦刻尔克撤退之后,他已经将近4年没有踏上欧洲大陆的土地了。如今重新登上欧洲大陆,蒙哥马利显得意气风发,他仿佛在说:"看,终于可以雪洗敦刻尔克的耻辱了!"

蒙哥马利的指挥所设在贝叶以东几公里的小村庄克勒利。村里有一幢豪华的别墅,是德·德吕瓦尔夫人的产业。这位热情的法国妇人慷慨地把它借给了蒙哥马利。离开英国时,蒙哥马利让副官精心地布置了他的指挥车,并强调一定要满足日常生活的一切需求。蒙哥马利知道,"霸王"行动将是一场恶战,他可能一连几天都无法离开指挥车。

等到了前线指挥所,蒙哥马利才发现,他的指挥车还缺一件重要的东西——便壶。蒙哥马利让副官去向房东德·德吕瓦尔夫人借一只来。副官觉得向别人借便壶是一件很尴尬的事情,便决定向德吕瓦尔夫人借一只花瓶给总司令。

当德吕瓦尔夫人听说第二十一集团军群司令要借一只花瓶,立即忙开了。她把别墅里所有的花瓶都搜集在了一起,要副官挑一只他最喜欢的。德吕瓦尔夫人看着面前各式各样的花瓶,开心极了!能为蒙哥马利服务,这可能是她一生中最值得炫耀的事情了!

副官仔细察看了一番,皱了皱眉头说:"很抱歉,夫人!这些花瓶没有一只适合给将军插花的。还有别的式样没有?"

聪明的德吕瓦尔夫人突然意识到副官想要的花瓶并不是插花用的,而是晚上使用的"瓶"。她立即回答说:"哦,我可以找到另一种瓶,它与一般的花瓶稍有不同。不过,也许对军人适用。"

几分钟后,德吕瓦尔夫人拿来了一只饰有粉红色花卉的白色小夜壶。她得意洋洋地把这只夜壶放在刚刚搜集来的一大堆花瓶中,幽默地说:"我想这一定是将军乐于插花的!"

副官搔了搔头,回答说:"亲爱的夫人,确实是这样。而且这只花瓶放在将军的指挥车里也很合适。"

后来,德吕瓦尔夫人坚持要蒙哥马利保留"这只瓶子"!蒙哥马利笑了笑,便把它留了下来,当作他在法国作战的纪念品了。

战斗进行到6月12日之时,盟军已经初步在80公里宽的正面上建立了统一的登陆场,并在同一时期输送了32.6万名官兵、5.4万辆车辆和10.4万吨军用物资上岸。虽然从登陆场的纵深来看,盟军的登陆场纵深为13~19公里,平均每昼夜的前进速度仅为1.9~2.7公里,但盟军已立住了脚。德军在西线的败局已定。不过,由于德军仍在顽强抵抗,盟军登陆后的行动便开始缓慢起来,蒙哥马利在卡昂地区的行动尤其缓慢。一些人据此对蒙哥马利大加批评,指责他贻误战机!

8月1日,在欧洲大陆大战的21个美国师被重新编组,组建了第一和第三集团军。第一集团军由霍奇斯指挥,第三集团军则由巴顿指挥。这两个集团军又组成了美国第十二集团军群,由布莱德雷统辖。如此一来,布莱德雷和蒙哥马利就平起平坐了。不过,在艾森豪威尔将其司令部迁到法国并接管全面地面部队的指挥之前,蒙哥马利仍然行使全面指挥权。

随后,蒙哥马利、布莱德雷等人商议后,决定让巴顿将军率部于8月3日向布列塔尼半岛进军,其余的部队则向南、向东突击,扫清占瓦尔河以北地区,然后"横扫小树林地带以南地区"。天生喜欢打仗的巴顿将军给德军带来了严重的威胁。德军元帅隆美尔在盟军的轰炸中受伤,希特勒命根瑟·冯·克鲁格元帅接替隆美尔,指挥增派部队。希特勒亲自指挥整个战役。由于希特勒无法到前线指挥,他不得不使用无线电。于是,盟军便截听到了希特勒的全面计划和大部分具体细节。当克鲁格于8月6日夜进行攻击时,艾森豪威尔已经对他的兵力和行动了如指掌了。于是,艾森豪威尔迅速布置了一个陷阱,等待德军往里面钻。

8月7日,艾森豪威尔把司令部搬到了诺曼底。随后的几天里,盟军向前推进的速度不断加快。8月13日,艾森豪威尔以盟国远征军总司令的名义，向全军发出通报，号召他们英勇顽强，坚决歼灭敌人。艾森豪威尔在命令中说："由于只有用最大限度的热情、决心和快速行动才能抓住这个机会，所以我向你们提出最紧急的呼吁。我要求所有飞行员担负起日夜不停地打击敌人的使命，不能给他们任何喘息的机会；我要求所有水兵保证不让任何一部分敌军从海上逃跑或从海面上获得增援，并且保证供给我们陆地上的战友所需要的一切战略物资；我要求所有步兵，向敌人发动最猛烈的进攻，牢固占领每一寸已经攻占的土地，不让一个德国兵逃跑！"

蒙哥马利的第二十一集团军群沿着海岸线向比利时长驱直入，而第一和第三集团军向东直指巴黎。巴黎是一块磁铁，吸引着每一个人。每个师、军和集团军的指挥官都想得到解放巴黎的光荣。出于政治上的考虑，艾森豪威尔于8月21日命令雅克·勒克莱克将军所统率的法国第二装甲师和美国第四步兵师进入巴黎。1944年8月25日，勒克莱克将军奉命光荣地接受了德军的投降。从此，被德国占领达4年之久、有法兰西荣誉之称的这一伟大城市解放了。

巴黎的解放标志着"霸王"行动的结束。德国第七集团军和第五坦克集团军遭到决定性的失败，第一和第十九集团军大部分战斗力也被击溃。从盟军登陆之日算起，德军高级指挥官中有3个陆军元帅和1个集团军司令被撤职或被打伤，1个集团军司令、3个军长、15个师长和1个要塞司令被击毙或被俘。到8月底，西线德军已损失近50万人，其中多半是被俘的。盟军共缴获或击毁敌人坦克1300辆，军车2万辆，迫击炮500门，野炮和重炮1500门。法西斯德国的失败已经无可挽回了。

8月26日，盟军最高司令部发布的简报说："两个半月的苦战，最终使嗜血的德军伤亡惨重，支撑不住，因此，欧战结束近在眼前，几乎唾手可得。德国陆军在西线已土崩瓦解，巴黎再次回到法国人的怀抱，盟军正以排山倒海之势朝着第三帝国的疆界挺进。"

在实施"霸王"计划的过程中，蒙哥马利付出了巨大的努力，也做出了巨大的贡献。但蒙哥马利也因过于谨慎而丧失了一些战机，被盟军将领们指责说"太过小心翼翼"。但不得不承认，正是由于蒙哥马利的总体计划，德国人才垮得比预料的要快得多。在"霸王"计划中，盟军高级指挥官们曾设想在登陆后的 90 天内占领塞纳河左岸地区。但事实上，在登陆日后的第 79 天盟军就到达了塞纳河。

·第十章·

敲响第三帝国的丧钟

一

晋升为英国陆军元帅

"霸王"行动结束之后,面对即将土崩瓦解的德意志第三帝国,盟军的行动却不合常理地慢了下来。这主要是由两方面原因造成的。一方面,随着战线的不断拉长,盟军的后勤补给出现了一定的困难,部队的油料严重不足,无法迅速向前推进。另一方面,英、美两国之间的矛盾和争论也愈来愈多了。

盟军内部也因为荣誉和指挥权等问题产生了纠纷。蒙哥马利向艾森豪威尔提出,他应像"霸王"行动开始时一样,保持对全部地面部队的战术协调控制权。艾森豪威尔断然拒绝了他的要求。此时,美国的报纸已经在抱怨说,英国人统治着盟国远征军,因为英国人领导着主要的陆海空部队,而艾森豪威尔不过是一个傀儡罢了。正是基于这种考虑,艾森豪威尔才决定在9月初接管美国地面部队的指挥权。蒙哥马利对此十分不满,多次向艾森豪威尔提出了抗议。

更为糟糕的是,蒙哥马利与艾森豪威尔在军事战略上也发生了严重的分歧。关于如何渡过塞纳河实施追击,艾森豪威尔主张在宽阔的正面上全线挺进,打击德军。而蒙哥马利却恰恰相反,他主张由他所在的一翼单一地向北推进到德国的心脏地区。艾森豪威尔还拟订了一个作战计划,派遣蒙哥马利的第二十一集团军群向东北,朝安特卫普和鲁尔进发;派遣布雷德利的第十二集团军群从巴黎向东直指梅斯。

蒙哥马利对艾森豪威尔说,结束战争最快的办法就是把巴顿留在巴黎。另外,他还要求将新近运来的补给品,大部或全部交给他的第二十一集团军群使用。他甚至以警告的语气对艾森豪威尔说:"在取得巨大胜利之后，现在来改变指挥系统，只会延长战争时间。"

由于艾森豪威尔始终没有作出妥协，蒙哥马利邀请艾森豪威尔在第二天到他的司令部共进午餐。第二天的讨论理所当然地又成了蒙哥马利对艾森豪威尔大发牢骚的争吵。但不管他怎么说，艾森豪威尔始终没有动摇接过地面部队指挥权的决心。不过，艾森豪威尔也在一些方面对蒙哥马利做出了让步。蒙哥马利希望巴顿按兵不动，由自己来指挥空降集团军和第一集团军；自己的部队必须得到一切可以得到的补给品；自己的部队要越过加莱海峡，向安特卫普和布鲁塞尔挺进，直捣德国的工业中心鲁尔。

但巴顿和布莱德雷当然不会同意这种方案的。他们也频频向艾森豪威尔施压，争取补给和作战任务。经过讨价还价，艾森豪威尔允许巴顿继续向曼海姆和法兰克福进攻。此外，他还同意了布雷德利的请求，把第一集团军部署在阿登以南，以保障巴顿第三集团军左翼的安全。

这个消息被蒙哥马利得知以后，他勃然大怒，多次向艾森豪威尔提出了抗议。9月7日，他再次向艾森豪威尔提出抗议说，他的第二十一集团军群并没有得到补给优先权，并列举了大量的数据来证明自己的观点。在这封抗议电报的最后，他说："在这份电报中很难把问题说清楚。我不知道，你能不能来见布鲁塞尔见我。"

性格古怪而又傲慢的蒙哥马利在整个战争期间，只有一次主动到盟军司令部去见艾森豪威尔。除此之外，他总是坚持要艾森豪威尔去见他。善于妥协而又八面玲珑的艾森豪威尔也不以为意，在大多数情况下都满足了蒙哥马利的虚荣心。不过，蒙哥马利在9月7日提出这样的要求是非常不合适的。因为艾森豪威尔在9月2日遭遇了一场事故。

在凡尔赛会见布莱德雷和巴顿后，艾森豪威尔乘坐B-25型飞机飞回盟军总部。途中，飞机的一个消声器坏了，他不得不转乘一架L-5型飞机。这是一种航程有限，而且只可以乘坐一人的小型飞机。不巧的是，他们遇到了暴风雨，驾驶员迷了路，找不到跑道。在汽油快用完之时，他们在沙滩上迫降了。

艾森豪威尔跳下飞机，帮助驾驶员把飞机推过潮水线。在潮湿的沙

沙漠跳鼠·蒙哥马利

滩上，艾森豪威尔一不小心扭伤了膝盖。他的膝盖在西点军校之时就受过伤，这次扭伤对那个倒霉的膝盖来说简直就是雪上加霜。驾驶员好不容易才扶着他，走过盐滩，来到公路上。幸运的是，一辆路过的美军吉普车发现了他们，把他们送到盟军远征军司令部所在地格朗维尔。

他的膝盖又红又肿，痛得要命！两名副官把他抬到了床上，并打电话给医生。一名医生从伦敦飞来，给他做了仔细的检查。医生处理完之后，叮嘱他要卧床一个星期，不要随便活动受伤的膝盖。在此期间，艾森豪威尔的心情相当糟糕，经常发脾气。他已经54岁了，膝盖上的伤再也不会像年轻时候好得那样快了。一个星期之后，他的膝盖上仍然打着石膏。

蒙哥马利明明知道艾森豪威尔身上有伤，但仍然坚持要艾森豪威尔去见他。9月10日下午，艾森豪威尔带伤登上了飞往布鲁塞尔的飞机。膝盖上的伤让艾森豪威尔登上飞机已经很困难了，根本没有可能再从飞机上走下去。在这种情况下，蒙哥马利才拿着艾森豪威尔最近发出的一些命令登上飞机来见他。蒙哥马利激动地挥舞着手中的文件，指责艾森豪威尔在欺骗他。言外之意是说，根本不是艾森豪威尔在指挥地面部队，而是巴顿在指挥。因此，他要求艾森豪威尔把地面指挥权归还给他，并且宣称，两面出击最后将导致失败。

艾森豪威尔压制着自己的怒火，等蒙哥马利停下来时才说："冷静点，蒙蒂（蒙哥马利的昵称）！你不能这样对我说话，我是你的上司。"

蒙哥马利这才嘟囔着说了几句道歉的话，接着便提出由第二十一集团军群单独地通过阿纳姆，

战场上的蒙哥马利将军

蒙哥马利元帅（左一）、艾森豪威尔（左二）、朱可夫元帅（左三）、塔西厄将军在柏林

直插柏林，并要求得到他所需的补给。艾森豪威尔拒绝了他的要求。后来，艾森豪威尔在他的工作日记中写道："蒙哥马利的要求很简单，就是把什么都给他！他简直发了疯！"

就在这时，一家美国报纸莫名其妙地把艾森豪威尔要收回地面部队指挥权的消息捅了出来。英国国内的民众一下子炸开了锅。蒙哥马利是大不列颠和英国军队的英雄！英国新闻界认为，这是对蒙哥马利的不公正的贬谪，是在扇蒙哥马利和英国军队的耳光。英国各大媒体纷纷发表评论，要求把蒙哥马利调到盟军最高司令部制定战略计划，让艾森豪威尔到前线去试试看。

为平息种种猜忌和流言，艾森豪威尔于8月31日召开了一次记者招待会。他既要按原计划中止蒙哥马利对地面部队的全面指挥权，只让他指挥第二十一集团军群，又不能让外界把此举看作是对蒙哥马利的贬谪。

在这次记者招待会上，艾森豪威尔对蒙哥马利大加称颂。他说，蒙哥马利将军对"霸王"行动以及强渡塞纳河的作战作出了杰出贡献，并同其他指挥官一样恪尽职守，是值得称颂的。他决不容许任何人对蒙哥马利在登陆之初在卡昂地区的"缓慢进展"作出任何批评。他说："卡昂的每一粒土，对于敌人来说都像是无价的钻石。夺取卡昂一寸土地，无异于占领其他地区的20公里。"

随后，他又说："现在，当我们从当初的滩头阵地中突杀出来的时候，布莱德雷将军履行了蒙蒂的部分职责，并直接向我和司令部报告工作，任何把这件事不负责任地解释为蒙哥马利将军职位被贬的人，都没有很好地面对现实。"

很显然，艾森豪威尔企图向新闻界表明：蒙哥马利失去地面部队的指挥权，是军事形势的发展和盟军联合行动的需要，而不是对蒙哥马利的贬谪。

就在那天晚上，蒙哥马利突然收到了丘吉尔首相的一封信，信上写道："非常高兴地通知阁下，经我提议，英王陛下极为愉快地批准，自9月1日起晋升阁下为陆军元帅。王室对阁下亲临法国指挥这场值得纪念、也许是决定性的一战所建立的功勋，决定予以嘉奖。"

第二天早上，英国广播电台在新闻节目中插播了这一消息。艾森豪威尔立即向蒙哥马利发来热情洋溢的贺电。就这样，艾森豪威尔与蒙哥马利之间关于地面部队指挥权的争夺终于结束了。蒙哥马利体面地败下阵来。

二

"市场—花园"遭遇失败

尽管蒙哥马利交出了地面部队的全部指挥权,但对艾森豪威尔的"宽大正面"战略依然耿耿于怀,因为它违反了集中兵力的原则。这可能意味着更多的伤亡和战争进程的拖延。但英国的经济和人力状况要求盟军在1944年就取得胜利,不能再拖了。因此,蒙哥马利决心说服艾森豪威尔接受他的单一冲击战略。

从军事角度讲,蒙哥马利的单一冲击战略更符合战争的发展形势。诺曼底战役结束后,德军第七集团军的人员和装备损失惨重,已经不可能在节节胜利的盟军和德国边境之间筑起一道坚固的防线了。假如盟军集中40个师的兵力,一齐出动,德军肯定无力招架。丘吉尔和所有的英国人都支持蒙哥马利提出的战略,甚至连在伦敦工作的美国人都认为应该实施单一冲击战略。一位在伦敦工作的美军将领说:"所有在伦敦的美国人都觉得,正确的战略是在鲁尔的北面进行单一冲击,进入德国北部平原,其他各线停止不动。"

不过,美国国内的民众并不这样看。他们更多地从荣誉或指挥权的角度去考虑这场远离美国本土的战争。他们似乎更乐意看到美国人在战争中握有最高指挥权,并斩获胜利的荣誉。如果实施蒙哥马利的战略的话,必定要将第十二集团军群的指挥权重新交给蒙哥马利。因为艾森豪威尔这位美国人已经是盟军最高司令了。

很显然,唯有将地面部队指挥权交给蒙哥马利才能平衡美、英在盟军中的领导关系,但是美国人是不会同意这样做的。因此,艾森豪威尔在与蒙哥马利谈话时曾一语道破天机地说:"美国公众对这种做法绝对不会赞成,而舆论足以赢得战争。"

在这场战略之争中,蒙哥马利再次败下阵来。一连几天,他的心情都十分沉重。更让他感到郁闷的是,美军将领对他晋升为陆军元帅一事颇多怨言。当时,美军中尚没有与元帅相当的军衔,身为盟军总司令的艾森豪威尔也不过只是一名上将。许多美军将领都认为英国人将蒙哥马利晋升为元帅是对美国人的侮辱!第三集团军司令巴顿将军就曾毫不隐讳地说:"陆军元帅这件事令我不快。"

除此之外,还有一些美军将领认为蒙哥马利根本不配被晋升为元帅。一向温文尔雅的布莱德雷在蒙哥马利被晋升为元帅之后就曾怒吼道:"蒙哥马利不过是个三流将军而已。他从未干出过什么名堂,别人打不赢的战争,他也没有打赢,更不必说打得比别人好了。"

闷闷不乐的蒙哥马利决心像巴顿的第三集团军那样,来一场秋风扫落叶式的迅速推进。结果,他的装甲部队在一周之内就向东横扫了400公里。当然,第二十一集团军群装甲部队之所以能够如此迅速推进,主要是因为德军没能建立起牢固的防线。当初,巴顿的第三集团军之所以能够快速向前推进,也是这个原因。

9月3日,第二十一集团军群警卫装甲师突入了布鲁塞尔。次日,第十一装甲师解放了安特卫普。那些对战争厌倦透顶的居民中自发地涌上街头,欢迎他们的解放者。大街上到处都是狂欢的人群。老人们手捧着酒碗和各色食物,一个劲地往士兵们面前送;年轻的姑娘们也忘记了羞涩,热烈地拥抱和亲吻着解放者;孩子们则成群结队地在人群中欢快地奔跑着……

疯狂的希特勒为了挽回被动的局势,将刚刚研制成功的V-2导弹投入了战场。这种新型武器的杀伤力极大。9月8日黄昏,德军在荷兰首次发射了这种射程超过300公里的武器。导弹落在了伦敦西区,发生了猛烈爆炸。导弹爆炸产生的冲击波摧毁了大片建筑,道路被炸出9米见方的弹坑,3人当场丧生,几十人受伤。一时间,英国陷入了一片恐慌之中。

9月9日,陆军部就德国发射V-2导弹一事向蒙哥马利作了通报。

陆军部估计这些导弹是从鹿特丹和阿姆斯特丹附近发射的，并问他何时能够攻下这一地区。这一问题的提出，实际上就为蒙哥马利指定了挺进方向，那就是阿纳姆一带。

不过，要想顺利挺进阿纳姆一带并非易事。长年累月的战争再加上漫长的战线，导致盟军的物资供应出现了严重的危机。盟军两线作战则进一步加剧了这种危机。蒙哥马利认为，若想取得这一战役的胜利，必须首先解决给养问题。9月10日下午，蒙哥马利与艾森豪威尔在布鲁塞尔会晤。蒙哥马利开门见山地说："横渡塞纳河以来，我的总部一直在向北推进，而布莱德雷的总部则向东移去。地面战斗越发显得脱节，不协调。"

艾森豪威尔看了看蒙哥马利，但没有就此事发表任何看法。蒙哥马利接着说："如果坚持两个方向的进攻，给养被分成两个部分，到最后一个方向也攻不下来。"

艾森豪威尔依然保持着沉默。尽管他知道蒙哥马利的建议是正确的，但从政治角度来考虑，他无法在蒙哥马利和布莱德雷的计划中选择任何一方。经过一番讨论，艾森豪威尔同意蒙哥马利向阿纳姆进军，但同时也支持布莱德雷继续向东挺进。

第二天，蒙哥马利再次向艾森豪威尔发去电报，要求他改变决定。艾森豪威尔终于被蒙哥马利的执着打动了，他决定让布莱德雷的进军暂时停下来，把全部补给优先供第二十一集团军群使用。艾森豪威尔派他的参谋长史密斯将军来到布鲁塞尔，将此事当面告知了蒙哥马利。

得到这些允诺之后，蒙哥马利兴奋异常，他立刻决定在9月17日对阿纳姆发动攻势，行动代号为"市场—花园"。"市场—花园"计划一改蒙哥马利谨慎的作风，极其大胆，而且富有想象力。布莱德雷就曾把它称为"这次大战中最富有想象力的一项作战计划"。蒙哥马利打算让空降部队越过欧洲西北部的五大河流，组成"地毯式"的进攻队形，横扫德军在鲁尔一线的防线。蒙哥马利的具体部署是：霍罗克斯指挥第三十军沿着这条"地毯"的轴线进攻，和阿纳姆地区的英第一空降师会合，在该地以北的下莱茵河对岸建立桥头阵地。然后，第二集团军应在阿纳

沙漠跳鼠・蒙哥马利 · shamotiaoshu · menggemali ·

蒙哥马利元帅部署战役

姆至须德海这一地区向东进击，以便向鲁尔北翼发起进攻。在第三十军沿着空降师的"地毯式"进攻轴线北上时，其他两个军——东边的奥康纳的第八军和西边里奇的第十二军应扩大前进轴线的两翼。

9月17日，蒙哥马利如期发动了"市场—花园"行动。第一天，天气良好，空降行动进行得很顺利。盟军共出动了4430架次的飞机，将英国第一空降师、美国第八十二空降师、美国第一〇一空降师和一个波兰空降旅送到了预定地点。但各空降师在着陆之后的行动忽然变得艰难起来，第一空降师的处境尤为糟糕。两天之后，正当各空降师急需空降补给之时，天气却突然变坏了。更为严重的是，布莱德雷并没有停止向东的进军，导致艾森豪威尔既不能削减，也不能停止其给养供应的局面。这就使得蒙哥马利的第二十一集团军群无法得到足够数量的补给，在一定程度上阻碍了"市场—花园"行动的实施。

结果，蒙哥马利不得不在9月25日下令停止已经在事实上失败了的"市场—花园"计划。在这次作战中，第八十二、第一〇一空降师伤亡3542人，英第一空降师伤亡3716人，但取得的战果却极其有限。他们仅仅通过德军阵地打通了一条约 100 公里长的狭长通道，保住了横跨在默兹河和伐耳河上的桥梁。但是，他最主要的一个目标——阿纳姆城的莱茵河桥，仍牢牢地掌握在德国人手里。

"市场—花园"行动的失败在盟军中引起了极大的震动，蒙哥马利也成为了美军将领指责和嘲笑的对象。不过，这次失败的原因并不能全部归结到蒙哥马利一个人的头上。首先，由于布莱德雷没有执行艾森豪威尔的命令，致使第二十一集团军群的给养供应严重不足，影响了计划的实施。其次，由于战略上的分歧，艾森豪威尔直到9月才批准蒙哥马利的计划，致使德军得以加强了阿纳姆一带的防御力量。最后，盟军情报部门的失误，各级指挥官错误的指挥和恶劣的天气等都是这次失败的主要原因。

当然，蒙哥马利要为这次行动的失败负主要责任。因为这项计划本身就存在着先天不足的缺陷。随着战线的不断拉长，安特卫普港的战略地位上升了。早在第十一装甲师夺取了安特卫普时，海军上将拉姆齐就要求尽快肃清安特卫普附近残敌，使该港得以开放。但为了进军方向问题而争论不休的蒙哥马利和艾森豪威尔都没有意识到，如果不完全打通安特卫普港，盟军就无法得到充足的物资供应。希特勒的反应显然比艾森豪威尔和蒙哥马利要灵敏得多。安特卫普失守之后，他立刻觉察到，通往安特卫普的航道与占领这一城市本身同样重要。他立即下令通过布雷、炮击和派兵据守等方式扼守了从大海通向安特卫普的斯海尔德河。结果，盟军虽在9月4日就完好无损地夺取了安特卫普城和港口，但盟军的船只直到11月28日才能靠上安特卫普的码头。后来，蒙哥马利也坦然承认："我们低估了打开安特卫普港以便自由地使用该港的困难。我认为，当我们挥师鲁尔时，加拿大集团军能完成这一任务。但我错了。"

三

粉碎德军的疯狂反扑

"市场—花园"行动失败后,盟军高级将领终于意识到了安特卫普的重要性。艾森豪威尔迫不及待地指示蒙哥马利"把打开安特卫普港当做头等大事"。不幸的是,两人之间的争论和分歧依然没有结束。艾森豪威尔在百般无奈之下,对蒙哥马利说,他向联席参谋长会议报告,打算解除蒙哥马利对第二十一集团军群指挥权。蒙哥马利这才赶紧发电报给艾森豪威尔,保证百分之百地按照盟军总司令的命令行动,并在电文的署名上签上了"您非常忠诚的下属,蒙蒂"的字样。

争论结束之后,蒙哥马利终于向他的第二十一集团军群下达了一道扫清安特卫普航道的命令。德军在斯海尔德河航道上的防御异常坚固。第二十一集团军群与德军展开了一场旷日持久、血肉横飞的战斗。盟军士兵们与德军展开了拉锯战,为了控制一个堤坝,都要展开反复的争夺。战斗虽然胜利结束了,但蒙哥马利的第二十一集团军群也付出了惨重的代价。参加战斗的第五十二师和加拿大第二师伤亡达到了 27633 人。

与此同时,美军也没有闲着。尽管艾森豪威尔曾答应蒙哥马利,让停止美军的行动,但布莱德雷并没有认真执行这一命令。美军第十二集团群继续在向萨尔方向挺进。结果,巴顿的第三集团军和霍奇斯将军的第一集团军都遭遇了德军的顽强抵抗。结果,2.4 万美军战死、被俘或失踪,9000 名美军患了战壕足病、战斗疲劳症等病症。巴顿将军也尝到了曾经让蒙哥马利裹足不前的德国式阻击。可以说,美军在这一阶段基本上没有取得什么战果。后来,美国历史学家也将 1944 年秋季的战斗称之为"基本无成果的战斗",是一场"完全应当避免的行动"。

阴雨连绵的天气、迟缓的战斗进展让蒙哥马利烦躁不安。他的脾气变得很坏，似乎对什么都看不顺眼。11月29日，他给艾森豪威尔写了一封短信，悲观地指出："我们没有取得成功，我们在战略上倒退了。"

同样烦躁不安的艾森豪威尔看了蒙哥马利的信，立即勃然大怒！他在回信中尖刻地回答道："我不能苟同蒙哥马利元帅把这一伟大战斗行动看作是失败。"

两人之间再次爆发了冲突。而且，这一冲突不断升级，最后竟然惊动了美国总统罗斯福和英国首相丘吉尔。两国首脑各自支持一方，也通过书信和越洋电话展开了激烈的争论。

盟军内部的分歧给希特勒创造了可乘之机。自从盟军在诺曼底登陆成功后，疯狂的希特勒就开始酝酿反攻行动了。为了挽回败局，希特勒再次大规模地征召士兵。他规定，凡是15岁到60岁之间的男子必须扛起枪去阻击盟军和苏联红军。德国法西斯已经走到了穷途末路。新征召的士兵由于年龄太小或太大，战斗力十分低下，而且兵员补充的速度也远远赶不上前线的伤亡数字。另一方面，由于大批的技术工人被征召入伍，军工生产的速度也慢了下来。此时，无论是从部队规模，还是从战略物资储备上来看，盟军都已经占了绝对优势。

但困兽犹斗的法西斯德国仍然在1944年的秋冬季节给盟军造成了极大的压力。决定孤注一掷的希特勒秘密组建了第六装甲集团军，并制定了代号为"莱茵河卫兵"的作战计划。这个计划的主要内容是：集中优势兵力，迅速从美军防守薄弱的阿登山区突破盟军防线，强渡马斯河，夺取盟军的主要补给港口安特卫普，把盟军一分为二，并制造第二个敦刻尔克，迫使英美两国单独和德国媾和。然后，德军再转头，集中所有的力量来对付苏联。

1940年的时候，德军曾从这一地区绕过马其诺防线，成功突入法国腹地。如今，历史是否要重演呢？从当时的情况来看，这是极有可能发生的事情。因为内部风波不断的盟军最高司令部并没有发现德军的秘密行动。

12月16日凌晨，夜黑风高，迷雾重重，大地一片沉寂。德军13个

沙漠跳鼠·shamotiaoshu· 蒙哥马利·menggemali·

步兵团和10个装甲师已经在阿登山区做好了出发前的最后准备。然而，盟军对此依然毫不知情。5点30分，德军2000门大炮一齐向美第八军的阵地发射炮弹。顷刻间，阿登山区被炮弹爆炸的火光照得如同白昼。紧接着，德军地面部队发起了大规模的进攻，步兵跟随在装甲车后面，潮水般涌向美军阵地。惊慌失措的米德尔顿对当面德军的情况一点也不了解，根本不知道应当如何组织防御。更为严重的是，由于晨雾太重，盟军的空军和炮兵也无法提供有效的支援。美第八军立即陷入了一片混乱之中。

总攻前，德军还实施了两个特别行动以配合正面进攻。一是代号"鹰"的空降作战行动，目标占领美军后方的公路交通枢纽；另一代号"格里芬"行动则由德军特种部队——第150装甲旅执行。他们装扮成美军，在德国大部队到来之前潜入盟军阵地，尽可能地制造混乱和破坏，占领战略要地。

阿登战役打响的第二天，美军第一〇六师的两个团7000多人被德军包围了，而后投降，成为美军在欧洲战场上遭到的最严重失败。第三天，中路德军第五装甲集团军逼近公路交通枢纽巴斯通；右翼党卫军第六装甲集团军占领了马斯河渡口；左翼第七集团军渡过奥尔河。

到12月20日，德军已撕开美军防线，形成一个宽约100公里、纵深30公里至50公里的突出部。局势急剧恶化，布莱德雷的第十二集团军群被德军一分为二。北部的第九集团军和第一集团军已经与巴顿的第三集团军失去了联系。设在卢森堡的第十二集团军群司令部也无法对北部的两个集团军进行有效的指挥了。如此一来，艾森豪威尔不得不对盟军战线进行了重新部署。他命令巴顿的第三集团军进入德军突出部分的侧翼，并将被切断联系的第一集团军和第九集团军划给了蒙哥马利指挥。布莱德雷对这一变动，表示极力反对，他认为这样会使美军指挥官名声扫地。直到艾森豪威尔向他允诺，这一变动是暂时的，他才勉强接受。

12月20日，艾森豪威尔把这一决定通过电话告诉了蒙哥马利。蒙哥马利高兴极了，他后来得意地说："对那些批评我的人以及那些反对

蒙哥马利元帅费了两个月的时间才好不容易拿下来的交通枢纽凯恩

我的主张的美国将军们来说，这个消息肯定不是让他们愉快的事情。"

接到命令之后，蒙哥马利立即敏捷而果断地行动了起来。在两个小时之内，他连续向各军司令官发出了十几道命令。根据战场的态势，蒙哥马利决定把英国部队置于第九集团军司令辛普森将军的指挥下，并让第九集团军接管了第一集团军的部分阵地。在美军后备队组成以前，英军暂时配置在第一和第九集团军后面，充当后备梯队。

经过这一调整，前线的指挥得到了加强。北线部队在蒙哥马利统一指挥下，顶住了德军的反攻，组成了一道坚固屏障；南线的布莱德雷和巴顿，则按计划向德军发起了进攻。德军狭长的突击阵地两翼都承受了巨大的压力，已渐成强弩之末。

12月25日，美军第二装甲师在塞勒斯与德军第二装甲师展开了激战。一战下来，德军阵亡2500人，被俘1050人，所有坦克损失殆尽。美军第二装甲师由此获得了"活动地狱"的绰号。

12月26日，美军第四装甲师先头部队终于杀开一条血路，冲进了巴斯通，加强巴斯通的防御力量。由于天气转好，盟军空军也开始支援地面作战，给德军第五装甲集团军以致命打击，德军强渡马斯河的希望落空了。

  1945年1月1日，德军出动1000多架飞机，对法国、比利时和荷兰境内的盟军机场进行空袭，炸毁盟军飞机260架。与此同时，德军的地面部队趁机向阿尔萨斯北部发起了进攻。3日，盟军在艾森豪威尔的统一指挥下发动了大规模反攻。巴顿的第三集团军和坚守阿登地区的第一集团军同时出击。从这一天开始，敌我双方在阿尔萨斯展开了阿登战役中最激烈的一场战斗。经过数日的血战，盟军终于击退了德军，并给其造成了惨重的损失。

  1945年1月6日，丘吉尔向斯大林求援。第二天，斯大林就复电，表示要加紧准备工作，尽早从东线发动进攻。1月12日，苏联红军提前发动了维斯瓦—奥德河战役，重创德军。希特勒不得不于1月22日将原本在西线战场的党卫军第六装甲集团军调往东线。如此一来，盟军的压力就大大减轻了。与此同时，艾森豪威尔下令盟军发动反击战。在德军党卫第六装甲集团军调往东线之后，盟军的追击速度明显加快。到1月28日，德军被全部赶回了阿登战役发起前的位置。至此，整个阿登战役结束。

  阿登战役是西线规模最大的一次阵地反击战，有60多万名德军、近65万名盟军参战。美军伤81000人、亡19000人，英军伤1400人、亡200人，德军则有超过10万人伤亡、被俘或失踪，损失了1600架飞机、6000辆汽车、600辆坦克和重炮。阿登战役使德国消耗了最后的精锐部队，再也没有后备力量可以补充，因而成为在西线德军发动的最后一次进攻。

四

指挥部队强渡莱茵河

阿登战役不仅使法西斯德国在西线的失败成为不可避免的趋势，而且也葬送了东线的德军，因为希特勒将他的最后的后备力量都投入到了这场战役之中。在东线战场上，苏联红军以占绝对优势的兵力和装备迅速向西推进。到1月27日，朱可夫元帅率领的白俄罗斯第一方面军已经抢占了奥得河的登陆场，在20天内连续向前推进了500多公里，离柏林只有150公里了。德国法西斯的灭亡就在眼前了。

但就在这时，蒙哥马利与艾森豪威尔之间再次爆发了争论。蒙哥马利旧事重提，希望将地面部队的指挥权全部交给他，从单一方向对德军实施打击。过去几个月的战斗已经越来越清楚地表明，艾森豪威尔的"宽大正面"战略收效甚微，美军和英军沿着莱茵河或在其附近的小规模战斗也没有多大进展。盟军参谋机构就艾森豪威尔与蒙哥马利的方案进行了多次深入细致的讨论。

1945年1月末，双方终于在马耳他举行的最高级会议上达成了一项妥协方案。艾森豪威尔同意蒙哥马利在北面发动大规模的攻势，以夺取莱茵河渡口。在渡过莱茵河之后，盟军将在北侧用最大力量向前推进，然后再考虑南方的局势。

对蒙哥马利来说，这样的结果是所能得到的最好结果。这样，就为英军在欧洲西北部进行的"诚实"作战行动打开了道路。蒙哥马利的企图是：让加拿大集团军渡过马斯河向南和东南方向进攻，为下一个将由辛普森第九集团军实施的"手榴弹"行动创造条件。

2月8日，蒙哥马利如期发动了"诚实"行动。起初，加拿大集团军的进攻比较顺利,但很快就被洪水和泥泞的沼泽地带挡住了前进的道路。加拿大集团军的攻势减弱了。

2月23日,美国第九集团军也在蒙哥马利的统一指挥下发动了代号为"手榴弹"的军事行动。在集团军司令辛普森的直接指挥下,30万美军士兵开始强渡鲁尔河。德军的抵抗威胁不大,但鲁尔河的洪水却给辛普森制造了麻烦。河上的风浪打翻了工兵的好几只船,阻碍了架桥。

"手榴弹"行动发动之时,加拿大集团军也加强了"诚实"行动的攻势。经过激烈的战斗,第二十一集团军群终于步步为营地穿过了密密的树林,在洪水淹没过的平原上推进。第三十军一路领先,经过两场残酷的肉搏战之后,夺取了两个重要目标——克莱维茨和戈什。

戈什是德军齐格菲防线上最坚固的堡垒之一。蒙哥马利得到戈什被攻破的消息,高兴极了。这时,在辛普森那边的战斗也取得了实质性的进展。第九集团军在一条广阔的战线上安全地渡过鲁尔河,并在河上建起了7座能通过坦克的大桥和12座供步兵使用的轻便桥。另外,巴顿的第三集团军也开始行动了。

德军西线总司令冯·龙德施泰特元帅,如果他不迅速后撤的话,蒙哥马利发起的"诚实"和"手榴弹"两大行动将会像两把铁锤一样,把他的两支军队敲得粉碎。2月25日,龙德施泰特元帅向希特勒报告说:"假如不全面撤回莱茵河西岸部队,盟军下一步将毫不费力地渡过莱茵河,整个西线将彻底崩溃。"

但希特勒并没有理会龙德施泰特的建议。战局的发展正如龙德施泰特元帅预料的那样,盟军步步紧逼,德军则迅速溃败。3月1日,辛普森的第九集团军攻克了门兴—格拉特巴赫。这是第二次世界大战中盟军攻占德国的第一个大城市。该城距莱茵河只有30公里了。

3月10日,第九集团军与加拿大集团军终于合兵一处。"诚实"行动和"手榴弹"行动终于顺利结束了。在两次作战行动中,德军伤亡9万余人,19个师被完全击溃了。蒙哥马利如愿以偿地扫清了莱茵河西岸的德军,打通了向东跨过莱茵河的道路。

蒙哥马利的第二十一集团军群和美第九集团军在莱茵河西岸从诺伊

英国首相丘吉尔在蒙哥马利元帅陪同下乘坐水陆两栖装甲车跨过莱茵河

斯到奈梅根一线摆开了阵势。如今，德军的抵抗已经变得无足轻重了，眼前奔腾不息的莱茵河远比德军的枪炮更加可怕。望着眼前滚滚的河水，蒙哥马利的内心也久久不能平静。河上的大部分桥梁已被德军炸毁，只有马雷根桥意外地成为美第一集团军的战利品。但是马雷根桥的对面是一道巨大的石壁。如果从这里渡过莱茵河的话，第二十一集团军群今后的发展将会受到极大的限制。所以，蒙哥马利并不主张从马雷根桥强渡莱茵河。

在德国离最后失败已经不远的这个时候，一向以谨慎著称的蒙哥马利，显得比以前更加小心。他不希望看到自己的战士在胜利前倒下，他要把成千上万优秀的小伙子们送回到他们的母亲和情人身边。为此，他指挥35个师的庞大军队，为强渡莱茵河做准备工作。就其准备的规模和喧嚷程度而言，这次代号为"劫掠"的渡河战役似乎仅次于"霸王"行动。蒙哥马利集中了优势兵力，并调集了大量的战略物资和武器装备，准备与希特勒在西线尚存的精锐部队进行一次大决战。

丘吉尔、英国总参谋长布鲁克和盟军远征军总司令艾森豪威尔都亲自到莱茵河畔视察了蒙哥马利的准备工作。丘吉尔曾生动地描述过这次规模庞大的准备工作。他在日记中写道:"我们将投入所有的力量。百万大军前面8万人的先头部队将猛扑过去。大量的船只和浮桥都已准备就绪。在河的对岸,是据守在战壕里并配备有各种现代化火器的德军。"

然而,第三集团军司令巴顿的冒险行动证明蒙哥马利的谨慎是多余的。在战斗中,他根据德军与盟军刚一接触便缴械投降的状况判断,德军已经失去了抵抗意志,眼下完全可以派部队强渡莱茵河。他对部下说:"再也没有比现在更好的时机了,我们还在等什么?"

于是,巴顿在没有空中支援,没有地面炮火准备,没有在敌军防线后方空投空降部队,甚至没有真正得到上级授权进攻的情况下,发出了开始攻渡莱茵河的信号。巴顿命令一下,整编第五师即以两个营的兵力于3月22日晚上11点开始渡河。部队几乎没有遭到任何抵抗,便顺利地抵达了莱茵河东岸。到3月23日黎明时分,巴顿的第三集团军已经有6个营顺利地抵达了东岸,而且伤亡人数只有34人。在这种情况下,巴顿当机立断,随后又把一个师的兵力运过河去,从而建立了美军第二个桥头堡阵地。

起初,巴顿对这次行动保持了沉默。直到3月23日上午,他才打电话对集团军群司令布雷德利说:"嗨,布雷,我已经渡过了河,但先不要声张。"

布雷德利惊讶地说:"什么?你说什么?你是说渡过了莱茵河?"

巴顿洋洋得意地回答说:"是的,昨天夜间,我让一个师悄悄地渡过河。对岸德军部队少得很,他们现在还不知道呢。所以先不要声张,先保守秘密,然后再看看情况会如何发展。"

当晚,巴顿又给布雷德利打电话。这次他并没有要求布雷德利帮他保守秘密,而是大声嚷嚷着,要让全世界知道,他在蒙哥马利之前强渡了莱茵河。

3月24日一早,一身戎装、神采奕奕的巴顿便在第十二军军长埃迪将军等人的陪同下,以胜利者的姿态跨过了莱茵河。当汽车开到桥中间时,巴顿让司机把车停了下来。捣蛋的巴顿摇下车窗,朝河里吐了一口唾沫,而后洋洋得意让司机继续向前开去。巴顿的举动把他的部下们都逗乐了，这个伟大的将军以他率真的行为表现他对德军的蔑视！

第三集团军渡过莱茵河的 24 个小时之后，蒙哥马利也指挥部队强渡了莱茵河。第二十一集团军群的渡河行动引起了丘吉尔的强烈兴趣。他亲自来到前线，慰问将士，并同蒙哥马利一起观看了空降师在莱茵河对岸空降的壮观场景。丘吉尔不无炫耀地向斯大林发去了一封热情洋溢的电报。他在电报上说："现在，我正和蒙哥马利元帅在一起。在他的司令部，他刚刚下令从以韦塞尔为中心点的广阔的战线上发动强渡莱茵河的主攻。这次战斗将得到 3000 门大炮和一个空降军的支援。预计部队将于今晚和明天渡过河去，并在对岸建立起桥头堡阵地。一旦强渡成功，一支格外强大的装甲预备队将乘胜追击。"

强渡莱茵河的行动，并未遇到原先设想的猛烈抵抗。首批渡河部队在过河时只损失了 34 个人。这一方面是由于德军士气低落，无心恋战，另一方面是由于蒙哥马利组织得当，达成了战役的突然性。德军对蒙哥马利的行动感到突然，被打了个措手不及。不过，蒙哥马利并不开心。因为他的行动再一次落在了善于冒险的巴顿之后。

五

希特勒和第三帝国的覆灭

渡过莱茵河之后,盟国之间就今后的行动问题再次出现了分歧。根据原定作战计划,渡过莱茵河之后,盟军应首先抵达易北河,然后再向柏林推进。因此,蒙哥马利渡过莱茵河之后,便立即向他的部队迅速下达了命令:第一集团军和第九集团军分别向汉堡和马格德堡推进,然后准备与美第十二集团军群配合,摧毁鲁尔工业区。与此同时,加拿大集团军将扫荡盘踞在荷兰的残敌,并沿海岸线向易北河推进。

3月27日6点,蒙哥马利把他的计划用电报告知了艾森豪威尔。但是艾森豪威尔却否决了蒙哥马利的计划,指示部队当前行动的第一步仍是包围鲁尔,但不用急于攻取它。因为鲁尔是人口稠密的工业区,本地并无食品来源,单靠饥饿就能使它投降,这样可以减少盟军的大量伤亡。鲁尔合围完成以后,可以考虑让布莱德雷穿过德国中部,在易北河同苏联红军会师,而后再分别向北、向南两个方向突击进入丹麦和奥地利。德弗斯的第六集团军群和蒙哥马利的第二十一集团军群则在布莱德雷两侧支援。这就意味着,蒙哥马利在战争的最后一刻将只能担任一个次要角色,而盟军的主要目标也将不再指向柏林。

消息传出去之后,丘吉尔和英国军界人士极为恼火,纷纷指责艾森豪威尔改变了计划,不让蒙哥马利担任主要突击力量去攻占柏林。柏林是法西斯德国的大本营,攻占柏林是莫大的荣誉。英国人不愿意将这个荣誉让给苏联。但这主要是政治上的考虑,包括艾森豪威尔在内的美国人并不赞同这种看法。

丘吉尔多次写信给罗斯福,希望他能让艾森豪威尔改变主意。此时的罗斯福已经病入膏肓，距离逝世之日仅10余天的时间，所有的军事大权都握在参谋长马歇尔的手中，而马歇尔又极力支持艾森豪威尔的计划。就这样，丘吉尔始终未能改变盟军的战略计划。

实际上，艾森豪威尔做出这样的决定是正确的。首先，从军事上来讲，盟军根本不可能赶在苏联红军之前攻克柏林。当时，苏联红军在东线战场已经清除了进攻柏林的主要障碍，朱可夫元帅指挥的白俄罗斯第一方面军距离柏林仅仅60公里，而蒙哥马利的部队距离柏林尚有480公里。也就是说，盟军想抢先攻占柏林几乎是不可能的了。

其次，柏林是法西斯德国的大本营，希特勒势必会部署重兵把守，而且势必会拼死抵抗。在这种情况下，要强攻柏林，肯定要付出重大的伤亡代价。布莱德雷将军回忆说："假设即使我们能在朱可夫元帅强渡奥德河之前到达易北河，那么易北河离柏林反正还有80公里的低地带。在柏林西部一带地区，湖泊棋布，河网纵横。艾森豪威尔问我，据我看，从易北河冲到柏林，我们要付出多大代价？对这个问题，我说，我估计我们大约要损失10万人。"

艾森豪威尔是一个十分珍惜士兵生命的统帅，他绝对不会用10万人的生命去换取一个不可能存在的胜利。

最后，苏、美、英三国首脑已经在雅尔塔会议上划定了各自在德国的占领区，柏林是在苏联占领区内，但柏林市将有盟军与苏联红军共同驻守。也就是说，盟军如果要攻克柏林，必须先帮苏联红军打几仗，占领柏林之后还要退出来。这从军事角度来讲是极不合算的事情。于是，艾森豪威尔极力坚持自己的意见，不愿为了政治上的威望而付出军事上的牺牲。

有意思的是，一向喜欢坚持己见，爱与艾森豪威尔争论的蒙哥马利在这时却异常平静地接受了这一既定事实。在给艾森豪威尔的回电中，他只提了一个要求，即在他到达易北河以前，暂时保留目前的指挥机构。艾森豪威尔答应了他的要求。

4月1日，蒙哥马利指挥第二十一集团军群与布莱德雷的第十二集团军群相向而行，顺利地完成了对鲁尔的合围，把德军B集团军群的21

蒙哥马利（右四）在柏林

个师装进了大口袋。时任B集团军群司令的莫德尔将军多次率部突围，但都被盟军打了回去。4月18日，盟军攻入鲁尔，B集团军群全部被歼。莫德尔下落不明，有人说他最后时刻自杀了。

当鲁尔战役进入尾声时，盟军的一部分部队便开始向东挺进，直指易北河。蒙哥马利指挥部队迅速推进，很快就抵达了预定地点，与苏联红军顺利会师了。在易北河上稍事休整后，蒙哥马利又日夜兼程地指挥大军按计划直指波罗的海沿岸。在这里，他同苏联红军展开了行军竞赛，他要抢在苏军之前进入丹麦。为了加快行军速度，蒙哥马利命令各师在狭窄的挺进线上，作大纵深挺进作战。装甲先头突击部队绕过德军还在抵抗的地区，开足马力向前推进，把攻击该地区敌军的任务交给后面赶来的步兵部队。

在蒙哥马利迅速向波罗的海沿岸推进之时，朱可夫元帅率领的白俄罗斯第一方面军已经连续突破了德军的3道防线，逼近了柏林防御圈。希特勒被迫把全部预备队都投入了战斗，但已经毫无办法抵挡苏联红军摧枯拉朽般的攻势了。

4月20日，苏联红军开始炮击柏林。次日，朱可夫元帅指挥的白俄罗斯第一方面军从东面、北面，乌克兰第一方面军从南面和东南面向柏林突击，在郊区展开激战，并冲入市区。从 4 月 21 日到 5 月 2 日，白俄罗斯第一方面军 11000 门火炮向柏林发射了 180 万发炮弹，相当于 36000 吨钢铁重量。整个柏林几乎被夷为平地。在红军的猛烈攻击下，柏林的防御终于土崩瓦解了。

在生死存亡的最后一刻，希特勒命令党卫军向柏林南郊的苏联人发动全面反攻。他要求柏林的所有德军必须全部投入战斗。在命令中，他发狠道："所有按兵不动的司令，都要在 5 小时内被处决，保证只剩最后一个人也要投入战斗！"

但是德军大多数官兵在最危险的时刻没有选择同希特勒一起走向灭亡，他们选择了逃生。大量的德军官兵纷纷乔装出逃，甚至连他身边的指挥官也跑得无影无踪了。希特勒在这一刻绝望了，他尖叫道："这就是末日了！每个人都背叛了我。除了背叛、撒谎、腐化和怯懦之外，没有别的。一切都完啦！"

希特勒决心留在柏林，同他的第三帝国一起走向灭亡。尽管有人劝他离开柏林，到南方去，因为那里还有大量完整的集团军，还可以组织抵抗。但希特勒已经没有这个勇气了，他叫来秘书，当场面授指示：元首将要留在柏林，保卫到底。他命令把这一指示立即向德国和全世界广播出去。

让希特勒没有想到的是，在危难时刻，第三帝国的第二号人物戈林和最忠诚的党卫队全国总队长希姆莱都背叛了他。4 月 23 日，戈林从上萨尔斯堡给希特勒拍了一封电报，探问他现在能不能替代希特勒，接管德国的全部领导权。希特勒看到这封电报，气得浑身发抖，戈林分明是在逼他下台。疯狂的希特勒立即下令解除了戈林的职务，并命令党卫军就地逮捕他。希姆莱也在背地里悄悄跟美国方面联系，表示德国愿意投降。

希特勒真的疯了，他冲着人群不断喊叫："把他们统统枪毙！把他们统统枪毙！"

整个地下室除了希特勒的尖叫声之外，剩下的便是几个女人低低的

沙漠跳鼠·shamotiaoshu·

蒙哥马利·menggemali·

蒙哥马利与他的爱犬"希特勒"和"隆美尔"在一起

啜泣声。在生命的最后几天里，希特勒完全是在焦躁不安中度过的。志愿与他共存亡的军官和女人们也都是在焦躁不安中度过的。

4月28日晚，希特勒在地下室里收到消息：朱可夫的部队已经离总理府只有一条街了，可能在30小时以后，即4月30日早晨发起突击。希特勒意识到，他和第三帝国的末日来临了。希特勒作出了他一生中最后的决定——在黎明时与他的情妇爱娃·布劳恩结婚。

结婚仪式非常简单，气氛也非常凄凉。希特勒回顾了传奇性的一生，大大斥责了一番那些背叛的朋友和支持者，最后又凄惨地说："我一直认为婚姻会阻碍我把全部的精力献身于我们的党，影响领导我们的国家称霸世界。现在这一切都不存在了，我的生命也要结束了，我决定与我有过多年真诚友谊，自愿在柏林已遭围困之时来到这里与我同生共死的女人结婚。她自愿作为我的妻子同我一道死去。这就弥补了由于我服务于人民，投身于工作而给我们两人所带来的损失。"

4月30日早晨，希特勒指定海军元帅邓尼茨作为他的继承人，组建新政府。此时，他已经做好了自杀的准备。希特勒像往常一样，细嚼慢咽地吃了早餐。但与往日不同的是，他吃完早餐后把新婚妻子叫到了身边，与她一道同周围的人道别。凄凄惨惨的告别结束之后，希特勒带着爱娃·布劳恩回到了自己的卧室。

戈培尔、鲍曼等希特勒的铁杆粉丝守在元首的卧室外。下午 3 点 30 份，卧室里传来一声枪响。他们等待着第二声枪响，但是却久久没有动静。过了一会，他们轻轻地走进元首的房间，他们看到希特勒的尸体趴在沙发上，还在流血。他是对着自己的嘴开了一枪。他的新婚妻子躺在他的身旁，手中还有残留的毒药。

众人把希特勒和爱娃的尸体搬到花园里的一个弹坑中，然后浇上汽油点燃。当火焰升起时，在场的纳粹党徒们纷纷举起左手向他们的元首行告别礼。但仪式还没结束，红军的炮弹又落在了花园里。纳粹们纷纷四散逃命。对此，英国首相丘吉尔曾这样说："希特勒的火葬柴堆，和越来越响的苏联红军炮火的轰鸣，构成了第三帝国的悲惨结局。"

就在希特勒自杀的这个早晨，朱可夫指挥部队向国会大厦发起了突击。当晚，红军在大厦的主楼圆顶上升起了苏联的旗帜。

六

吕讷堡荒原投降仪式

希特勒死后，德军依然在负隅顽抗，苏联红军与其逐街、逐屋地展开了战斗。渐渐地，走到穷途末路的法西斯德国支撑不住了。5月1日，邓尼茨政府派代表跟苏联红军谈判，要求停战。红军代表根据斯大林的指令，拒绝了德国的要求，同时声明：德国政府只能无条件投降。山穷水尽的邓尼茨政府无可奈何，终于在次日下午3点停止了一切抵抗。德军柏林城防司令魏德林将军也在此时率残部投降了。至此，柏林战役结束了，德国境内的战火也逐渐平息了下来。

此时，蒙哥马利也已经顺利地比苏联红军早6个小时抵达了波罗的海的维茨马和卢卑克。第二十一集团军群所取得的战果是辉煌的，仅5月2日和3日两天时间，第二集团军俘获的战俘就达50余万人。法西斯德国已经被彻底打败了！

蒙哥马利将司令部设在了吕讷堡荒原。经邓尼茨授意，凯特尔元帅在5月3日派出了一个代表团来到了蒙哥马利的司令部，谈判投降事宜。上午11点30分，德军代表团抵达了。代表团的成员有海军上将冯·弗里德堡、金策尔将军、海军少将瓦格纳和少校参谋弗里德尔，后来又增加了上校参谋波莱克。

蒙哥马利精心安排了这次谈判。副官奉命将德国代表团的成员领到了蒙哥马利的指挥车外。蒙哥马利坐在车里，佯装睡着了，眯着眼睛透过车窗仔细打量了站在车外的德国代表们。在德国代表们的头上，一面英国国旗正在迎风飘扬，仿佛在向世界宣布："伟大的英国获得了胜利！"

德国代表们在英国国旗下尴尬地站了几分钟之后，蒙哥马利才懒洋洋地钻出车外，装出一副惊讶的样子，问翻译："他们是什么人？"

翻译回答说："报告元帅阁下，他们是德国代表团的成员。"

随后，翻译向他一一介绍德国代表团成员。

蒙哥马利轻蔑地瞅了一眼众人，接着问翻译："他们来干什么？"

德国海军上将弗里德堡向蒙哥马利念了凯特尔信件，说他们打算让德国北部的所有军队（包括苏联红军正面的部队）向盟军投降。这是邓尼茨和凯特尔的一次阴谋。他们打算用这种方式来分化苏联与美、英之间的同盟关系。

敏锐的蒙哥马利立即明白了德国人的阴谋，他言辞拒绝道："我不能接受俄国人正面的3个集团军的投降。"

弗里德堡说："元帅阁下，我的士兵不愿向苏联人投降，因为他们会被送到西伯利亚作苦工。"

蒙哥马利讥诮地说："你们在1941年6月进攻俄国之前就应该想到这一天的。"

略微思考了一会，蒙哥马利对德国代表团成员说："你们是否愿意让在我西翼和北翼的德国军队全部向我投降？如愿意的话，我们可以把他们当作我当面敌军以及在波兰支援敌军的敌方部队，向我作一种战术性战场投降而加以接受。"

翻译将蒙哥马利的这番话翻译完了之后，德国代表团的成员沉默了一阵。蒙哥马利坚定地说："如果你们不接受这一条件的话，我将命令部队继续作战。"

随后，蒙哥马利又指着地图，向德国代表们介绍了目前的战况。蒙哥马利估计，当前的战局足以迫使德国人接受他的条件。果然，在正式谈判开始之时，德国代表们便向蒙哥马利表示，虽然他们无权作出决定，但他们准备建议凯特尔元帅接受这一条件。

蒙哥马利立即起草了一份文件，派他的副官布尔·沃伦中校陪同弗里德堡和弗里德尔两人赶去见德军元帅凯特尔。他们出发之前，蒙哥马利强调说："如果你们不能在明天下午6点返回复命的话，我就会命令部队重新发动进攻。"

弗里德堡等人走后，蒙哥马利自信地笑了起来。他坚信，凯特尔元帅肯定会同意他提出的那些条件的。于是，他决定在第二天下午5点举行记者招待会，谈谈德国人同他联系谈判投降的事。

果然不出蒙哥马利所料，当记者招待会正在进行之时，弗里德堡以凯特尔全权代表的身份再次来到了蒙哥马利的司令部。蒙哥马利再次摆出胜利者的姿态！他让德国代表们在他的指挥车外肃立了几分钟之后，才把弗里德堡叫进车。他轻蔑地瞅了一眼弗里德堡，朗声问道："现在你是否愿意签字？"

弗里德堡答道："我同意。"

于是，蒙哥马利立即下令在他专设的一个营帐里举行受降仪式。在一群英国士兵、战地记者、摄影人员和其他人士的注视之下，德国代表步入了营帐。在场的人异常兴奋，他们知道这所代表的历史意义。蒙哥马利早已准备好了投降文书。营帐里布置得十分简单，营帐的中间摆着一张铺着军毯的粗木桌。桌子上面则是一只墨水瓶和一支极其普通的军用钢笔。另外，桌子两边还有两支英国广播公司的话筒。

蒙哥马利当众宣读了投降书。德军投降书的全文如下：

荷兰、包括一切岛屿在内的德国西北部以及丹麦境内全体德国武装部队的投降书

一、德军最高统帅部同意在荷兰、德国西北部（包括弗里西亚群岛和赫耳果兰岛及其他一切岛屿）、石勒苏益格、荷尔斯泰因和丹麦境内的全部德国武装部队向第二十一集团军群总司令投降。上述地区的全部海军舰只均包括在内。上述部队应立即放下武器，无条件投降。

二、上述地区之德军均应在1945年5月5日（星期六）不列颠夏令时间8点起，停止在陆上、海上与空中的一切敌对行动。

三、德军最高统帅部对今后盟国就任何问题下达之命令，均应立即执行，不得有任何争辩及评论。

四、凡违抗命令或执行不力者，将视为破坏本投降条款，由盟

国依照现行法律与战时惯法论处。

五、本投降书并非盟国签署的适用于全德及德国全体武装部队的总投降书，一俟该总投降书签署后，本投降书当予废止。

六、本投降书分别以英、德两种文字书写，以英文本为准。

七、若对投降条款含义及解释发生疑问或争执，则以盟国的决定为最后之裁定。

蒙哥马利宣读完投降书，用坚毅的目光扫视了会场一周，然后补充说："除非德军立即签署这份文件，并不再就投降后的安排提出种种条件，否则的话，我将命令部队继续战斗。"

弗里德堡等人立即表示，他们同意这么做。庄严的时刻来到了。蒙哥马利一个一个地叫着德军投降代表的名字，要他们依次在投降书的右下边签名，弗里德堡等人一一照办了。最后，蒙哥马利在文件左下边签上了自己的名字。或许是太激动了，他在签写日期时竟然写成了5月5日。当他意识到错了后，又提笔把"5"划掉了，在旁边重写了个"4"。

投降书的原件是打印在一张普通的陆军公文笺上的。盟军最高统帅部要求蒙哥马利把原件送过去，可他舍不得把这么宝贵的历史性文件拱手交给别人。于是，他送去了原件的照片，原件则被他留了下来。晚年，他把这份原件赠送给了大英博物馆。

投降仪式结束后，蒙哥马利颁发了正式停火令，宣布自5月5日上午8点起第二十一集团军群全线停止战斗。接下来，他又写了几封公开信，第一封写给第二十一集团军群所属的高级指挥官，第二封写给第二十一集团军群的所有士兵。他在信中高度赞扬了第二十一集团军群官兵们英勇作战的事迹！而后，他又向英国海、空军发去公开信，对他们在战争期间的通力合作表示感谢。

5月8日午夜，苏联元帅朱可夫在柏林主持举行了正式的德国无条件投降仪式。凯特尔元帅代表德国政府向美、苏、英、法四国投降，并在无条件投降书上签字。至此，第二次世界大战欧洲战场的战事全部结束了。

七

陆军元帅的战后岁月

在第二次世界大战中,英国陆军元帅蒙哥马利为反法西斯战争作出了卓越的贡献。英国首相丘吉尔曾高度评价说:"该集团军群(第二十一集团军群)之英名和第八集团军一样,必将永垂史册。他们的丰功伟绩,首先是他们的司令长官的品性、深谋远虑的战略和不屈不挠的战斗精神,实令我们的后代引为无上荣光。他从埃及经的黎波里、突尼斯、西西里和南意大利,经法国、比利时、荷兰和德国直达波罗的海和易北河,旌旗所指,战无不克,未尝有丝毫失误。"

战后,蒙哥马利被任命为英国占领军司令和盟国管制委员会英方委员。在任期内,除了管理战俘、安置难民和帮助德国人民重建家园之外,他受邀访问了丹麦、法国等国。为了表彰他为反法西斯战争作出的卓越贡献,丹麦政府授予了他勋章和哥本哈根荣誉市民的称号,法国授予了他一级荣誉勋章,美国授予了优异服务勋章,苏联则授予了他胜利勋章。

1946年1月26日,蒙哥马利接到通知,说他已被推选为帝国参谋总长,并要求他于7月26日就职。蒙哥马利从来没有想过,他能够出任英国职业军人的首脑!接到通知之后,他兴奋了好几天!对他个人和整个蒙哥马利家族来说,这都是莫大的荣誉!

1946年5月2日,蒙哥马利离开了德国。返回英国后,离正式上任还有7个星期时间。蒙哥马利决定利用这段时间好好陪陪儿子戴维,并思考一下如何开展下一步的工作。他首先去看望了老朋友雷诺兹少校夫妇。战争期间,戴维一直住在他们家,并得到了这对老夫妇无微不至的照顾!如今,戴维已经17岁了,仍在温切斯特念书。看着长大成人的儿子，蒙哥马利欣慰极了。后来，戴维通过了博文顿皇家装甲兵军官学校学员训练队的考试，成绩名列前茅，蒙哥马利还亲手为他佩戴上了"荣誉武装带"。

在任帝国参谋总长期间，蒙哥马利访问了加拿大、美国、苏联、印度、巴基斯坦、澳大利亚、新西兰、南非、肯尼亚、埃塞俄比亚、苏丹和埃及等众多国家，为促进英军与各国军队的交流作出了突出贡献，并积极为民族自治等重大国际问题进行了积极的探索。

1948年11月，蒙哥马利被任命为西欧联盟各国陆海空军总司令委员会常任主席。这是他最后10年军人生涯的开始，这时候，他已经62岁了。如果说他同贝蒂共同生活的10年，是他一生中最幸福的10年，那么这个10年则是他一生中最为轻松的10年。尽管他头上有着各种金光闪闪的头衔，但实际上他已远离了权力中心。

1949年4月，《北大西洋公约》签订，西欧联盟各国陆海空军总司令委员会被欧洲盟军最高司令部取代，艾森豪威尔再次成了他的上司，担任了总司令，蒙哥马利则为副总司令，但他的这一职务实际是个虚职。

1958年9月18日，71岁高龄的蒙哥马利结束了自己的职业生涯，正式告别了军队。英国陆军委员会为他在切尔西举行了盛大的告别宴会。从1907年进入桑赫斯特军校学习，到1958年退役，蒙哥马利的戎马生涯长达52年。在英国陆军历史上，几乎无人可以与其媲美。这令蒙哥马利非常自豪，他曾不无得意地说："据我所知，我的服役时间超过了威灵顿、马尔巴勒和蒙克。"这3位都是英国历史上最伟大的将领。

蒙哥马利退出现役后，并没有退出公众生活，他还不打算这么早就躺在家里养老，靠侍弄些花草鸟木了此余生。这不是他的风格，他是永远不会安分的，除非他不得不如此。此后，他撰写著作，通过广播和电视向观众演讲。这期间，他先后撰写的著作有：《蒙哥马利元帅大战回忆录》（1958）、《正确判断的方法》（1959）、《领导艺术之路》（1961）、《三个大陆》（1962）和《战争史》（1968）等。

除此之外，他便以一个局外人的身份周游世界各国，促进各国人民之间的了解和信任。他曾在1960年和1961年两度访问中国，并受到了

1960年5月，周恩来和陈毅会见英国著名军事家伯纳德·劳·蒙哥马利元帅。

1960年5月，周恩来总理与英国蒙哥马利元帅交谈。

1960年蒙哥马利访华，5月27日，毛泽东在上海会见他。

1961年9月23日，毛泽东在武汉接见到访的蒙哥马利元帅。

毛泽东主席、周恩来总理和陈毅元帅等党和国家领导人的亲切接见。当时，由于西方国家的封锁，中国对大多数西方人来说都是十分神秘的。蒙哥马利本人也曾一度对新中国抱有敌视和怀疑的态度，他在1958年撰写的《回忆录》中曾说："在远东，倘各国恐惧外来威胁的话，那是中国而非俄国。"

两度访问彻底改变了蒙哥马利对社会主义新中国的印象，彻底消除了他原来的敌意和怀疑。他曾对周恩来总理表示，他将尽个人所能促使英国政府同新中国保持良好关系，并努力纠正西方世界普遍存在的对新中国的错误认识。

1964年以后，蒙哥马利的身体状况开始逐渐恶化了。1968年初，不甘寂寞的蒙哥马利终于在健康状况面前低下了头，被迫放弃了大部分公职，并宣布不再参与公共事务。在参加完当年的英国国会开幕仪式后，他退出了公共生活，在人们的视野中消失了。1976年3月35日，年届90的伯纳德·劳·蒙哥马利元帅走完了他辉煌的一生。